이 책의 머리말

컴퓨터활용능력 2급 필기시험은 사무자동화의 기초 능력을 검증하는 국가기술자격으로, 컴퓨터 일반과 스프레드시트(Excel) 영역의 폭넓은 이해를 요구합니다. 본 교재는 수험생들이 단기간에 필기시험에 합격할 수 있도록 출제 경향을 철저히 분석하고, 가장 효율적인 학습 구성을 통해 완성되었습니다.

먼저, 핵심이론 정리를 통해 시험에 자주 등장하는 주요 개념을 간결하고 체계적으로 요약하였습니다. 컴퓨터 일반에서는 하드웨어·소프트웨어·운영체제·네트워크·정보보호 등 이론 핵심을 빠르게 파악할 수 있도록 구성하였으며, 스프레드시트 일반 파트에서는 함수, 셀 서식, 데이터 관리, 인쇄 및 차트 기능 등 실무와 직결된 내용을 중심으로 정리하였습니다.

또한 실제 출제 빈도가 높은 문제만을 엄선하여 컴퓨터 일반 200문항, 스프레드시트 일반 200문항, 총 400문항의 빈출 문제를 수록하였습니다. 각 문항에는 자세한 해설과 함께 오답 유의점을 표시하여, 단순 암기가 아닌 '이해 중심 학습'을 실현할 수 있도록 하였습니다.

마지막으로 실제 시험과 동일한 형식의 실전 모의고사 2회분을 수록하여, 학습한 내용을 점검하고 시간 배분 및 문제 풀이 감각을 완성할 수 있도록 구성하였습니다. 이를 통해 학습자는 본 교재 한 권으로 핵심이론 학습 → 기출유형 파악 → 실전감각 완성의 3단계 학습 효과를 얻을 수 있습니다.

본 교재가 컴퓨터활용능력 2급 필기시험을 준비하는 모든 수험생에게 단기간 합격의 확실한 길잡이가 되기를 바라며 이 책이 나오기까지 처음부터 끝까지 많은 부분을 함께 힘써주신 이성준 부장, 김태희 팀장에게 진심으로 감사의 마음을 전합니다.

컴퓨터활용능력 2급 필기 저자

김상원 · 강민승

구성과 특징

Step 01
기출원스톱 워밍업

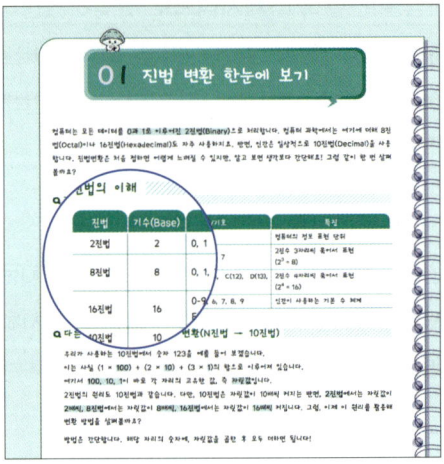

이론 학습 전에 꼭 알아야 할 필수 기초 내용을 간단히 정리

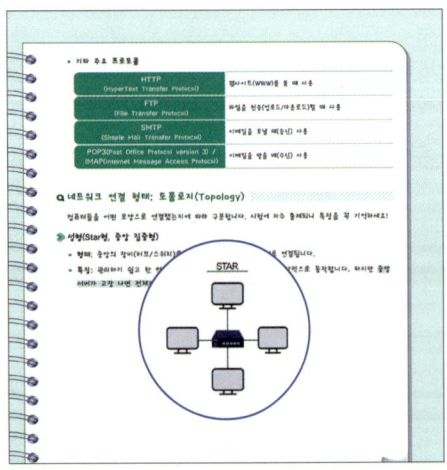

학습 내용에 대한 이해를 돕기 위한 그림을 다양하게 수록

Step 02
합격비법 핵심이론

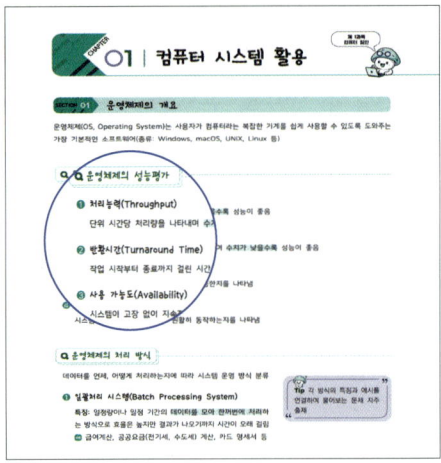

시험 출제 비중이 높은 주요 이론을 간결하게 요약

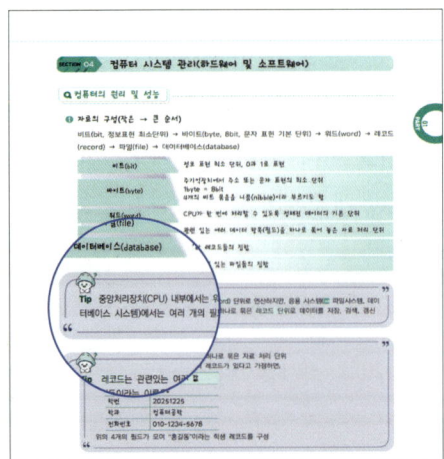

더 알아보기와 Tip을 통해 문제해결력을 향상시키고 학습효과를 극대화

Step 03
최빈출 기출 400제

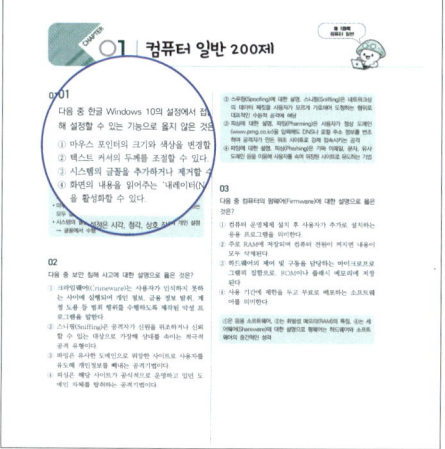

실제 시험에서 반복적으로 출제되는 유형을 집중 수록

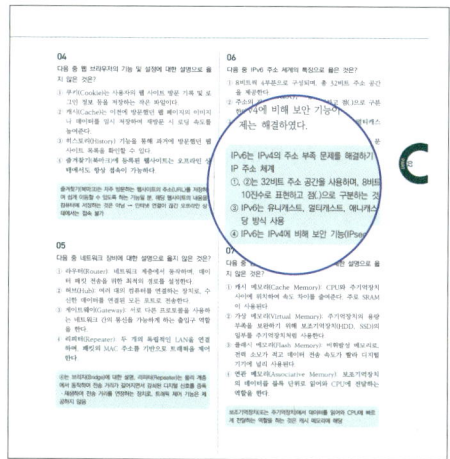

상세한 해설과 함께 오답 포인트를 표시하여 이해 중심 학습이 가능

Step 04
파이널 CBT 실전모의고사

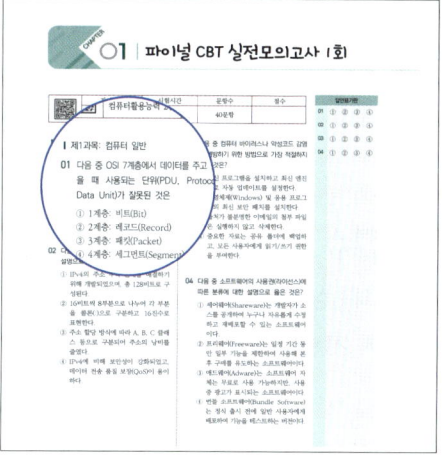

최신 출제 경향을 반영한 예상 문제를 실제 시험과 동일한 형식으로 구성

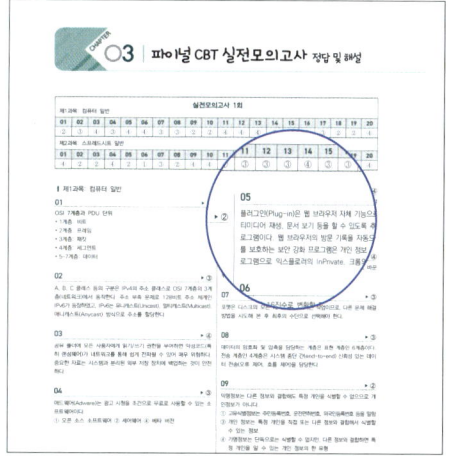

핵심만 정확하게 짚어주는 해설로 문제 해결을 위한 스킬 향상

시험안내

01 종목소개

컴퓨터활용능력 검정은 사무자동화의 필수 프로그램인 스프레드시트(SpreadSheet), 데이터베이스(Database) 활용능력을 평가하는 국가기술자격 시험입니다.

02 응시자격

제한 없음(단, 실기 시험은 필기 합격 후 2년 이내 있는 실기 시험 응시 가능)

03 응시 접수

- **원서 접수**: 대한상공회의소 자격평가사업단 홈페이지(license.korcham.net)에서 접수
- **수수료**: 필기 20,500원, 실기 25,000원

04 시험방식

시험방법	시험과목	출제형태	시험시간	합격결정기준
필기시험	컴퓨터 일반, 스프레드시트 일반	객관식 40문항	40분	매과목 100점 만점에 과목당 40점 이상이고 평균 60점 이상
실기시험	스프레드시트 실무	컴퓨터 작업형	40분	100점 만점에 70점 이상

05 합격자 발표

- 대한상공회의소 자격평가사업단 홈페이지(license.korcham.net)에서 발표
- **필기**: 시험일 다음날 오전 10시 발표
- **실기**: 매주 수요일 ~ 그 다음주 화요일까지 응시한 경우, 그로부터 2주 후 화요일 오전 10시 발표

06 자격증 수령

- **신청절차**: 대한상공회의소 자격평가사업단 홈페이지(license.korcham.net)에서 발급 신청 가능
- **발급수수료**: 자격증 발급수수료 3,100원, 우체국 등기배송료 3,000원
- **소요기간**: 자격증은 신청 후 10~15일 이내 소요

07 출제기준

필기 과목명	주요항목	세부항목
컴퓨터 일반	컴퓨터 시스템 활용	운영체제 사용, 컴퓨터 시스템 설정 변경, 컴퓨터 시스템 관리
	인터넷 자료 활용	인터넷 활용, 멀티미디어 활용, 최신 정보통신기술 활용
	컴퓨터 시스템 보호	정보 보안 유지, 시스템 보안 유지
스프레드시트 일반	응용 프로그램 준비	프로그램 환경 설정, 파일 관리, 통합 문서 관리
	데이터 입력	데이터 입력, 데이터 편집, 서식 설정
	데이터 계산	기본 계산식
	데이터 관리	기본 데이터 관리, 데이터 분석
	차트 활용	차트 작성, 차트 편집
	출력 작업	페이지 레이아웃 설정, 인쇄 작업
	매크로 활용	매크로 작성

※ 운영체제는 Windows 10 버전 기준임
※ 스프레드시트는 Microsoft Office 2021 버전 기준임

이 책의 차례

기출원스톱 워밍업

- 01 진법 변환 한눈에 보기 — 10
- 02 네트워크, 쉽게 이해하자! — 14
- 03 컴퓨터 작동 원리 — 28

PART 01 합격비법 핵심이론

제 1과목
- CHAPTER 01 컴퓨터 시스템 활용 — 34
- CHAPTER 02 인터넷 자료 활용 — 46
- CHAPTER 03 컴퓨터 시스템 보호 — 52

제 2과목
- CHAPTER 04 엑셀 기본 사용법 및 데이터 입력/편집 — 55
- CHAPTER 05 데이터 계산 — 60
- CHAPTER 06 데이터 관리 및 분석 — 73
- CHAPTER 07 차트, 인쇄 및 매크로 활용 — 76

확인문제
- 스프레드시트 일반 – 기본기 완성 함수 20제 — 84

PART 02 최빈출 기출 400제

- CHAPTER 01 제 1과목: 컴퓨터 일반 200제 — 94
- CHAPTER 02 제 2과목: 스프레드시트 일반 200제 — 143

PART 03 파이널 CBT 실전모의고사

- CHAPTER 01 파이널 CBT 실전모의고사 1회 — 196
- CHAPTER 02 파이널 CBT 실전모의고사 2회 — 206
- CHAPTER 03 파이널 CBT 실전모의고사 정답 및 해설 — 216

FAQ

Q. 컴퓨터활용능력 필기 합격 유효 기간은 어떻게 되나요?

A. 필기 합격 유효 기간은 필기 합격발표일을 기준으로 만 2년입니다. 예를 들어 컴퓨터활용능력 1급 필기를 2024년 12월 30일에 합격하시면 필기 합격 유효 기간은 2026년 12월 29일입니다. 본인의 정확한 필기 합격 유효 기간은 대한상공회의소 자격평가사업단 홈페이지(license.korcham.net) 회원가입 후 오른쪽 상단에 [마이페이지-취득내역]에서 확인하실 수 있습니다.

Q. 컴퓨터활용능력 필기 합격 유효 기간을 연장할 수 있나요?

A. 필기 합격 유효 기간은 국가기술자격법 시행령에 의하여 시행되는 것으로 기간의 변경이나 연장이 되지 않습니다.

Q. 컴퓨터활용능력 필기 합격 결정 기준 과락 기준은 어떻게 되나요?

A. 컴퓨터활용능력 필기 합격 결정 기준은 과목당 100점 만점에 매 과목 40점 이상, 전 과목 평균 60점 이상으로 한 과목이라도 40점 미만으로 나올 경우 과락으로 불합격 처리됩니다.

Q. 상시검정 컴퓨터활용능력 합격자 발표일은 언제인가요?

A.

상시 필기 검정
필기 응시일 다음 날 오전 10시에 발표됩니다.

상시 실기 검정
매주 수요일 ~ 그다음 주 화요일까지 응시하신 경우, 그로부터 2주 후 화요일 오전 10시에 합격자를 발표합니다.

※ 발표일 예시
- 2025년 1주차: 2025.01.01(수) ~ 2025.01.07(화), 합격일 발표일: 2025.01.21(화)
- 2025년 2주차: 2025.01.08(수) ~ 2025.01.14(화), 합격일 발표일: 2025.01.28(화)

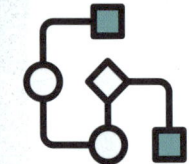

기출원스톱 워밍업

01 진법 변환 한눈에 보기
02 네트워크, 쉽게 이해하자!
03 컴퓨터 작동 원리

01 진법 변환 한눈에 보기

컴퓨터는 모든 데이터를 0과 1로 이루어진 2진법(Binary)으로 처리합니다. 컴퓨터 과학에서는 여기에 더해 8진법(Octal)이나 16진법(Hexadecimal)도 자주 사용하지요. 반면, 인간은 일상적으로 10진법(Decimal)을 사용합니다. 진법변환은 처음 접하면 어렵게 느껴질 수 있지만, 알고 보면 생각보다 간단해요! 그럼 같이 한 번 살펴볼까요?

진법의 이해

진법	기수(Base)	숫자/기호	특징
2진법	2	0, 1	컴퓨터의 정보 표현 단위
8진법	8	0, 1, 2, 3, 4, 5, 6, 7	2진수 3자리씩 묶어서 표현 ($2^3 = 8$)
16진법	16	0-9, A(10), B(11), C(12), D(13), E(14), F(15)	2진수 4자리씩 묶어서 표현 ($2^4 = 16$)
10진법	10	0, 1, 2, 3, 4, 5, 6, 7, 8, 9	인간이 사용하는 기본 수 체계

다른 진법에서 10진법으로 변환(N진법 → 10진법)

우리가 사용하는 10진법에서 숫자 123을 예를 들어 보겠습니다.

이는 사실 (1 × 100) + (2 × 10) + (3 × 1)의 합으로 이루어져 있습니다.

여기서 100, 10, 1이 바로 각 자리의 고유한 값, 즉 자릿값입니다.

2진법의 원리도 10진법과 같습니다. 다만, 10진법은 자릿값이 10배씩 커지는 반면, 2진법에서는 자릿값이 2배씩, 8진법에서는 자릿값이 8배씩, 16진법에서는 자릿값이 16배씩 커집니다. 그럼, 이제 이 원리를 활용해 변환 방법을 살펴볼까요?

방법은 간단합니다. 해당 자리의 숫자에, 자릿값을 곱한 후 모두 더하면 됩니다!

2진법 → 10진법

2^n	2^{10}	2^9	2^8	2^7	2^6	2^5	2^4	2^3	2^2	2^1	2^0
10진수	1024	512	256	128	64	32	16	8	4	2	1

👍 오른쪽 끝자리(그 값은 항상 1, $2^0=1$)부터 시작하여 왼쪽으로 한 칸 이동할 때마다 2씩 곱해집니다.

  예) 2진수 $1101_{(2)}$을 10진수로 변환
  $= (1 \times 2^3) + (1 \times 2^2) + (0 \times 2^1) + (1 \times 2^0)$
  $= (1 \times 8) + (1 \times 4) + (0 \times 2) + (1 \times 1)$
  $= 8 + 4 + 0 + 1$
  $= 13_{(10)}$

8진법 → 10진법

8진법을 10진법으로 변환하는 원리도 2진법과 동일합니다. 8진법은 0부터 7까지의 숫자를 사용하며, 기수가 8이므로 자릿값은 8의 거듭제곱, 즉 8배씩 커집니다.

8^n	8^3	8^2	8^1	8^0
10진수	512	64	8	1

👍 오른쪽 끝자리(그 값은 항상 1, $8^0=1$)부터 시작하여 왼쪽으로 한 칸 이동할 때마다 8씩 곱해집니다.

  예) 8진수 $57_{(8)}$을 10진수로 변환
  $= (5 \times 8^1) + (7 \times 8^0)$
  $= (5 \times 8) + (7 \times 1)$
  $= 40 + 7$
  $= 47_{(10)}$

16진법 → 10진법

16진법도 2진법이나 8진법과 원리는 동일합니다. 단지 기준이 되는 숫자가 2나 8이 아닌 16이라는 점만 다릅니다.

16^n	16^3	16^2	16^1	16^0
10진수	4096	256	16	1

👉 오른쪽 끝자리(그 값은 항상 1, $16^0=1$)부터 시작하여 왼쪽으로 한 칸 이동할 때마다 16씩 곱해집니다.

주의 16진법은 0부터 9까지는 그대로 사용하지만, 10부터 15까지는 다음과 같이 알파벳을 사용합니다.
→ 10 = A, 11 = B, 12 = C, 13 = D, 14 = E, 15 = F

예 16진수 $2A_{(16)}$를 10진수로 변환
= $(2 × 16^1) + (A × 16^0)$
= $(2 × 16) + (10 × 1)$
= 32 + 10
= $42_{(10)}$

Q 10진법에서 다른 진법으로 변환 (10진법 → N진법)

10진수를 변환하고자 하는 기수(N)로 몫이 0이 될 때까지 계속 나눈 후, 나머지를 역순으로 읽습니다.

10진수 $26_{(10)}$을 2진수로 변환

예
```
2 ) 26
2 ) 13  … 0  ↑
2 )  6  … 1
2 )  3  … 0   (읽는 순서)
2 )  1  … 1
     0  … 1
```

결과: $11010_{(2)}$

예 10진수 $150_{(10)}$을 16진수로 변환

```
16 ) 150
16 )   9  … 6  ↑ (읽는 순서)
       0  … 9
```

결과: $96_{(16)}$

Q 2진법, 8진법, 16진법 간의 상호 변환 ★

이 진법들은 2의 거듭제곱 관계이므로, 10진법을 거치지 않고 직접 변환이 가능합니다.

- **2진법 → 8진법 / 16진법 (묶기)**
  - 오른쪽 끝부터 시작하여 묶기(자릿수가 부족하면 왼쪽에 0을 채움)

- ○ 2진법 → 8진법: 3자리씩 묶어서 해당 자리의 숫자에, 자릿값을 곱한 후 모두 더합니다.
- ○ 2진법 → 16진법: 4자리씩 묶어서 해당 자리의 숫자에, 자릿값을 곱한 후 모두 더합니다.

예 2진수 1101101$_{(2)}$ → 8진수 / 16진수 변환

- 8진수로 변환(3자리씩 묶기) - (왼쪽 빈자리에 0 두 개 추가)

001	101	101
(0×4)+(0×2)+(1×1)=1	(1×4)+(0×2)+(1×1)=4+1=5	(1×4)+(0×2)+(1×1)=4+1=5
1	5	5

결과: **155**$_{(8)}$

- 16진수로 변환(4자리씩 묶기) - (왼쪽 빈자리에 0 하나 추가)

0110	1101
(0×8)+(1×4)+(1×2)+(0×1)=4+2=6	(1×8)+(1×4)+(0×2)+(1×1)=8+4+1=13
6	D(13)

결과: **6D**$_{(16)}$

● **8진법 / 16진법 → 2진법 (풀기)**

- ○ 8진법 → 2진법: 8진수 각 자릿수를 2진수 3자리로 풀기
- ○ 16진법 → 2진법: 16진수 각 자릿수를 2진수 4자리로 풀기

주의 자릿수를 반드시 맞춰야 합니다. ★

예 2는 10이 아닌 010(3자리 - 8진법 기준) 또는 0010(4자리 - 16진법 기준)으로 표기

- 8진수 72$_{(8)}$ → 2진수 변환

7	2
(1×4)+(1×2)+(1×1)=4+2+1=7	(0×4)+(1×2)+(0×1)=0+2+0=2
111	010

결과: **111010**$_{(2)}$

- 16진수 A5$_{(16)}$ → 2진수 변환

A	5
(1×8)+(0×4)+(1×2)+(0×1)=8+0+2+0=10	(0×8)+(1×4)+(0×2)+(1×1)=0+4+0+1=5
1010	0101

결과: **10100101**$_{(2)}$

02 네트워크, 쉽게 이해하자!

컴퓨터활용능력 2급 필기시험을 준비하는 수험생 여러분, 안녕하세요!
복잡해 보이는 네트워크 용어 때문에 막막하셨나요? 걱정하지 마세요. 사실 네트워크는 우리가 매일 이용하는 '도로망'과 매우 비슷하여 이 요약을 통해 시험에 자주 나오는 네트워크 핵심 개념을 쉽게 이해할 수 있을 거예요.

🔍 네트워크의 기본 개념: 연결된 세상

네트워크(Network)는 컴퓨터들이 서로 데이터를 주고받을 수 있도록 연결된 통신망입니다.
컴퓨터를 '집'이라고 하고, **데이터를 '택배 상자'**라고 생각해 보세요. 네트워크는 이들 사이를 연결하여 택배를 주고받을 수 있게 해주는 **'도로'**입니다. 전 세계의 가장 거대한 네트워크가 바로 **인터넷(Internet)**이죠.

▸ 네트워크의 종류

연결된 규모에 따라 네트워크 종류를 나눌 수 있습니다.

구분	LAN (Local Area Network, 근거리 통신망)	WAN (Wide Area Network, 광대역 통신망)
정의	집, 회사, 학교 등 비교적 가까운 거리를 연결한 네트워크로 속도가 빠르고 안정적	국가, 대륙 등 물리적으로 멀리 떨어진 지역을 연결한 네트워크로 범위가 넓고 LAN보다 속도가 느림
비유	아파트 단지 내 **도로**	도시와 도시를 연결하는 **고속도로**

▸ 컴퓨터의 주소: IP 주소

택배를 보내려면 정확한 주소가 필요하듯이, 인터넷에 연결된 모든 컴퓨터도 서로를 구분할 수 있는 **고유한 주소**가 있어야 합니다. 이 주소를 **IP 주소(Internet Protocol Address)**라고 부르며 숫자로 이루어진 **컴퓨터의 '집 주소'**라고 생각하면 됩니다.

- **IP 주소**

구분	IPv4(Internet Protocol version 4)	IPv6(Internet Protocol version 6)
구성	32비트(4바이트)	128비트
예	192.168.0.1	2001:0db8:85a3::8a2e:0370:7334
표기 방식	11000000.10101000.00000000.00000001 (32비트 이진수) → 사람이 읽기 쉽게 8비트씩 끊어서 10진수로 표시 → 192.168.0.1	128비트(16바이트) 크기의 이진수 → 16진수 8 그룹으로 변환 → 콜론(:)으로 구분, 불필요한 0 은 생략 가능, 연속된 0그룹은 : :로 한 번만 사용 가능

* IPv6는 IPv4 주소 부족으로 등장하였다.

IP 주소 체계: IPv4와 IPv6 변환 및 표기 예시로 알아보기

인터넷 주소(IP 주소)는 본래 컴퓨터가 이해하는 0과 1로 이루어진 긴 숫자(2진수)입니다. 하지만 사람이 이 긴 숫자를 그대로 사용하기는 매우 어렵기 때문에, 정해진 규칙에 따라 읽기 쉬운 형태(10진수 또는 16진수)로 변환하여 사용합니다. 앞에서 진법변환에 관해 공부했죠? 그럼 같이 한 번 살펴볼까요?

- **IPv4(Internet Protocol version 4)**

  IPv4는 총 32비트로 구성된 주소 체계입니다. 32자리의 2진수를 사람이 보기 편하도록 10진수로 변환하여 표기합니다.

  ○ **IPv4 변환 규칙**

나누기	32비트의 주소를 8비트씩 4부분으로 나눔(이 8비트 묶음을 '옥텟(Octet)'이라고 부름)
변환	각 8비트(2진수)를 10진수로 변환(각 자리는 0부터 255까지의 숫자로 표현됨)
표기	변환된 4개의 숫자 사이를 점(.)으로 구분

  ○ **IPv4 변환 예시**

  우리가 흔히 사용하는 192.168.1.10이라는 IP 주소를 예로 들어 변환 과정을 살펴보겠습니다.

1단계	원본 데이터(32비트 2진수) 11000000101010000000000100001010
2단계	8비트씩 나누기(4부분): 32비트를 8비트 단위로 나눔 11000000 . 10101000 . 00000001 . 00001010

3단계	10진수로 변환: 각 8비트 2진수를 10진수로 계산 • 첫 번째: 11000000 → (128 + 64) = 192 • 두 번째: 10101000 → (128 + 32 + 8) = 168 • 세 번째: 00000001 → (1) = 1 • 네 번째: 00001010 → (8 + 2) = 10
4단계	최종 표기(점(.)으로 구분) 192.168.1.10

- **IPv6(Internet Protocol version 6)**

IPv6는 IPv4의 주소 부족 문제를 해결하기 위해 개발된 차세대 인터넷 주소 체계입니다. 주소의 길이는 총 128비트로 이루어져 있으며, 이진수로 쓰면 너무 길어지기 때문에 10진수 대신 16진수(0~9, A~F 사용)를 사용하여 표기합니다.

○ **IPv6 변환 규칙**

나누기	128비트의 주소를 16비트씩 8부분으로 나눔
변환	각 16비트(2진수)를 4자리의 16진수로 변환
표기	변환된 8개의 그룹 사이를 콜론(:)으로 구분

○ **IPv6 변환 예시**

128비트 2진수는 너무 길기 때문에, 16비트 단위로 변환하는 과정을 예시로 보여드립니다.

> **예 16비트 2진수 변환(2001 부분)**
> - 16비트 2진수: 0010 0000 0000 0001
> - 4비트씩 16진수로 변환
>   0010 → 2
>   0000 → 0
>   0000 → 0
>   0001 → 1
> - 결과: 2001
> - 최종 표기(8부분을 콜론으로 연결)
>   2001:0DB8:85A3:0000:0000:8A2E:0370:7334

○ **IPv6 주소 축약 규칙**

IPv6는 주소가 길기 때문에 표기를 간단하게 하기 위한 축약 규칙이 있습니다.

- **앞자리 0 생략**: 각 부분에서 앞쪽에 있는 0은 생략할 수 있습니다.
  - 예 0DB8 → DB8, 0370 → 370, 0000 → 0
- **연속된 0 압축 (::)**: 0으로만 이루어진 부분(0000 또는 0)이 연속될 경우, 이를 이중 콜론(::)으로 압축할 수 있습니다. 단, 이 규칙은 주소 전체에서 딱 한 번만 사용할 수 있습니다.

○ **축약 예시**

- 원본: 2001:0DB8:0000:0000:0000:00A3:1428:57AB
- 2001:DB8:0:0:0:A3:1428:57AB → 2001:DB8::A3:1428:57AB (0을 압축한 간결한 형태)

▼ 요약 비교표

특징	IPv4	IPv6
총 비트 수	32비트	128비트
구성 방식	8비트씩 4부분	16비트씩 8부분
표기 방식	10진수	16진수(0~9, A~F)
구분 기호	점(.)	콜론(:)
주소 축약	사용 안 함	사용함(0 생략, :: 압축)
예시	192.168.1.10	2001:DB8::1
특징	주소 부족 문제 발생	주소 부족 해결, 보안성/속도향상

▶ IP 주소의 구성

- 인터넷에 연결된 모든 컴퓨터는 고유한 IP 주소(예 172.168.1.50)를 가집니다. 그런데 이 IP 주소는 통째로 하나의 식별자가 아니라, 사실 두 가지 중요한 정보가 합쳐진 것입니다.
- 마치 아파트 주소가 '105동 606호'와 같이 구성된 것과 비슷합니다(동과 호).

  ○ **네트워크 주소(Network Address / Network ID)**

정의	해당 컴퓨터가 속해 있는 네트워크 그룹(망)을 식별하는 주소
비유	아파트의 '동'(예 105동)

역할	택배 기사님이 우선 어느 건물로 가야 할지 알아야 하듯이, 데이터도 우선 어느 네트워크 그룹으로 가야 할지 경로를 찾는 데 사용됨. 같은 네트워크에 속한 컴퓨터들은 모두 동일한 네트워크 주소를 가짐

o **호스트 주소(Host Address / Host ID)**

정의	해당 네트워크 그룹 내에서 개별 컴퓨터(호스트)를 구별하는 고유한 식별자
비유	아파트의 '호'(예 606호)
역할	105동에 도착한 후 정확히 몇 호로 가야 할지 알아야 하듯이, 데이터가 네트워크 그룹에 도착했을 때 최종 목적지인 컴퓨터를 찾는 데 사용됨

o **서브넷 마스크(Subnet Mask)**

- **정의**: 큰 네트워크를 작은 구역으로 나눌 때 사용하며, IP 주소에서 네트워크 주소와 호스트 주소를 구분하는 역할을 합니다.
- **역할**: 그렇다면 컴퓨터는 IP 주소만 보고 어디까지가 '네트워크 주소(동)'이고, 어디부터가 '호스트 주소(호)'인지 어떻게 알 수 있을까요? 바로 서브넷 마스크(Subnet Mask)가 그 역할을 합니다. 서브넷 마스크는 IP 주소처럼 네 부분으로 되어 있으며, 주로 255.255.255.0과 같은 형태로 나타냅니다.
- **기본 개념**
    - 서브넷 마스크에서 255로 표시된 부분은 IP 주소에서 '네트워크 주소' 영역입니다.
    - 서브넷 마스크에서 0으로 표시된 부분은 IP 주소에서 '호스트 주소' 영역입니다.
- **예시로 이해하기**
    - IP 주소: 192.168.1.50
    - 서브넷 마스크: 255.255.255.0

구분	첫 번째 자리	두 번째 자리	세 번째 자리	네 번째 자리
IP 주소	192	168	1	50
서브넷 마스크	255	255	255	0
해석	네트워크	네트워크	네트워크	호스트

→ **결과**: 이 컴퓨터는 192.168.1 이라는 네트워크 그룹(동)에 속한 50번 컴퓨터(호)라는 것을 알 수 있습니다.

- **왜 주소를 나누나요? (서브네팅)**

  만약 거대한 네트워크를 나누지 않고 그대로 사용하면 어떻게 될까요? 이는 마치 수천 세대가 사는 아파트 단지에 동/호 구분이 없는 것과 같습니다. 큰 네트워크를 작은 구역으로 나누는 것을 서브네팅(Subnetting)이라고 하며, 이때 서브넷 마스크를 사용합니다. 이를 통해 네트워크의 효율성과 보안을 높일 수 있습니다.

○ **실제 할당 예시(우리 집 네트워크)**

  우리 집에 공유기, 내 노트북, 동생의 스마트폰이 연결되어 있다고 가정해 보겠습니다. 대부분의 가정이나 사무실에서는 인터넷 공유기를 사용하며, 이때 192.168.X.X로 시작하는 사설 IP 주소를 자동 할당 받습니다. 그리고 일반적으로 사용되는 서브넷 마스크는 255.255.255.0입니다.

- **공유기(Router)**: 공유기는 보통 해당 네트워크의 출입구 역할(게이트웨이)을 하며, 주로 첫 번째 주소를 사용합니다.
  - **IP 주소**: 192.168.0.1
  - **서브넷 마스크**: 255.255.255.0

IP 주소:	192.	168.	0.	1
서브넷 마스크	255.	255.	255.	0
분석:	← 네트워크 주소 →		← 호스트주소 →	

  - **네트워크 주소 영역: 192.168.0**
  - **호스트 주소 영역: 1**

- **내 노트북**: 공유기에 연결된 노트북은 다음과 같은 주소를 받을 수 있습니다.
  - **IP 주소**: 192.168.0.10
  - **서브넷 마스크**: 255.255.255.0

IP 주소:	192.	168.	0.	10
서브넷 마스크	255.	255.	255.	0
분석:	← 네트워크 주소 →		← 호스트주소 →	

  - **네트워크 주소 영역: 192.168.0**
  - **호스트 주소 영역: 10**

- **동생의 스마트폰**: 스마트폰 역시 같은 네트워크에 연결됩니다.
    - IP 주소: 192.168.0.15
    - 서브넷 마스크: 255.255.255.0

IP 주소:	192.	168.	0.	15
서브넷 마스크	255.	255.	255.	0
분석:	← 네트워크 주소 →		← 호스트주소 →	

    - 네트워크 주소 영역: 192.168.0
    - 호스트 주소 영역: 15

도메인 네임

설명: 위의 세 기기는 모두 네트워크 주소가 192.168.0으로 동일합니다. 이는 세 기기가 같은 네트워크 그룹에 속해 있어 서로 직접 통신이 가능하다는 의미입니다. 반면, 호스트 주소는 1, 10, 15로 각각 다르므로 네트워크 안에서 각 기기를 명확하게 구분할 수 있습니다.

도메인 네임 (Domain Name)	기억하기 어려운 숫자 IP 주소를 사람이 이해하기 쉬운 문자로 바꾼 것 예) www.pmg.co.kr
DNS (Domain Name System)	도메인 네임을 IP 주소로 변환해 주는 시스템, 쉽게 말해 연락처에서 이름(도메인)을 찾으면 전화번호(IP 주소)를 알려주는 것

원활하게 소통하기 위한 규칙: 프로토콜(Protocol)

도로에 '교통 법규'가 있듯이, 컴퓨터들이 데이터를 주고받을 때 지켜야 할 약속을 프로토콜(통신 규약)이라고 합니다.

- **TCP/IP**: 인터넷에서 사용하는 표준 프로토콜(예) 인터넷 세상의 표준 교통 법규)

TCP (Transmission Control Protocol)	데이터(택배)가 안전하게 도착했는지 확인하고 순서를 정리(신뢰성 보장)
IP (Internet Protocol)	데이터(택배)에 주소를 붙여 목적지까지 경로를 찾아줌

- 기타 주요 프로토콜

HTTP (HyperText Transfer Protocol)	웹사이트(WWW)를 볼 때 사용
FTP (File Transfer Protocol)	파일을 전송(업로드/다운로드)할 때 사용
SMTP (Simple Mail Transfer Protocol)	이메일을 보낼 때(송신) 사용
POP3(Post Office Protocol version 3) / IMAP(Internet Message Access Protocol)	이메일을 받을 때(수신) 사용

Q 네트워크 연결 형태: 토폴로지(Topology)

컴퓨터들을 어떤 모양으로 연결했는지에 따라 구분합니다. 시험에 자주 출제되니 특징을 꼭 기억하세요!

성형(Star형, 중앙 집중형)

- **형태**: 중앙의 장비(허브/스위치)를 중심으로 모든 컴퓨터가 1:1로 연결됩니다.
- **특징**: 관리하기 쉽고 한 컴퓨터가 고장 나더라도 다른 컴퓨터는 정상적으로 동작합니다. 하지만 중앙 서버가 고장 나면 전체가 마비됩니다.

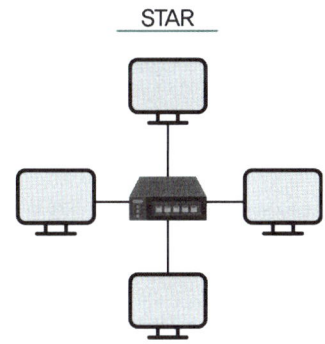

버스형(Bus형)

- **형태**: 하나의 중앙 통신 회선(케이블, 백본(Backbone)이라고 함)에 여러 컴퓨터가 연결됩니다.
- **특징**: 설치가 간단하고 비용이 저렴하지만, 중앙 회선(케이블)이 고장 나면 전체가 마비되고 데이터 충돌이 발생하기 쉽습니다.

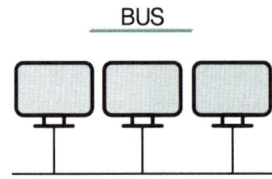

링형(Ring형, 고리형)

- **형태**: 컴퓨터들이 이웃한 컴퓨터와 원형으로 연결됩니다.
- **특징**: 데이터가 한 방향으로 흐르며, 중간에 하나라도 끊어지면 전체 네트워크에 문제가 생길 수 있습니다.

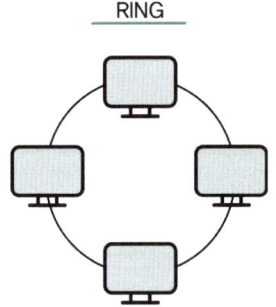

망형(Mesh형, 그물형)

- **형태**: 모든 컴퓨터가 서로 1:1로 연결됩니다(그물망 형태).
- **특징**: 안정성이 가장 높습니다(하나가 끊어져도 다른 경로로 통신 가능). 하지만 연결선이 많아 비용이 가장 비쌉니다.

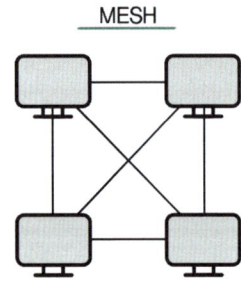

Q 네트워크의 핵심 장비들

네트워크가 제대로 작동하려면 여러 장비들이 필요합니다.
집에서 컴퓨터로 웹사이트에 접속할 때도 이 장비들이 중요한 역할을 합니다. 예로 들어볼까요?

1) 1단계: 랜카드(NIC, Network Interface Card)

① **역할**: 컴퓨터 내부의 디지털 데이터(0과 1)를 네트워크 선이 이해할 수 있는 전기 신호(유선)나 무선 신호(Wi-Fi)로 변환하여 내보냅니다. 반대로 들어오는 신호를 컴퓨터가 이해할 수 있는 데이터로 변환하기도 합니다.

② **유선 랜카드와 무선 랜카드**

유선 랜카드	데스크톱 PC 뒷면에 인터넷 선(LAN 케이블)을 꽂는 포트
무선 랜카드	노트북이나 스마트폰에 내장되어 Wi-Fi에 접속할 수 있게 해주는 칩셋

2) 2단계: 스위치(Switch)와 허브(Hub)

랜카드를 통해 나온 데이터는 먼저 가정이나 사무실 내부의 LAN(근거리 통신망)에서 이동합니다. 이때 스위치나 허브가 여러 기기를 연결하고 내부 통신을 가능하게 합니다.

① **역할**: 같은 네트워크 안의 여러 장치(컴퓨터, 프린터 등)를 연결하고 데이터를 중계합니다.

② **허브 vs 스위치 비교**

허브(Hub)	들어온 데이터를 연결된 모든 장치에 동일하게 전송하는 단순 중계 장치(현재는 거의 사용되지 않음)
스위치(Switch)	데이터의 목적지 주소를 확인한 뒤, 필요한 장치에만 정확하게 전달(현재 대부분의 네트워크에서 사용) ※ 사무실이나 학교 전산실에서 여러 랜선이 꽂혀 있는 박스형 장비의 뒷면에 있는 다수의 LAN 포트가 스위치 역할을 함

3) 3단계: 게이트웨이(Gateway)와 라우터(Router)

LAN을 벗어나 WAN으로 나가기 위한 마지막 단계입니다. 이 단계에서 출입문을 통과하고 목적지까지 가는 길을 안내받습니다.

※ 가정이나 소규모 사무실에서는 우리가 흔히 부르는 '인터넷 공유기(흔히 말하는 Wi-Fi 공유기)'라는 하나의 장비가 게이트웨이와 라우터 기능을 모두 수행합니다. 하지만 개념적으로는 역할이 다릅니다.

① **게이트웨이(Gateway)**: 출입문 역할
- **역할**: 서로 종류의 네트워크(예 가정 내 네트워크와 통신사의 인터넷망)를 연결하는 출입구입니다. 내부에서 외부로 나가려면 반드시 거쳐야 합니다.
- 여러분이 집에서 사용하는 컴퓨터나 스마트폰이 인터넷(외부 네트워크)에 접속할 때 반드시 통과하는 문이 바로 게이트웨이입니다. 이는 네트워크 설정의 '기본 게이트웨이' 항목에서 확인할 수 있으며, 보통 192.168.0.1과 같은 주소로 표기됩니다.
- 우리 집 내부(사설망)와 외부 인터넷(공중망)은 서로 다른 주소 체계를 사용합니다.

내부	192.168.0.X와 같은 사설 IP를 사용(회사 내선 번호와 유사)
외부	통신사가 제공한 공인 IP를 사용(외부 대표번호와 유사)

- 데이터가 외부로 나갈 때 게이트웨이는 내부 IP를 외부 IP로 변환해 주고, 외부에서 들어오는 데이터는 다시 내부 IP로 바꿔 전달합니다. 이 주소 변환(NAT) 기능이 게이트웨이 핵심 역할 중 하나입니다.
    - 예 고속도로로 진입할 때 거치는 톨게이트(TG), 해외로 나갈 때 통과하는 공항 출입국 심사대

② **라우터(Router)**: 길잡이 역할
- **역할**: 데이터(패킷: 네트워크에서 데이터를 작은 조각으로 나눈 '주소·순서·내용'을 담은 전송 단위)가 목적지까지 가는 가장 빠르고 효율적인 길(최적 경로)을 설정하고 안내합니다(이 과정을 '라우팅'이라고 합니다). 즉 데이터가 게이트웨이를 통해 나갈 준비가 되었을 때, 라우터는 현재 네트워크 상황을 고려하여 가장 빠른 길을 안내합니다. 공유기를 떠난 데이터는 목적지까지 가는 동안 수많은 라우터를 거칩니다. 이는 우리가 직접 볼 수는 없지만, 통신사에서 관리하는 고성능 장비들입니다.
- **상황**: 부산에서 서울에 있는 서버로 접속할 때
    - **부산 지역 라우터**: "서울행 데이터네. 지금은 대구 방향보다 대전 방향이 더 빠르니, 대전으로 보내자."
    - **대전 허브 라우터**: "서울행 데이터네. 목적지 근처의 서울 A 센터로 보내야겠다."
    이처럼 수많은 라우터가 협력하여 데이터가 길을 잃지 않도록 끊임없이 경로를 안내합니다.
    - 예 실시간 교통 상황을 반영해 가장 빠른 길을 알려주는 내비게이션

데이터를 보낼 때는 랜카드(1) → 스위치(2) → 게이트웨이/라우터(3) 순서로 장비를 거쳐 인터넷으로 나갑니다. 데이터를 받을 때는 반대 순서로 들어와 우리 컴퓨터 화면에 정보가 나타나게 됩니다. 이 흐름을 이해하면 각 장비의 역할을 훨씬 쉽게 기억할 수 있습니다.

장비	설명
랜카드(NIC, Network Interface Card)	컴퓨터가 네트워크에 접속할 수 있도록 해주는 장치
스위치(Switch)	여러 컴퓨터를 연결하고, 데이터를 필요한 컴퓨터에만 정확하게 전달하여 속도가 빠른 장치(현재는 대부분 스위치가 허브를 대체)
허브(Hub)	과거 PC방이나 소규모 사무실에서 여러 대의 컴퓨터를 연결할 때 사용되던 장치로, 들어온 신호를 모든 포트로 똑같이 보내는 단순 중계 장치(요즘은 잘 쓰이지 않음)
게이트웨이(Gateway)	서로 다른 종류의 네트워크 간에 데이터를 주고받을 수 있도록 연결해 주는 출입구. 내가 속한 네트워크에서 다른 네트워크(예) 인터넷)로 나갈 때 가장 먼저 거치는 문으로 "어디로 나가야 하는지"까지만 알려줌 예) 다른 나라로 갈 때 거치는 공항 출입국 심사대
라우터(Router)	패킷의 목적지 IP 주소를 확인하여 데이터가 목적지까지 가는 최적의 경로를 찾아줌 예) 내비게이션

OSI(Open Systems Interconnection) 7계층 및 관련 장비 요약표

네트워크 공부에서 가장 기본이면서도 중요한 개념이 바로 OSI 7계층(OSI 7 Layer Model)입니다. 전 세계의 다양한 컴퓨터와 네트워크 장비들이 서로 문제없이 통신하려면 공통된 규칙이 필요한데, 국제표준화기구(ISO)는 네트워크 통신 과정을 7단계로 나누어 표준화했습니다. 이것이 바로 OSI 7계층 모델입니다. 이 모델을 이해하면 데이터가 어떻게 전달되는지 흐름을 파악할 수 있고, 문제가 생겼을 때 어느 단계에서 발생했는지 추적하는 데 큰 도움이 됩니다.

계층	이름(한글/영문)	핵심 역할 및 키워드	데이터 단위(PDU)	관련 핵심 장비	주요 프로토콜/주소
7	응용 계층 Application	사용자 서비스 제공 (웹, 이메일)	Data	게이트웨이	HTTP, FTP, POP3 SMTP, SSH
6	표현 계층 Presentation	데이터 형식 변환, 암호화, 압축	Data		JPEG, MPEG, TLS/SSL
5	세션 계층 Session	통신 연결 설정, 유지, 종료	Data		NetBIOS, RPC
4	전송 계층 Transport	신뢰성 보장, 오류/흐름 제어	Segment		포트 주소, TCP, UDP
3	네트워크 계층 Network	최적 경로 설정 (라우팅)	Packet	라우터(Router)	IP 주소, ICMP, IGMP

2	데이터 링크 계층 Data Link	인접 노드 간 전송, 오류 감지	Frame	스위치(Switch), 브리지(Bridge), NIC	MAC 주소, PPP
1	물리 계층 Physical	전기적/기계적 신호 전송	Bit	허브(Hub), 리피터	케이블, 커넥터

★ **OSI 7계층 상세 설명**

OSI 7계층은 크게 상위 계층(소프트웨어 중심)과 하위 계층(네트워크 및 하드웨어 중심)으로 나눌 수 있습니다.

1) 상위 계층(7계층~5계층): 사용자와 가까운 계층, 소프트웨어/응용 프로그램 중심

- **7계층: 응용 계층(Application Layer)**

역할	사용자가 직접 사용하는 프로그램(서비스)이 위치하는 계층. 네트워크를 이용할 수 있는 인터페이스를 제공
예시	웹 브라우저(크롬, 엣지), 이메일 클라이언트 등
주요 프로토콜	HTTP(웹), FTP(파일 전송), SMTP(이메일)

- **6계층: 표현 계층(Presentation Layer)**

역할	데이터를 어떻게 '표현'할지를 결정하는 단계로, 송신자와 수신자가 동일하게 이해할 수 있도록 데이터 형식을 변환(인코딩/디코딩)하고, 압축 또는 암호화/복호화 작업을 수행
예시	이미지 파일(JPEG), 동영상 파일(MPEG), TLS 암호화 등

- **5계층: 세션 계층(Session Layer)**

역할	통신하는 두 기기 간의 '대화(세션)'를 관리하는 단계로 연결을 설정하고, 유지하며 종료하는 과정을 담당. 또한 필요에 따라 동기화 기능도 제공
예시	로그인 상태 유지, 연결 복구 등

2) 하위 계층(4계층~1계층): 데이터 전송과 경로 설정, 네트워크 장비/하드웨어 중심

- 4계층: 전송 계층(Transport Layer)

역할	데이터가 목적지에 신뢰성 있게 전달되도록 보장하는 핵심 계층. 오류 제어, 흐름 제어, 혼잡 제어 기능을 수행하며, 데이터를 전송 단위(세그먼트, segment)로 분할
주요 프로토콜	TCP(신뢰성 중시, 연결 지향), UDP(속도 중시, 비연결 지향)

- 3계층: 네트워크 계층(Network Layer) ★

역할	데이터를 패킷(Packet) 단위로 나누어 최종 목적지까지 보내기 위한 최적의 경로를 설정(라우팅). 이 과정에서는 논리적 주소인 IP 주소를 사용
관련 장비	라우터(Router), L3 스위치

- 2계층: 데이터 링크 계층(Data Link Layer)

역할	물리적으로 인접한 두 장치 간의 데이터 전송을 담당하며, 물리 계층의 오류를 감지하고 수정하기도 함. 기기의 고유한 물리적 주소인 MAC 주소를 사용
관련 장비	스위치(Switch), 브리지(Bridge), 랜카드(NIC)

- 1계층: 물리 계층(Physical Layer) ★

역할	디지털 데이터(0과 1의 비트열)를 전기적, 기계적 신호로 변환하여 실제 매체(케이블 등)를 통해 전송
관련 장비	허브(Hub), 리피터(Repeater), 케이블

03 컴퓨터 작동 원리

컴퓨터활용능력 2급 시험을 준비하는 수험생 여러분, 반갑습니다. 본격적인 공부를 시작하기 전에 많은 분들이 필기 시험의 '컴퓨터 일반' 파트를 조금 어렵게 느끼는 경우가 많은데요, 실제 컴퓨터 전원을 켜고 엑셀 함수 결과가 화면에 나타나기까지의 과정을 간단히 살펴보면 복잡하게만 느껴졌던 컴퓨터의 작동 원리를 보다 명확하고 쉽게 이해할 수 있을 것입니다. 그럼 같이 한 번 살펴볼까요?^^

Q 부팅(Booting)

컴퓨터의 전원 버튼을 누르면, 가장 먼저 ROM(Read-Only Memory)에 저장된 BIOS 또는 UEFI 펌웨어가 실행됩니다. ROM은 전원이 꺼져도 내용이 지워지지 않는 비휘발성 메모리로, 컴퓨터의 가장 기본적인 하드웨어 제어 및 부팅 관련 정보를 담고 있습니다.

ROM (BIOS/UEFI)	전원이 켜지면 키보드, 마우스 등 연결된 하드웨어가 정상인지 점검. 이후 운영체제(OS)를 불러오기 위해 SSD/HDD에서 운영체제 로더를 실행
펌웨어 (Firmware)	하드웨어와 소프트웨어의 중간적인 성격을 가진 프로그램으로, 하드웨어를 정상적으로 동작하도록 제어. 보통 ROM 또는 Flash 메모리에 내장되어 있음
SSD (Solid State Drive) / HDD (Hard Disk Drive)	운영체제(Windows, macOS 등)가 저장된 장치. 펌웨어(BIOS/UEFI)의 지시에 따라 운영체제의 핵심 파일들이 RAM으로 불러와져 실행 준비가 이루어짐

Q 운영체제 로딩

운영체제 파일은 RAM(Random Access Memory)으로 옮겨집니다. RAM은 CPU가 작업할 내용을 임시로 저장하는 공간으로, SSD/HDD보다 훨씬 속도가 빠릅니다. 하지만 전원이 꺼지면 저장된 내용이 모두 사라지는 휘발성 메모리입니다.

- **RAM**: SSD/HDD에서 불러온 운영체제 파일을 임시로 저장하여 CPU가 즉시 실행할 수 있도록 합니다. 이 과정을 거친 후 우리는 익숙한 바탕화면을 볼 수 있게 됩니다.

Q 엑셀 실행

사용자가 바탕화면의 엑셀 아이콘을 더블 클릭하면, 운영체제는 SSD/HDD에 저장된 엑셀 프로그램을 찾아 실행 파일을 RAM으로 불러옵니다. 그 결과 엑셀 창이 바탕화면에 나타나고, 사용자는 사용할 수 있게 됩니다.

Q 함수 계산

이제 사용자가 =SUM(A1, B1)과 같은 함수를 입력하고 엔터를 누르는 순간, CPU(Central Processing Unit)가 본격적으로 동작합니다. CPU(중앙처리장치)는 컴퓨터의 두뇌 역할을 하며 모든 계산과 데이터 처리를 담당합니다.

CPU	RAM에 있는 엑셀 프로그램의 'SUM 함수' 명령어와 셀 A1, B1의 숫자 데이터를 가져옴
캐시 메모리 (Cache Memory)	CPU는 먼저 자신과 가장 가까운 초고속 임시 저장소인 캐시 메모리를 확인. 만약 방금 사용했던 데이터나 명령어가 캐시에 있다면, RAM까지 갈 필요 없이 바로 가져와 매우 빠르게 처리할 수 있음
RAM	캐시에 원하는 데이터가 없을 경우 CPU는 RAM에서 데이터를 불러옴
레지스터 (Register)	RAM이나 캐시 메모리에서 가져온 데이터와 명령어는 CPU 코어 내부에 있는 가장 빠른 저장공간인 레지스터에 잠시 보관됨. CPU는 이 레지스터에 있는 값들을 직접 더하는 실제 연산을 수행함
연산 결과	계산이 끝나면 CPU(중앙처리장치)는 결과값을 다시 RAM으로 전달하고, RAM에 있는 엑셀 프로그램이 해당 셀에 결과를 업데이트함

🔍 화면 출력(결과 확인)

계산된 결괏값은 그래픽 처리 장치(GPU)로 전달되고, 최종적으로 모니터 화면에 숫자로 표시됩니다. 우리는 이렇게 셀에 나타난 결괏값을 확인할 수 있습니다. 다만, 화면에 보이는 값은 아직 RAM에만 존재하는 상태입니다.

RAM(휘발성 메모리)은 컴퓨터가 켜져 있는 동안에만 데이터를 보관하기 때문에, 저장하지 않고 엑셀을 종료하거나 전원을 끄면 그 안의 내용은 모두 사라집니다. (그래서 대부분의 프로그램이 창을 닫기 전에 "변경 내용을 저장하시겠습니까?"라고 묻는 것이죠?)

반면, 사용자가 엑셀 파일을 저장하면 SSD/HDD(비휘발성 메모리)에 기록됩니다. 이렇게 저장된 파일은 컴퓨터를 껐다 켜더라도 마지막으로 저장한 상태 그대로 다시 열 수 있습니다.

이 모든 과정은 눈 깜짝할 사이에 이루어지지만, 실제로는 컴퓨터 내부의 여러 부품이 서로 긴밀하게 협력하며 각자의 역할을 충실히 수행하고 있는 것입니다.

성공은 결코 우연이 아니다. 성공은 노력, 인내, 학습, 공부, 희생,
그리고 무엇보다도 자신이 하고 있거나 배우고 있는 일에 대한 사랑이다.
(Success is no accident. It is hard work, perseverance, learning, studying, sacrifice and most of all,
love of what you are doing or learning to do.)

펠레(Pele)

PART 01

합격비법 핵심이론

제 1과목
CHAPTER 01 　컴퓨터 시스템 활용
CHAPTER 02 　인터넷 자료 활용
CHAPTER 03 　컴퓨터 시스템 보호

제 2과목
CHAPTER 04 　엑셀 기본 사용법 및 데이터 입력/편집
CHAPTER 05 　데이터 계산
CHAPTER 06 　데이터 관리 및 분석
CHAPTER 07 　차트, 인쇄 및 매크로 활용

확인문제
스프레드시트 일반 - 기본기 완성 함수 20제

CHAPTER 01 | 컴퓨터 시스템 활용

제 1과목
컴퓨터 일반

SECTION 01 운영체제의 개요

운영체제(OS, Operating System)는 사용자가 컴퓨터라는 복잡한 기계를 쉽게 사용할 수 있도록 도와주는 가장 기본적인 소프트웨어(종류: Windows, macOS, UNIX, Linux 등)

운영체제의 성능평가

❶ 처리능력(Throughput)

단위 시간당 처리량을 나타내며 수치가 높을수록 성능이 좋음

❷ 반환시간(Turnaround Time)

작업 시작부터 종료까지 걸린 시간을 의미하며 수치가 낮을수록 성능이 좋음

❸ 사용 가능도(Availability)

시스템이 고장 없이 지속적으로 사용 가능한지를 나타냄

❹ 신뢰도(Reliability)

시스템이 환경에 따라 얼마나 원활히 동작하는지를 나타냄

운영체제의 처리 방식

데이터를 언제, 어떻게 처리하는지에 따라 시스템 운영 방식 분류

❶ 일괄처리 시스템(Batch Processing System)

특징: 일정량이나 일정 기간의 데이터를 모아 한꺼번에 처리하는 방식으로 효율은 높지만 결과가 나오기까지 시간이 오래 걸림

예) 급여계산, 공공요금(전기세, 수도세) 계산, 카드 명세서 등

> **Tip** 각 방식의 특징과 예시를 연결하여 물어보는 문제 자주 출제

❷ **실시간 처리 시스템(Real-Time Processing System)**

특징: 데이터가 발생하는 시점에서 즉시 처리하는 방식

예 은행(입출금), 항공/기차/영화 예약시스템

❸ **다중 프로그래밍(Multi-programming)**

특징: 하나의 CPU가 여러 프로그램을 번갈아 처리해 효율을 높이는 방식

예 인터넷 쇼핑몰, 유튜브 시청, 자료 다운로드를 동시에 하는 것처럼 보이지만 CPU가 세 작업을 빠르게 번갈아 처리하는 것

❹ **시분할 시스템(Time-Sharing System)**

특징: 한 대의 컴퓨터를 여러 사용자가 함께 쓰며, CPU가 작업을 짧은 시간 단위(Time Slice)로 번갈아 처리

예 여러 사용자가 동시에 게임 서버에 접속해 이용

❺ **다중 처리 시스템(Time-Sharing System)**

특징: 하나의 컴퓨터에 두 개 이상의 CPU를 설치해 여러 작업을 동시에 처리하여 성능을 높이는 방식

예 복잡한 3D 그래픽 작업 시 멀티 코어 CPU가 계산을 분산 처리해 작업 시간 단축

❻ **분산 처리 시스템(Distributed Processing System)**

특징: 여러 컴퓨터를 네트워크로 연결해 작업을 분산 처리하며, 자원 공유가 쉽고 신뢰성과 확장성이 높음

예 클라우드 컴퓨팅, 블록체인 기술

SECTION 02 운영체제의 사용

🔍 운영체제 기본 요소와 기능

Windows는 사용자가 직관적으로 작업할 수 있도록 GUI(Graphic User Interface) 환경을 제공한다. 이는 명령어(instruction)를 입력하는 대신 마우스로 아이콘을 클릭하는 방식

❶ 마우스 및 키보드 사용법(단축키)

컴퓨터의 효율적인 작업을 위한 단축키는 시험에 자주 출제되는 영역

- 기본 편집: Ctrl + C(복사), Ctrl + X(잘라내기), Ctrl + V(붙여넣기), Ctrl + Z(실행 취소)
- 파일/폴더 관리: F2(이름 바꾸기), Del(삭제), Shift + Del(영구 삭제)
- Windows 로고 키 활용 ★★

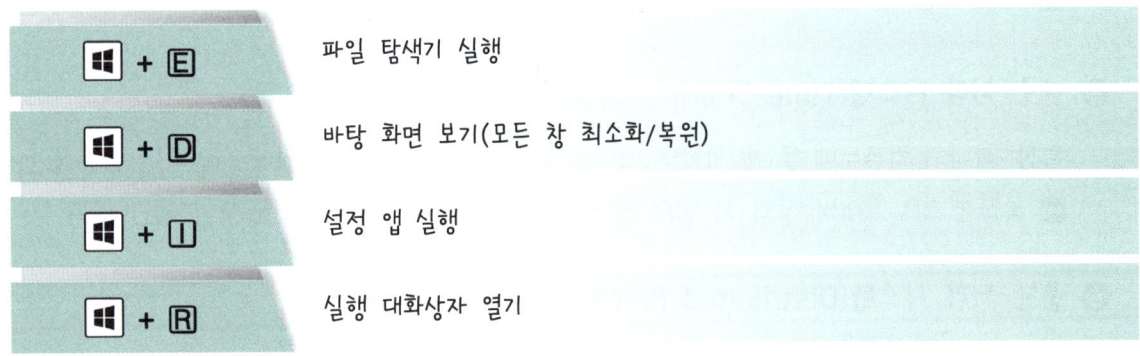

- ⊞ + E : 파일 탐색기 실행
- ⊞ + D : 바탕 화면 보기(모든 창 최소화/복원)
- ⊞ + I : 설정 앱 실행
- ⊞ + R : 실행 대화상자 열기

❷ 시작 메뉴 및 작업 표시줄

- **시작 메뉴**: 설치된 앱 목록, 설정, 전원 버튼 등에 접근하는 관문
- **작업 표시줄**: 화면 하단에 위치하며, 현재 실행 중인 앱 아이콘과 알림 영역(날짜와 시간) 표시

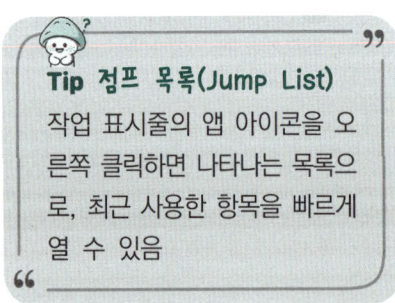

Tip 점프 목록(Jump List)
작업 표시줄의 앱 아이콘을 오른쪽 클릭하면 나타나는 목록으로, 최근 사용한 항목을 빠르게 열 수 있음

❸ 바탕화면의 사용: 바로 가기 아이콘(Shortcut)

- 원본 파일의 위치 정보만 가진 연결 파일
- 아이콘 왼쪽 아래 화살표(↗)가 표시되며, 삭제해도 원본 파일은 지워지지 않음

Q 파일 및 폴더

❶ 파일의 개념
- 파일은 문서가 디스크에 저장되는 단위, 파일 확장자는 파일의 성격을 나타냄
- 하나의 폴더 내에서는 같은 이름을 가진 파일이 존재할 수 없음
- 파일의 구성
  - 예) 컴활2급.hwpx(형식: 파일명.확장자)

❷ 폴더 개념
- 폴더는 공통된 성격을 지닌 파일들을 모아서 관리하기 위한 장소
- DOS의 디렉토리와 같은 의미로, 한글 운영체제의 최상위 폴더는 바탕 화면
- 폴더 내에 다른 폴더를 만들 수 있음

❸ 파일과 폴더 이름 바꾸기
- 파일 혹은 폴더의 이름을 변경하는 작업
- 기능키 F2를 누르거나 마우스 오른쪽 버튼을 클릭하여 이름 바꾸기에서 이름을 바꿈

❹ 복사, 이동, 삭제, 이름 바꾸기
- 이동과 복사의 차이 ★
  - 같은 드라이브 내: 드래그 시 '이동', Ctrl + 드래그 시 '복사'
  - 다른 드라이브 간: 드래그 시 '복사', Shift + 드래그 시 '이동'
- 이름 바꾸기(F2): 파일 이름에는 ₩, /, :, *, ?, ", <, >, | 문자 사용 불가

❺ 휴지통 다루기 ★★
- 삭제된 항목이 임시로 보관되는 장소로 '복원'을 통해 원래 위치로 되돌릴 수 있음
- 휴지통에 보관되지 않는 경우(영구 삭제)
  - USB 메모리에서 삭제한 경우
  - 네트워크 드라이브에서 삭제한 경우
  - Shift + Del 키를 눌러 삭제한 경우
  - 휴지통 속성에서 '파일을 휴지통에 버리지 않고 바로 제거' 옵션을 선택한 경우

❻ 검색 및 실행

- **검색**: 와일드카드 문자(* : 모든 문자열, ? : 한 글자)를 사용하여 파일 검색
  - 예) 김* : "김"으로 시작하는 모든 이름 검색(김종민, 김준 등)
    김?? : "김"으로 시작하는 3글자 이름 검색(김종민, 김서준 등)
- **실행(⊞+R)**: 명령어를 직접 입력하여 프로그램 실행

❼ 내 PC 및 파일 탐색기(⊞+E)

컴퓨터의 파일, 폴더, 드라이브 구조를 탐색하고 관리하는 도구로 파일 탐색기를 빠르게 엶

❽ 인쇄

- **스풀(Spool)**: 인쇄할 내용을 보조기억장치에 임시로 저장하는 기능, 고속의 중앙처리장치(CPU)와 저속의 프린터 사이의 속도 차이를 보완하여, 인쇄 중에도 다른 작업을 할 수 있게 해줌
- **기본 프린터**: 인쇄 명령 시 자동으로 선택되는 프린터로, 1대만 지정

SECTION 03 컴퓨터 시스템 설정 변경

Windows의 [설정] (⊞ + I)을 통해 컴퓨터의 다양한 환경을 사용자에게 맞게 변경 가능

항목	설명
시스템	디스플레이 해상도, 소리, 전원 및 절전 관리 등을 설정
장치	프린터, 마우스, 블루투스 장치 등 하드웨어를 연결하고 관리
네트워크 및 인터넷	인터넷 연결 상태 확인, Wi-Fi, 이더넷(유선랜) 설정을 관리
개인 설정 ★	바탕 화면 배경, 색상 테마(다크 모드 등), 잠금 화면, 글꼴 등을 변경
앱	설치된 프로그램을 확인하고 제거(Uninstall)하거나, 시작 프로그램을 관리
계정	사용자 계정 관리 및 로그인 옵션(암호, PIN 등)을 설정
접근성 ★	시각, 청각 운동능력 등에 어려움이 있는 사용자를 지원하는 기능 → 주요 기능: 돋보기, 고대비(가독성 향상), 내레이터(화면 읽어주기), 고정 키(Ctrl, Alt, Shift 키를 누른 상태로 유지) 등
업데이트 및 보안	Windows 업데이트 관리, Windows 보안(백신, 방화벽), 백업 및 복구 옵션을 설정

SECTION 04 컴퓨터 시스템 관리(하드웨어 및 소프트웨어)

Q 컴퓨터의 원리 및 성능

① 자료의 구성(작은 → 큰 순서)

비트(bit, 정보표현 최소단위) → 바이트(byte, 8bit, 문자 표현 기본 단위) → 워드(word) → 레코드(record) → 파일(file) → 데이터베이스(database)

단위	설명
비트(bit)	정보 표현 최소 단위, 0과 1로 표현
바이트(byte)	주기억장치에서 주소 또는 문자 표현의 최소 단위 1byte = 8bit 4개의 비트 묶음을 니블(nibble)이라 부르기도 함
워드(word)	CPU가 한 번에 처리할 수 있도록 정해진 데이터의 기본 단위
레코드(record)	관련 있는 여러 데이터 항목(필드)을 하나로 묶어 놓은 자료 처리 단위
파일(file)	동일한 레코드들의 집합
데이터베이스(database)	상호 관련 있는 파일들의 집합

> **Tip** 중앙처리장치(CPU) 내부에서는 <u>워드(word)</u> 단위로 연산하지만, 응용 시스템(예 파일시스템, 데이터베이스 시스템)에서는 여러 개의 필드를 하나로 묶은 <u>레코드</u> 단위로 데이터를 저장, 검색, 갱신

> **Tip** 레코드는 관련있는 여러 필드를 하나로 묶은 자료 처리 단위
> 예 홍길동이라는 이름을 가진 학생의 레코드가 있다고 가정하면,
>
> | 필드명 | 데이터 값 |
> | --- | --- |
> | 이름 | 홍길동 |
> | 학번 | 20251225 |
> | 학과 | 컴퓨터공학 |
> | 전화번호 | 010-1234-5678 |
>
> 위의 4개의 필드가 모여 "홍길동"이라는 학생 레코드를 구성

❷ 저장 용량 단위(작은 → 큰 용량)

KB → MB → GB → TB → PB

단위	용량	
Byte(바이트)	8Bit	
KB(Kilo, 킬로) 바이트	2^{10}Byte(10^3)	소용량
MB(Mega, 메가) 바이트	2^{20}Byte(10^6)	↑
GB(Giga, 기가) 바이트	2^{30}Byte(10^9)	↓
TB(Tela, 테라) 바이트	2^{40}Byte(10^{12})	대용량
FB(Feta, 페타) 바이트	2^{50}Byte(10^{15})	

❸ 처리 속도 단위(느린 → 빠른 속도)

ms(밀리초) → μs(마이크로초) → ns(나노초) → ps(피코초) → fs(펨토초) → as(아토초)

단위	속도	
ms(밀리) 세컨드	10^{-3}초	저속
μs(마이크로) 세컨드	10^{-6}초	↑
ns(나노) 세컨드	10^{-9}초	↓
ps(피코) 세컨드	10^{-12}초	
fs(펨토) 세컨드	10^{-15}초	고속
as(아토) 세컨드	10^{-18}초	

❹ 문자 코드

ASCII (아스키, American Standard Code for Information Interchange) **코드**	• 1963년 미국표준협회에서 만든 미국 표준 코드 • 7비트로 구성되어 총 128(2^7=128)개의 문자 표현이 가능 • 데이터 통신 및 마이크로 컴퓨터에 널리 사용 • 부족한 문자를 표현하기 위해 확장 ASCII(8비트, 256문자)를 사용
Unicode (유니코드)	• 전 세계 모든 문자를 표현하기 위한 국제 표준 코드 • 글로벌 인터넷 시장의 등장으로 확장 ASCII만으로는 다국적 문서, 이메일, 웹페이지 표현이 불가능하여 유니코드(Unicode)라는 전 세계 통합 문자코드 등장

🔍 하드웨어 핵심 장치 ★★

❶ 중앙처리장치(CPU: Central Processing Unit)

컴퓨터의 '두뇌' 역할을 하는 가장 핵심적인 장치로 명령어를 해석하고 실행하는 장치

제어장치(CU)	명령을 해석하고 각 장치의 동작을 지시하고 감독
연산장치(ALU)	산술 연산(수치계산)과 논리 연산(참·거짓 판단) 수행
레지스터(Register)	CPU 내부의 초고속 임시 기억장치로 명령어의 주소, 연산에 필요한 데이터, 중간 연산 결과 등 저장, 기억장치 중 속도가 가장 빠름

❷ 기억장치(Memory Device)

기억장치 속도 비교(빠른 순서): 레지스터 > 캐시 메모리 > 주기억장치(RAM) > 보조기억장치(SSD > HDD)

- **주기억장치**
  - RAM(Random Access Memory): 현재 실행 중인 프로그램과 데이터를 임시 저장하고, 전원이 꺼지면 내용이 사라지는 **휘발성** 메모리
    - 예 디지털카메라, 내비게이션 등
  - RAM이 부족하면 디스크를 빌려 쓰는 **가상 메모리**가 자주 발생하여 속도가 느려짐
  - RAM의 종류

DRAM (Dynamic RAM)	• 일정한 시간이 지나면 전하가 방전되어 기억된 내용을 유지하기 위해 주기적인 **재충전(Refresh)**이 필요하다. -휘발성 메모리- • 용도: 주기억장치
SRAM (Static ROM)	• 전원 공급이 되면 기억된 내용을 유지하기 위해 **재충전(Refresh)**이 필요 없다. -휘발성 메모리- • 용도: 캐시메모리

더 알아보기

재충전(Refresh)이란?
DRAM은 커패시터(콘덴서)에 저장된 전기가 시간이 지나면 조금씩 빠져나가 정보가 사라지므로, 이를 막기 위해 일정 주기마다 전기를 다시 충전하는 과정

더 알아보기

DRAM과 SRAM의 비교

내용	DRAM	SRAM
속도	저속	고속
가격	저가	고가
구조	간단	복잡
용량	대용량	소용량
재충전	필요	불필요
용도	주기억장치	캐시메모리

- ROM(Read Only Memory): 부팅에 필요한 기본 정보(BIOS 등)를 저장하고, 전원이 꺼져도 기억된 내용이 유지되는 비휘발성 메모리
  - 예) 스마트폰을 "공장 초기화"해도 안드로이드나 iOS 운영체제, 그리고 전화, 카메라 같은 기본 앱이 사라지지 않는 이유가 바로 ROM에 이 정보들이 저장되어 있기 때문
- ROM의 종류

종류	설명
Mask ROM	컴퓨터 제조회사에서 미리 내용을 기억시킨 롬으로 사용자가 임의로 변경 불가
PROM (Programmable ROM)	프로그램이 가능한 ROM으로 최초 한번 기록할 수 있음
EPROM (Erasable PROM)	자외선 성질을 이용하여 기억된 내용을 지우고 다시 기록할 수 있음
EEROM (Electrically EPROM)	전기적 성질을 이용하여 바이트 단위로 기억된 내용을 지우고 다시 기록할 수 있는 비휘발성 메모리

- **보조기억장치**: 데이터를 영구적으로 저장하는 공간

SSD (Solid State Drive)	반도체(플래시 메모리)를 사용하여 HDD보다 속도가 훨씬 빠르고, 소음이 적으며, 충격에 강함
HDD (Hard Disk Drive)	자기 디스크를 물리적으로 회전시켜 데이터를 읽고 씀

- **기타 기억장치 관련 용어**

캐시 메모리 (Cache Memory)	중앙처리장치(CPU)와 주기억장치(RAM) 사이의 속도 차이를 줄여주는 고속 메모리
가상 메모리 (Virtual Memory)	실제 RAM 용량보다 더 큰 프로그램을 실행할 수 있도록 보조기억장치의 일부를 RAM처럼 빌려 쓰는 기술
연관 메모리 (Associative Memory)	기억장치에 기억된 정보에 접근하기 위해 주소를 사용하는 것이 아니라 기억된 정보의 내용(content)을 이용하여 데이터를 찾는 기억장치로 접근 시간이 가장 빠름
플래시 메모리 (Flash Memory)	전원이 꺼져도 저장된 정보의 보존이 가능한 비휘발성(Non-Volatile) 반도체 메모리 예) USB 메모리, 블랙박스, 스마트워치, 스마트폰 저장공간 등에 사용

❸ 입출력장치 및 기타 장치

입력장치	키보드, 마우스, 스캐너 등	
출력장치	모니터, 프린터 등	
메인보드	모든 부품을 연결하는 기반이 되는 주기판	
포트 (Port)	주변기기를 연결하는 접속 단자	
	USB (Universal Serial Bus)	가장 널리 사용되는 범용 직렬 포트
	HDMI	영상과 음향 신호를 동시에 전송하는 디지털 포트

🔍 소프트웨어의 이해

❶ **시스템 소프트웨어**: 컴퓨터 시스템을 운영하고 관리하는 기본 소프트웨어
  - 예) 운영체제, 유틸리티(파일 탐색기, 메모장 등)

❷ **응용 소프트웨어**: 특정 업무를 처리하기 위해 개발된 소프트웨어
  - 예) 엑셀, 워드프로세서 등

❸ **배포 방식**: 상용(유료), 셰어웨어(체험판), 프리웨어(무료)

🔍 PC 관리 및 유지보수

❶ **디스크 정리**: 불필요한 파일을 삭제하여 디스크 공간 확보
❷ **디스크 조각 모음 및 최적화**: 흩어진 파일 조각을 모아 접근 속도 향상시킴(HDD에 효과적)
❸ **시스템 복원**: 컴퓨터 시스템을 문제가 발생하기 이전의 특정 시점으로 되돌리는 기능
❹ **PC 업그레이드**: RAM 증설, HDD를 SSD로 교체가 가장 효과적

01 다음 중 컴퓨터의 기억장치를 속도가 빠른 순서에서 느린 순서대로 올바르게 나열한 것은?

① RAM → 캐시 메모리 → 레지스터 → SSD
② 레지스터 → 캐시 메모리 → RAM → SSD
③ SSD → RAM → 캐시 메모리 → 레지스터
④ 캐시 메모리 → 레지스터 → RAM → SSD

✓ 정답 및 해설
CPU에 가까울수록 속도가 빠르므로 레지스터가 가장 빠르고 보조기억장치가 가장 느리다.   답 ②

02 다음 중 Windows에서 사용하는 바로 가기 아이콘에 대한 설명으로 옳지 않은 것은?

① 원본 파일의 위치 정보를 가지고 있는 연결 파일이다.
② 바로 가기 아이콘을 삭제하면 연결된 원본 파일도 함께 삭제된다.
③ 아이콘 왼쪽 하단에 작은 화살표(↗)가 표시된다.
④ 하나의 원본 파일에 대해 여러 개의 바로 가기 아이콘을 만들 수 있다.

> ✓ 정답 및 해설
> 바로 가기 아이콘은 연결 파일이므로 삭제해도 원본 파일은 영향을 받지 않는다.
> 답 ②

03 CPU와 주기억장치 사이에서 정보 교환을 위하여 주기억장치의 정보를 일시적으로 저장하는 고속 기억장치는?

① 연관기억장치　　　　　　② 보조기억장치
③ 가상기억장치　　　　　　④ 캐시기억장치

> ✓ 정답 및 해설
> 중앙처리장치(CPU)와 주기억장치(RAM) 사이의 속도 차이를 줄여주는 고속 메모리가 캐시메모리이다.
> 답 ④

CHAPTER 02 | 인터넷 자료 활용

제 1과목
컴퓨터 일반

SECTION 01 인터넷 활용

🔍 인터넷의 개요 및 환경 설정

❶ **인터넷**: 전 세계 컴퓨터들이 연결된 네트워크망으로, TCP/IP라는 표준 프로토콜(통신 규약)을 기반으로 함

❷ **IP 주소(IP Address)** ★: 인터넷에 연결된 컴퓨터의 고유한 주소

IPv4	32비트 주소 체계, 8비트씩 십진수 4부분으로, 점(.)으로 구분 예 192.168.0.1
IPv6	128비트 주소 체계, 16진수 4자리씩 8개의 블록으로 콜론(:)으로 구분, IPv4의 주소 부족 문제를 해결하기 위해 등장 예 2001:0db6:75a3:0000::0000:2a6d:a23f:1273

❸ **도메인 네임(Domain Name)**: 숫자로 된 IP 주소를 사람이 기억하기 쉬운 문자 형태로 바꾼 주소

예 www.pmgbooks.co.kr

❹ **DNS(Domain Name System)**: 도메인 네임을 IP 주소로 변환해 주는 시스템

예 www.pmgbooks.co.kr → 211.245.24.140

🔍 웹 브라우저 사용 및 인터넷 서비스

❶ **웹 브라우저**: 인터넷의 정보(웹 페이지)를 볼 수 있게 해주는 프로그램

예 크롬, 엣지 등
- **쿠키(Cookie)**: 웹 사이트 방문 기록이나 로그인 정보 등을 사용자 컴퓨터에 임시 저장하는 작은 파일

❷ 주요 서비스 및 프로토콜

프로토콜	설명
HTTP (Hyper Text Transfer Protocol)	웹 브라우저와 서버가 서로 문서를 주고 받는 규칙
FTP (File Transfer Protocol)	컴퓨터와 컴퓨터 간에 파일을 전송하기 위한 통신규약
SMTP / POP3 / IMAP	이메일을 전송(SMTP)하고 수신(POP3/IMAP)하기 위한 프로토콜

☑ 더 알아보기

전자우편(e-mail) 용어 설명

용어	설명
SMTP (Simple Mail Transfer Protocol)	메일 전송에 사용되는 프로토콜
POP3 (Post Office Protocol version 3)	메일서버에 있는 이메일을 PC로 내려받아 관리하는 프로토콜
IMAP (Internet Message Access Protocol)	메일서버에 있는 이메일을 여러 기기(PC, 휴대폰, 태블릿)에서 실시간으로 관리할 수 있도록 해주는 프로토콜(요즘 대부분 사용)

SECTION 02 멀티미디어 활용

멀티미디어(Multimedia)는 Multi(다중)와 Media(매체)의 합성어로, 텍스트, 이미지, 사운드, 동영상 등 다양한 형태의 정보가 컴퓨터를 통해 통합적으로 처리되고 상호작용하는 것을 의미

Q 멀티미디어 시스템

멀티미디어 데이터를 원활하게 처리하고 표현하기 위한 환경

❶ **하드웨어**: 고성능 CPU, 충분한 RAM, GPU, 사운드카드, 스피커, 고해상도 모니터 등이 필요함
  - **사운드카드**: 아날로그 소리를 디지털로, 디지털 신호를 아날로그로 변환해 출력

❷ **소프트웨어**
- **코덱(Codec)**: 동영상, 오디오 파일을 압축하거나 해제해 재생하는 기술

🔍 멀티미디어의 4가지 주요 특징 ★

디지털화 (Digitalization)	아날로그 데이터를 0과 1의 디지털 형태로 변환해 가공, 편집, 저장을 쉽게 함 예) 필름 사진을 스캔해 JPG로 저장하거나, 카세트테이프 음악을 MP3로 변환하는 과정
쌍방향성 (Interactivity)	정보 제공자와 사용자가 상호작용하며 정보를 주고받는 특징
비선형성 (Non-linearity)	사용자가 선택에 따라 자유롭게 이동하며 정보를 탐색할 수 있는 특징 예) 하이퍼텍스트, 하이퍼미디어
정보의 통합성 (Integration)	텍스트, 그래픽, 사운드, 영상 등 다양한 미디어가 하나의 시스템으로 통합 처리됨

🔍 멀티미디어 데이터의 종류별 개념 및 특징

❶ **이미지 데이터**

비트맵 (Bitmap, 래스터)	이미지를 점(픽셀)들의 집합으로 표현하며 확대하면 계단 현상(앨리어싱)이 발생 (확장자: JPG, PNG, GIF, BMP 등) 예) 포토샵(Photoshop): 사진 보정, 그래픽 작업
벡터 (Vector)	이미지를 수학적인 선과 곡선으로 표현하며 확대해도 이미지가 깨지지 않고 선명 (확장자: AI, SVG, WMF 등) 예) 일러스트레이터(illustrator): 로고/아이콘 디자인, 인쇄물 제작

- **주요 파일 형식**
  - **이미지**: JPG/JPEG(사진 압축 표준, 손실 압축), PNG(투명 배경 지원, 비손실 압축), GIF(움직이는 이미지, 비손실 압축)

❷ 오디오(사운드) 데이터

WAV	Windows 표준 오디오 형식으로, 압축 없이 디지털화해 음질은 뛰어나지만 용량이 큼
MP3	MPEG-1 기반 고음질 오디오 압축기술로, 용량을 약 1/10로 줄여 음악, 스트리밍에 널리 사용
MIDI	음성 대신 악기 연주 정보만 저장해 용량이 작은 음악 파일 예 노래방 반주

❸ 비디오(동영상) 데이터

- MPEG(Moving Picture Experts Group): 동영상 압축 기술의 국제 표준 규격
  - 예 MPEG-1(CD), MPEG-2(DVD, HDTV), MPEG-4(인터넷방송, 모바일)
- AVI(Windows 표준), MOV(애플사), WMV/ASF(마이크로소프트 스트리밍용)

🔍 멀티미디어 애플리케이션(응용 분야)

스트리밍 (Streaming)	인터넷에서 오디오・비디오 파일을 전부 내려받지 않고, 전송받는 즉시 재생하는 기술 예 유튜브(YouTube), 넷플릭스(Netflix), 멜론(Melon)
VOD (Video On Demand)	사용자가 원하는 시간에 원하는 콘텐츠를 선택해 시청하는 서비스 예 IPTV(KT 지니TV, SK Btv 등)
VR (Virtual Reality, 가상 현실)	컴퓨터가 만든 가상 세계에서 실제와 같은 체험을 제공하는 기술 예 실내 골프 연습장, VR 레이싱 게임
AR (Augmented Reality, 증강 현실)	현실 세계에 가상의 정보를 겹쳐서 보여주는 기술 예 포켓몬 GO, HUD(자동차 앞 유리에 표시되는 길 안내 정보)
VCS (Video Conference System)	화상 회의 시스템 예 줌(Zoom)

SECTION 03 최신 정보통신기술 활용 ★

🔍 정보통신기술(ICT) 관련 용어

❶ **IoT**(Internet of Things, 사물인터넷): 모든 사물을 인터넷에 연결하는 기술
　예) 스마트 홈, 스마트 헬스케어, 스마트 팩토리

❷ **RAID**(Redundant Array of Independent/Inexpensive Disks): 여러 디스크를 묶어 데이터를 분산·중복 저장해 고장 시 손실을 줄이고, 빠르고 안전하게 관리하는 기술
　예) 온라인 쇼핑몰 서버, 데이터 센터

❸ **클라우드 컴퓨팅**(Cloud Computing): 인터넷상의 서버에 데이터, 프로그램 등을 저장해 두고 인터넷으로 접속하여 필요할 때 사용하는 환경
　예) Google Drive, 네이버 MYBOX, 마이크로소프트 OneDrive 등

❹ **빅데이터**(Big Data): 방대한 데이터를 분석해 가치 있는 정보를 추출하는 기술로, 빅데이터는 용량, 다양성, 속도의 3V 특징을 가짐
　예) 고객 구매 패턴 분석, 기상 데이터 분석, 지진/재난 예측

❺ **클라우드 컴퓨팅**: 인터넷 서버에 데이터나 프로그램을 저장해 두고 필요할 때마다 접속하여 사용하는 서비스
　예) 구글 드라이브, 네이버 MYBOX

❻ **인공지능**(AI, Artificial Intelligence): 사람처럼 배우고 생각하며 문제를 이해하고 학습할 수 있는 컴퓨터 기술
　예) AI 번역기, 스마트폰 음성 비서, 자율주행 자동차

❼ **VoIP**(Voice over Internet Protocol): 인터넷 전화, 인터넷 프로토콜(IP)을 사용하여 음성 데이터를 전송하는 기술
　예) 070으로 시작하는 인터넷 전화

❽ **Wi-Fi**(와이파이): 무선으로 인터넷을 연결하는 무선 네트워크 기술
　예) 집/카페/학교/공항 등에서 인터넷을 무선으로 사용

⑨ **RFID**(Radio Frequency Identification): 무선 주파수를 이용하여 대상을 식별하고 정보를 인식하는 기술
  예) 하이패스, 회사 출입증

🔍 모바일 기기 관련 용어

용어	설명
블루투스 (Bluetooth)	약 10m 내외의 근거리에서 기기 간(무선 마우스/키보드, 무선 이어폰, 스마트폰 등)에 저전력으로 무선 데이터를 주고받을 수 있도록 하는 무선 통신 기술 표준
NFC (Near Field Communication)	10cm 이내의 아주 가까운 거리에서 비접촉식으로 데이터를 교환하는 무선 통신 기술 예) 삼성페이 등
GPS (Global Positioning System)	인공위성을 이용하여 어디에서든지 현재 위치를 파악할 수 있는 시스템 예) 내비게이션, 스마트폰 지도 앱 : 티맵, 카카오맵 등
테더링(Tethering) 및 핫스팟(Hotspot)	스마트폰의 모바일 데이터(LTE/5G)를 다른 기기(노트북, 태블릿 등)와 함께 사용할 수 있도록 인터넷 연결을 공유하는 기술 예) 모바일 핫스팟(테더링 방식 중 하나)
미러링(Mirroring)	스마트폰이나 태블릿 화면을 TV나 모니터에 무선으로 전송하여 보여주는 기술 예) 삼성 Smart View, 애플 AirPlay 등
웨어러블 디바이스 (Wearable Device)	몸에 착용하여 사용할 수 있는 형태의 전자기기 예) 갤럭시 워치, 애플 워치

CHAPTER 03 | 컴퓨터 시스템 보호

제 1과목
컴퓨터 일반

SECTION 01 정보 보안 유지

❶ **정보 윤리 및 저작권**: 네티켓을 준수하고 타인의 창작물(저작권) 존중

❷ **개인정보 보호**: 개인정보 유출을 막기 위해 비밀번호를 주기적으로 변경하고, 출처가 불분명한 메일은 열지 않아야 함

SECTION 02 시스템 보안 유지

🔍 컴퓨터 범죄의 유형 및 대책

❶ **피싱**(Phishing): 가짜 웹사이트나 이메일을 통해 개인정보(계정, 비밀번호, 금융정보)를 빼내는 수법
  - 예 은행 로그인 위장 메일

❷ **스미싱**(Smishing): 문자 메시지(SMS) 안에 악성 앱을 설치하여 개인 정보를 빼내는 수법
  - 예 택배, 세금 환급 문자 사칭

❸ **스푸핑**(Spoofing): 공격자가 자신을 다른 사람이나 장치로 가장해 신뢰를 얻는 공격 기법
  - 예 가짜 이메일(발신자 주소 위조)로 로그인 정보 요구, 가짜 와이파이(공용 와이파이 이름을 흉내)로 사용자 유도

❹ **스니핑**(Sniffing): 네트워크 상을 흐르는 패킷을 도청해 데이터(아이디, 비밀번호, 평문메일 등)를 수집하는 행위
  - 예 공유 와이파이에서 패킷 캡처로 로그인 정보 탈취

❺ **키로거**(Keylogger): 사용자의 키보드 입력을 기록(로깅)하는 악성 소프트웨어 또는 하드웨어
  - 예 백신 미설치 상태에서 감염된 프로그램이 비밀번호 입력을 모두 기록하여 공격자에게 전송

❻ **디도스**(DDoS, Distributed Denial of Service): 여러 대의 컴퓨터를 이용하여 특정 서버에 동시에 대량의 접속을 유발해 서비스를 마비시키는 공격
   - 예) 쇼핑몰 마비, 정부기관 홈페이지 접속 불가

❼ **파밍**(Pharming): 정상적인 주소를 입력했음에도 불구하고, 자동으로 가짜 사이트로 강제로 접속되게 하여 개인정보를 빼내는 수법
   - 예) 국세청 주소를 쳐도 공격자가 조작한 가짜 사이트로 연결됨

Q 바이러스(악성코드)의 종류 및 특징 ★

종류	특징
컴퓨터 바이러스	스스로 복제하여 다른 프로그램을 감염시키고 시스템을 파괴 예) CIH(체르노빌) 바이러스, ILOVEYOU 바이러스
웜 (Worm)	스스로 복제하여 네트워크를 통해 전파, 시스템 성능 저하 예) Code Red 웜, SQL Slammer 웜
트로이 목마 (Trojan Horse)	겉보기에는 정상적인 프로그램처럼 보이지만, 내부에 숨겨진 악성 코드가 실행되면서 정보를 유출(자기 복제 능력 없음) 예) Zeus 트로이 목마
랜섬웨어 (Ransomware)	사용자의 데이터 파일을 암호화하여 열지 못하게 만든 후, 이를 풀어주는 대가로 금전을 요구하는 악성코드 예) WannaCry, Petya/NotPetya

Q 보안 대책

❶ **백신 프로그램**: 악성코드를 탐지하고 치료함. 최신 업데이트가 중요

❷ **방화벽**(Firewall) ★: 외부로부터의 불법적인 침입(해킹)을 차단하는 보안 시스템으로 허가된 접근만 허용

❸ **암호화**(Encryption): 데이터를 다른 사람이 알아볼 수 없는 형태로 변환

01 다음 중 인터넷 주소 체계인 IPv6에 대한 설명으로 옳은 것은?

① 32비트 주소 체계이며, 주소 부족 문제를 겪고 있다.
② 주소를 구분하기 위해 점(.)을 사용한다.
③ 128비트 주소 체계이며, 주소를 구분하기 위해 콜론(:)을 사용한다.
④ 도메인 네임을 IP 주소로 변환해 주는 시스템이다.

✓ 정답 및 해설

①, ②는 IPv4에 대한 설명, ④는 DNS에 대한 설명이다.

답 ③

02 다음 중 이미지를 확대해도 깨지지 않고 선명하게 유지되는 그래픽 표현 방식은?

① 비트맵
② 래스터
③ 픽셀
④ 벡터

✓ 정답 및 해설

벡터 방식은 수학적 함수를 이용하므로 확대/축소 시 화질 저하가 없다.

답 ④

03 외부로부터의 불법적인 침입을 차단하여 컴퓨터 시스템을 보호하는 보안 시스템을 무엇이라고 하는가?

① 백신
② 방화벽
③ DNS
④ 유틸리티

✓ 정답 및 해설

실제 건물에서 불이 번지는 것을 막는 방화벽처럼, 네트워크 보안의 핵심 장치 중의 하나로, 외부 공격으로부터 내부 시스템을 보호하는 역할을 한다. 그러나 이미 시스템 내부에 침투한 악성코드(트로이 목마, 랜섬웨어 등)는 차단하기 어렵다.

답 ②

CHAPTER 04 | 엑셀 기본 사용법 및 데이터 입력/편집

제 2과목
스프레드시트 일반

SECTION 01 응용 프로그램 준비 및 파일 관리

🔍 화면 인터페이스 및 창 제어

❶ **기본 용어**: 통합 문서(파일), 워크시트(작업 공간), 셀(기본 단위), 이름 상자(주소 표시), 수식 입력줄(내용 표시/편집)

❷ **틀 고정**: 특정 행이나 열(제목 행 등)을 화면에 고정시켜 스크롤해도 항상 보이도록 함([보기] 탭)

❸ **창 나누기**: 하나의 워크시트를 최대 4개로 분할하여 서로 다른 부분을 동시에 봄

🔍 파일 관리 및 통합 문서 관리

❶ **파일 형식★**: .xlsx(기본), .xlsm(매크로 포함 문서), .csv(쉼표로 분리된 텍스트)

❷ **시트 관리**: 삽입, 삭제, 이동(드래그), 복사(Ctrl + 드래그)

❸ **시트 그룹**: 여러 시트를 선택한 상태로, 그룹 상태에서 입력하면 모든 시트에 동일하게 적용

❹ **보호 기능**
- **시트 보호**: 시트의 내용 수정 방지
- **통합 문서 보호**: 통합 문서의 구조(시트 삽입, 삭제 등) 변경 방지

> ☑ **더 알아보기**
>
> **워크시트(worksheet)의 구조 변경**
> 워크시트의 구조를 변경한다는 것은 시트를 추가하거나 삭제, 시트 이름을 변경하거나 순서 이동, 행/열을 삽입하거나 숨김 처리와 같은 작업

SECTION 02　데이터 입력 및 편집

Q 데이터 입력

① 데이터 종류별 정렬: 문자(왼쪽), 숫자/날짜/시간(오른쪽)

② 한 셀에 여러 줄 입력: Alt + Enter↵

③ 자동 채우기
- 채우기 핸들을 드래그하여 데이터를 자동으로 입력
- 숫자는 Ctrl 키를 누르고 드래그하면 1씩 증가

Q 데이터 편집

① 찾기(Ctrl + F) 및 바꾸기(Ctrl + H): 특정 내용이나 서식을 찾거나 변경 가능

② 선택하여 붙여넣기(Ctrl + Alt + V)
- **값**: 수식이나 서식 제외하고 결과 값만 붙여넣기
- **서식**: 내용 제외하고 서식만 붙여넣기
- **행/열 바꿈**: 가로/세로 방향을 바꾸어 붙여넣기

SECTION 03　서식 설정 ★

[셀 서식](단축키: Ctrl + 1)을 통해 데이터의 표시 형식 지정

Q 사용자 지정 서식

사용자가 직접 서식 코드를 이용해 형식 지정(양수; 음수; 0; 텍스트 순서로 지정 가능)

① 숫자 서식 코드
- **#** : 유효한 자릿수만 표시(숫자 0은 공백 처리)

- 0 : 유효하지 않은 자릿수를 0으로 표시(0을 반드시 표시)
- , : 천 단위 구분 기호, 코드 맨 끝에 사용하면 천 단위 생략(반올림)
- ,, : 천 단위 구분 기호, 코드 맨 끝에 사용하면 백만 단위 생략(반올림)

입력 값	서식 코드	표시 결과
1000	#,###	1,000
1000	#,##0	1,000
0	#	(공백)
0	0	0
123	00000	00123
1234567	#,###,	1,235
50000	#,##0,	50
9876543210	#,###,,	9,877

❷ 문자 서식 코드

@ : 문자 데이터 표시(예) @"님" → 박문각님)

❸ 날짜 서식 코드

코드	의미	표시(2025년9월8일 기준)
y	연도(마지막 1~2자리)	25
yy	연도(마지막 2자리)	25
yyy	연도(4자리)	2025
yyyy	연도(4자리)	2025

코드	의미	표시(2025년9월8일 기준)
m	월(1~12)	9
mm	월(01~12)	09
mmm	월(영어약자)	Sep
mmmm	월(영어전체)	September

코드	의미	표시(2025년9월8일 기준)
d	일(1~31)	1
dd	일(01~31)	01
ddd	요일(영어 약자)	Mon
dddd	요일(영어 전체)	Monday
aaa	요일(한글 약자)	월
aaaa	요일(한글 전체)	월요일

❹ **시간 서식 코드**

코드	의미	표시(오후 6시32분37초 기준)
h	시간(1~12)	6
hh	시간(01~12)	06
H	시간(0~23)	18
HH	시간(00~23)	18
m	분(0~59)	32
mm	분(00~59)	32
s	초(0~59)	37
ss	초(00~59)	37
AM/PM	오전/오후(영문)	PM
am/pm	오전/오후(영문 소문자)	pm
오전/오후	오전/오후(한글)	오후

Q 조건부 서식

특정 조건을 만족하는 셀에만 자동으로 서식(색상, 글꼴 등)을 적용하는 기능

❶ **규칙 유형**: 셀 강조 규칙, 상위/하위 규칙, 데이터 막대 등

❷ **수식을 사용하여 서식을 지정할 셀 결정**: 행 전체에 서식을 적용하려면 수식에서 참조하는 셀 주소의 열만 고정(혼합 참조, 예 $A1)해야 함

01 다음 중 엑셀에서 매크로가 포함된 파일을 저장할 때 사용해야 하는 파일 확장자는?

① .xlsx
② .xlsm
③ .xltx
④ .csv

☑ 정답 및 해설

.xlsm은 매크로 사용 통합 문서이다.

답 ②

02 셀에 숫자 123을 입력하고 사용자 지정 서식을 0000으로 설정했을 때 표시되는 결과는?

① 123
② 0123
③ #123#
④ 123.0

☑ 정답 및 해설

0 코드는 자릿수 만큼 0을 표시하므로, 123의 왼쪽 빈자리는 0으로 채워져 0123으로 표시된다.

답 ②

CHAPTER 05 | 데이터 계산 ★★★

제 2과목
스프레드시트 일반

SECTION 01 기본 계산식의 이해

🔍 수식 입력 및 연산자

❶ **수식 입력**: 수식은 반드시 등호(=)로 시작

❷ **연산자**: 산술(+, -, *, /), 비교(=, >, <, <>), 텍스트 연결(&)

🔍 셀 참조 방식의 이해 ★★

수식을 복사(자동 채우기)할 때 참조 주소가 어떻게 변하는지에 따라 방식이 나누며 F4 키로 전환 가능

상대 참조(A1)	기본 방식. 수식을 복사하면 위치에 따라 주소가 상대적으로 변경됨
절대 참조($A$1)	수식을 복사해도 주소가 절대 변하지 않고 고정됨. 고정된 값(할인율 등)을 참조할 때 사용
혼합 참조($A1 또는 A$1)	행이나 열 중 하나만 고정

🔍 오류 메시지 처리

❶ **#DIV/0!(Division by zero)**: 어떤 값을 0 또는 빈 셀로 나누려고 할 때

❷ **#N/A(Not Available)**: 찾으려는 값이 범위 안에 없을 때
   예) =MATCH(50, A1:A5, 0) → #N/A (50이 A1:A5 범위에 없는 경우)

❸ **#NAME?**: 함수 이름의 철자가 틀렸거나 텍스트를 따옴표 없이 사용했을 때
   예) =SUME(A1:A5) → =SUM(A1:A5)

❹ **#REF!**: 수식이 참조하던 셀이나 범위가 삭제되어 사라졌을 때

❺ **#NULL!**: 교차하지 않는 두 범위를 지정했을 때

  예 =SUM(A1:A5 B1:B5) → =SUM(A1:A5, B1:B5)

  설명 수식 =SUM(A1:A5 B1:B5)처럼 범위 사이에 쉼표(,)가 빠진 경우

❻ **#NUM!**: 수식이나 함수에 잘못된 숫자 값이 포함되어 있는 경우

❼ **#VALUE!**: 잘못된 데이터 형식 때문에 발생

  예 =LEFT("KOREA", "안녕") → 문자 수 자리에 글자를 넣음

❽ **#######**: 셀 너비가 부족할 때(열 너비를 늘리면 해결)

SECTION 02 핵심 함수 마스터(2급 출제 범위)

🔍 수학/삼각 함수

❶ **합계**

- SUM(범위): 합계
- SUMIF(조건범위, 조건, 합계범위): 조건을 만족하는 데이터 합계
- SUMIFS(합계범위, 조건범위1, 조건1, ...): 여러 조건을 모두 만족하는 데이터 합계

▼ 예제 데이터(A1:C6)

	A	B	C
1	이름	부서	매출액
2	김민수	영업	100
3	이소라	영업	200
4	김보현	인사	150
5	김동민	영업	300
6	손다빈	인사	250

▼ 예시

함수	수식 예시	결과	설명
SUM	=SUM(C2:C6)	1000	매출액 전체 합계
SUMIF	=SUMIF(B2:B6, "영업", C2:C6)	600	부서가 "영업"인 매출액 합계(100+200+300)
SUMIFS	=SUMIFS(C2:C6, B2:B6, "인사", C2:C6, ">200")	250	부서가 "인사"이고, 매출액이 200 초과인 합계(250만 해당)

▼ 요약

- SUM → 단순 합계
- SUMIF → 합계(조건 1개)
- SUMIFS → 합계(조건 2개 이상)

❷ 반올림/올림/내림

- ROUND(숫자, 자릿수): 자릿수로 반올림
- ROUNDUP(숫자, 자릿수): 자릿수로 올림
- ROUNDDOWN(숫자, 자릿수): 자릿수로 내림
- TRUNC(숫자, [자릿수]): 자릿수로 버림

▼ 자릿수

≈	-3	-2	-1	0	1	2	3	≈
≈	1000의 자리	100의 자리	10의 자리	1의 자리	소수 첫째 자리	소수 둘째 자리	소수 셋째 자리	≈

> **Tip** ROUNDDOWN 함수는 자릿수를 반드시 지정해야 하지만, TRUNC 함수는 자릿수를 생략할 경우 소수점 이하를 모두 버리고 정수 부분만 반환한다.

▼ 예시(값 = 123.456 기준)

함수	수식 예시	결과	설명
ROUND	=ROUND(123.456, 2)	123.46	소수 셋째 자리에서 반올림하여 소수 둘째 자리까지 표시
ROUNDUP	=ROUNDUP(123.456, 2)	123.46	소수 셋째 자리에서 올림하여 소수 둘째 자리까지 표시
ROUNDDOWN	=ROUNDDOWN(123.456, 2)	123.45	소수 셋째 자리에서 내림하여 소수 둘째 자리까지 표시
TRUNC	=TRUNC(123.456)	123	소수 이하를 버리고 정수 부분을 반환
TRUNC	=TRUNC(123.456, 2)	123.45	소수 셋째 자리에서 버리고 소수 둘째 자리까지 표시

❸ 기타

- INT(숫자): 숫자보다 크지 않은 가장 가까운 정수로 내림
  - 예 int(3.5) → 3
    int(-3.5) → -4 (음수는 0에서 먼 방향으로 내림)
- ABS(숫자): 숫자의 크기(절댓값)을 구함
  - 예 ABS(-10) → 10
- MOD(숫자, 나눌 수): 나눈 나머지를 구함
  - 예 MOD(10, 3) → 1

Q 통계 함수

❶ 평균

- AVERAGE(범위): 평균
- AVERAGEIF(…): 조건을 만족하는 데이터의 평균
- AVERAGEIFS(…): 여러 조건을 만족하는 데이터의 평균

▼ 예제 데이터(A1:C6)

	A	B	C
1	이름	부서	매출액
2	김민수	영업	100
3	이소라	영업	200
4	김보현	인사	150
5	김동민	영업	300
6	손다빈	인사	250

▼ 예시

함수	수식 예시	결과	설명
AVERAGE	=AVERAGE(C2:C6)	200	매출 전체 평균 (100+200+150+300+250÷5)
AVERAGEIF	=AVERAGEIF(B2:B6, "영업", C2:C6)	200	부서가 "영업"인 매출액 평균 (100+200+300÷3)
AVERAGEIFS	=AVERAGEIFS(C2:C6, B2:B6, "인사", C2:C6, ">200")	250	부서가 "인사"이고, 매출액이 200 초과인 평균(250만 해당)

▼ 요약

- AVERAGE → 전체 평균
- AVERAGEIF → 평균(조건 1개)
- AVERAGEIFS → 평균(조건 2개 이상)

❷ 개수 ★

- COUNT(범위): 숫자가 입력된 셀의 개수
- COUNTA(범위): 범위에서 비어 있지 않은 셀의 개수
- COUNTBLANK(범위): 공백인 셀의 개수
- COUNTIF(조건범위, 조건): 조건을 만족하는 셀의 개수(조건 1개)
- COUNTIFS(…): 조건을 만족하는 셀의 개수(조건 1개 이상)

▼ 예제 데이터(A1:A6)

	A
1	10
2	20
3	사과
4	
5	30
6	바나나
7	
8	40

▼ 예시

함수	수식 예시	결과	설명
COUNT	=COUNT(A1:A8)	4	숫자 개수 (10, 20, 30, 40)
COUNTA	=COUNTA(A1:A8)	6	빈 셀 제외, 전체 값 개수(숫자 + 문자)
COUNTIF	=COUNTIF(A1:A8, ">20")	2	20보다 큰 숫자 개수(30, 40)
COUNTIFS	=COUNTIFS(A1:A8, ">10", A1:A8, "<40")	2	10 초과이면서 40 미만인 값(20, 30) 개수
COUNTBLANK	=COUNTBLANK(A1:A8)	2	비어있는 셀 개수

▼ 요약

- COUNT → 숫자만 세기
- COUNTA → 빈 셀 제외, 모든 값(숫자+문자) 세기
- COUNTIF/COUNTIFS → 조건 만족하는 값 세기(조건 1개 / 1개 이상)
- COUNTBLANK → 빈 셀만 세기

❸ 최대/최소

- MAX(범위): 최댓값을 반환
- MIN(범위): 최솟값을 반환
- LARGE(범위, K): K번째로 큰 값을 반환
- SMALL(범위, K): K번째로 작은 값을 반환

▼ 예제 데이터(A1:A6)

	A
1	10
2	50
3	30
4	70
5	20
6	40

▼ 예시

함수	수식 예시	결과	설명
MAX	=MAX(A1:A6)	70	가장 큰 값
MIN	=MIN(A1:A6)	10	가장 작은 값
LARGE	=LARGE(A1:A6, 2)	50	두 번째로 큰 값
SMALL	=SMALL(A1:A6, 3)	30	세 번째로 작은 값

▼ 요약
- MAX / MIN → 전체에서 최댓값, 최솟값
- LARGE / SMALL → k번째로 큰 값, k번째로 작은 값

❹ 순위

RANK.EQ(숫자, 범위, [옵션]): 범위에서 순위를 구함

- 범위는 자동 채우기 시 변하지 않도록 **절대 참조($)**해야 함
- 옵션 0 또는 생략: 내림차순 예 성적, 급여처리 등 값이 큰 것이 1등
- 옵션 1: 오름차순 예 기록경기인 수영, 마라톤 등 값이 작은 것이 1등

예 총점을 이용하여 순위를 구하시오.

=RANK.EQ(D2, $D$2:$D$6, 0)

	A	B	C	D	E
1	이름	중간고사	기말고사	총점	순위
2	김찬희	70	80	150	4
3	배정원	100	90	190	1
4	신영호	90	90	180	2
5	이영희	70	100	170	3
6	조민아	70	70	140	5

🔍 논리 함수 ★

❶ IF(조건식, 참, 거짓): 조건이 참이면 참 값, 그렇지 않으면 거짓 값을 반환

> 예) =IF(A2>=80, "합격", "불합격") → A2 셀의 값이 80 이상이면 "합격", 그렇지 않으면 "불합격"

❷ AND(조건1, 조건2, ...): 모든 조건이 참일 때 TRUE 반환

> 예) =AND(20>15, 30>20) → TRUE

❸ OR(조건1, 조건2, ...): 조건 중 하나라도 참이면 TRUE 반환

> 예) =OR(20>15, 30<20) → TRUE

❹ IFERROR(수식, 오류일 때 반환할 값): 수식이 오류이면 사용자가 지정한 값을 반환하고, 그렇지 않으면 수식 결과를 반환

> 예) =IFERROR(컴활2급*10, "계산오류") → 계산오류

🔍 텍스트 함수

❶ 텍스트 추출

- **LEFT(텍스트, 문자 수)**: 텍스트 왼쪽에서부터 문자 수만큼 추출
  > 예) =LEFT("컴퓨터활용능력2급", 3) → 컴퓨터

- **RIGHT(텍스트, 문자 수)**: 텍스트 오른쪽에서부터 문자 수만큼 추출
  > 예) =RIGHT("컴퓨터활용능력2급", 2) → 2급

- **MID(텍스트, 시작위치, 문자 수)**: 지정한 위치부터 개수만큼 추출
  > 예) =MID("컴퓨터활용능력2급", 4, 2) → 활용

❷ 변환 및 기타

- **LOWER(텍스트)**: 대문자를 소문자로 변환
  > 예) =LOWER("KOREA") → korea

- **UPPER(텍스트)**: 소문자를 대문자로 변환
  > 예) =UPPER("korea") → KOREA

- PROPER(텍스트): 첫 글자만 대문자로 변환하고 나머지는 소문자로 변환
  - 예 =PROPER("this is a BOOK") → This Is A Book

- LEN(텍스트): 텍스트 길이(문자 수)를 구함
  - 예 =LEN("KOREA") → 5

- TRIM(텍스트): 텍스트 양쪽 끝의 불필요한 공백을 제거
  - 예 =TRIM(" 컴퓨터활용 ") → 컴퓨터활용

Q 날짜/시간 함수

❶ YEAR, MONTH, DAY 함수

- YEAR(날짜): 날짜의 연도를 반환
  - 예 =YEAR("2025-12-25") → 2025

- MONTH(날짜): 날짜의 월을 반환
  - 예 =MONTH("2025-12-25") → 12

- DAY(날짜): 날짜의 일을 반환
  - 예 =DAY("2025-12-25") → 25

❷ TODAY, NOW, DATE, TIME 함수

- TODAY(시, 분, 초): 오늘 날짜 반환
  - 예 =TODAY( ) → 2025-12-25

- NOW(시, 분, 초): 오늘 날짜와 시간 반환
  - 예 =NOW( ) → 2025-12-25 오전 10:30

- DATE(년, 월, 일): 특정 날짜를 반환
  - 예 =DATE(2025, 12, 25) → 2025-12-25

- TIME(시, 분, 초): 특정 시간을 반환
  - 예 =TIME(15, 30, 45) → 15:30:45

❸ **HOUR, MINUTE, SECOND 함수**

- HOUR(serial_number): 시간 값의 시를 반환
  - 예 =HOUR("10:30:20") → 10

- MINUTE(serial_number): 시간 값의 분을 반환
  - 예 =MINUTE("10:30:20") → 30

- SECOND(serial_number): 시간 값의 초를 반환
  - 예 =SECOND("10:30:20") → 20

❹ **DAYS, EDATE, EOMONTH, WEEKDAY, WORKDAY 함수**

- DAYS(종료 날짜, 시작 날짜): 두 날짜 사이의 일 수를 반환
  - 예 =DAYS("2025-12-25", "2025-12-20") → 5

- EDATE(시작 날짜, 개월 수): 지정한 날짜 전이나 후의 개월 수를 나타내는 날짜를 반환
  - 예 =DAYS("2025-10-25", 2) → 2025-12-25

- EOMONTH(시작 날짜, 개월 수): 지정한 개월 수 이전이나 이후의 달의 마지막 날의 날짜를 반환(말일)
  - 예 =EOMONTH("2025-10-25", 2) → 2025-12-31

- WEEKDAY(날짜, 반환 값 유형): 날짜에 해당하는 요일을 반환, 요일은 기본적으로 일요일(1)에서 토요일(7) 사이의 정수로 표시

> **Tip** 반환 값 유형
> 1(또는 생략): 일요일(1)에서 토요일(7) 사이의 숫자
> 2   : 월요일(1)에서 일요일(7) 사이의 숫자
>   예 =WEEKDAY("2025-12-25", 1) → 5 (2025년 12월 25일은 목요일)
>   =WEEKDAY("2025-12-25", 2) → 4

- WORKDAY(시작 날짜, 일수): 지정한 시작 날짜로부터 입력한 작업 일수가 지난 날짜를 반환(작업 일수에 주말 및 공휴일은 포함되지 않음)
  - 예 =WEEKDAY("2025-10-25", 3) → 2025-12-30

🔍 찾기/참조 함수 ★★

❶ **VLOOKUP**(찾을 값, 참조 범위, 열 번호, [옵션]): 참조 범위의 첫 번째 열에서 값을 찾아 지정한 열 번호의 값을 반환(세로 검색-Vertical)

❷ **HLOOKUP**(찾을 값, 참조 범위, 행 번호, [옵션]): 참조 범위의 첫 번째 행에서 값을 찾아 지정한 행 번호의 값을 반환(가로 검색-Horizontal)

> **더 알아보기**
>
> **VLOOKUP/HLOOKUP 옵션 이해하기**
> - FALSE (또는 0): 첫 번째 열 또는 첫 번째 행에서 정확한 값을 검색
> - TRUE (또는 1, 생략): 근사값 일치, 이 경우 테이블의 첫 번째 열 또는 첫 번째 행이 반드시 오름차순으로 정렬되어 있어야 함

❸ **CHOOSE**(인덱스 번호, 값1, 값2, …): 인덱스 번호에 해당하는 값을 반환

  예) =CHOOSE(2, "국어", "영어", "수학") → 영어

❹ **INDEX**(범위, 행 번호, 열 번호): 범위에서 행과 열이 지정한 위치의 값을 반환

  예) =INDEX(A2:D6, 2, 2) → A2:D6 범위에서 2행 4열에 해당하는 90을 반환

> **더 알아보기**
>
> index 함수는 검색 방향이 자유롭고 열 추가, 열 삭제에 영향이 없기에 HLOOKUP / VLOOKUP 함수보다 유연하고 안정적이다.

	A	B	C	D
1	이름	성별	나이	점수
2	김찬희	남	21	70
3	배정원	여	20	**90**
4	신영호	남	23	85
5	이영희	여	22	60
6	조민아	여	21	80

❺ **MATCH**(찾을 값, 찾을 범위, [옵션]): 찾을 범위에서 찾을 값의 상대적인 위치(몇 번째)를 숫자로 반환

더 알아보기

MATCH 함수의 옵션 이해하기
- 1 또는 생략: 오름차순 정렬된 범위에서 "작거나 같은 값"의 위치
  - 예 =MATCH(25, {10,20,30,40}, 1) → 2(25가 20~29 범위에 속하므로)
- 0: 정확히 일치하는 값
  - 예 =MATCH(30, {10,20,30,40}, 0) → 3(30이 세 번째에 있으므로)
- -1: 내림차순 범위에서 "크거나 같은 값"의 위치
  - 예 =MATCH(25, {40,30,20,10}, 1) → 2(25가 30~21 범위에 속하므로)

Q 데이터베이스 함수

데이터 표에서 특정 조건에 맞는 레코드들을 골라내어 **합계, 평균, 최댓값, 최솟값, 개수** 등을 구하는 함수로 형식은 모두 동일, 데이터베이스 함수는 조건을 직접 지정한다는 것이 특징

❶ 형식: D함수명(database, field, criteria)
- **database**: 데이터베이스 범위(머리글 포함)
- **field**: 계산에 사용되는 열(열 이름 또는 열 번호)
- **criteria**: 조건 범위(머리글이 포함된 조건 영역)

❷ 종류: DSUM(합계), DAVERAGE(평균), DMAX(최댓값), DMIN(최솟값), DCOUNT(숫자 셀의 개수), DCOUNTA(공백을 제외한 모든 셀의 개수), DSTDEV(표준편차)

AND 조건		OR 조건	
학년	점수	학년	점수
2	>=85	2	
			>=85
예 학년이 2이면서 총점이 85점 이상인 경우		예 학년이 2이거나 총점이 85점 이상인 경우	

예 학년이 2학년이면서 점수가 80점 이상인 학생의 수를 구하시오.
=DCOUNT(A1:D6, B1, A8:B9) → 2

	A	B	C	D
1	이름	학년	나이	점수
2	김찬희	2	21	70
3	배정원	3	22	90
4	신영호	2	21	85
5	이영희	4	23	60
6	조민아	2	20	80
7				
8	학년	점수		학생수
9	2	>=80		2

기출 맛보기

01 다음 중 수식을 복사해도 참조하는 셀 주소가 변경되지 않도록 고정하는 절대 참조의 올바른 표기법은?

① A1　　　　　　　　　　　　② $A1
③ A$1　　　　　　　　　　　　④ $A$1

✓ 정답 및 해설

절대 참조는 행과 열을 모두 $로 고정한다.　　　　　　　　　　답 ④

02 다음 중 범위에서 숫자가 입력된 셀의 개수만을 세는 함수는?

① COUNT　　　　　　　　　　② COUNTA
③ COUNTBLANK　　　　　　　④ SUM

✓ 정답 및 해설

COUNT는 숫자 셀만 계산한다. COUNTA는 숫자, 공백을 제외한 모든 셀을 계산한다.　답 ①

03 VLOOKUP 함수에서 정확하게 일치하는 값을 찾기 위해 마지막 옵션으로 사용해야 하는 값은?

① TRUE　　　　　　　　　　　② 1
③ 생략　　　　　　　　　　　　④ FALSE (또는 0)

✓ 정답 및 해설

정확히 일치하는 옵션은 FALSE 또는 0이다.　　　　　　　　　　답 ④

CHAPTER 06 | 데이터 관리 및 분석

SECTION 01 기본 데이터 관리

Q 데이터 정렬(Sort)

1. **정의**: 데이터를 특정 기준(오름차순, 내림차순)에 따라 순서대로 나열하는 기능

2. 최대 64개 기준까지 다중 정렬 가능

3. **사용자 지정 목록 정렬**: 사용자가 정의한 순서(예 사원, 대리, 과장,...)로 정렬

Q 필터(Filter)

1. **자동 필터**: 간단한 조건을 빠르게 지정하며 여러 필드에 조건을 지정하면 AND 조건으로 결합

2. **고급 필터★**: 복잡한 조건(OR 조건 포함)을 지정하거나 결과를 다른 위치에 복사할 수 있음
   - 조건 입력은 데이터베이스 함수 조건 방식과 동일
   - AND 조건: 같은 행, OR 조건: 다른 행

Q 데이터 유효성 검사 ★

1. **정의**: 셀에 입력할 수 있는 데이터의 종류나 범위를 제한하여 잘못된 입력을 방지하는 기능

2. '목록'을 사용하면 드롭다운 목록에서만 값을 선택할 수 있음

SECTION 02 데이터 분석 도구

🔍 부분합(Subtotal) ★

① **정의**: 특정 항목별로 그룹화하여 합계, 평균 등의 요약 계산을 수행하는 기능
② **핵심 전제 조건**: 부분합을 실행하기 전에는 반드시 그룹화할 항목을 기준으로 데이터를 정렬

🔍 피벗 테이블(Pivot Table) ★

① **정의**: 사용자가 원하는 형태로 데이터를 요약·분석할 수 있는 도구
② **구성 요소**: 필드를 필터, 열, 행, 값 영역에 배치하여 보고서를 구성
③ **특징**: 원본 데이터가 변경되면 피벗 테이블에서 [새로 고침]을 통해 반영

🔍 가상 분석 도구

① **목표값 찾기**: 주어진 목표 값을 얻기 위해, 필요한 입력 값을 구하는 방법
② **시나리오 관리자**: 여러 입력 값의 조합을 미리 저장해 두고, 상황별 결과를 비교할 때 사용하는 도구
③ **데이터 표**: 하나 또는 두 개의 입력 값을 바꿔 가면서 결과가 어떻게 달라지는지를 표로 자동 계산하는 도구

🔍 데이터 통합

① 여러 시트에 분산된 데이터를 하나의 요약된 표로 합치는 기능
② 피벗 테이블보다 기능은 단순하지만, 여러 시트의 데이터를 간단히 합칠 때 빠르고 편리

01 다음 중 부분합 기능을 실행하기 전에 반드시 선행되어야 하는 작업은?

① 데이터 통합
② 데이터 필터링
③ 데이터 정렬
④ 피벗 테이블 생성

✓ 정답 및 해설

부분합은 그룹화할 항목을 기준으로 정렬되어 있어야 올바르게 작동한다.

답 ③

02 셀에 입력할 수 있는 데이터의 종류나 범위를 제한하여 정확한 입력을 유도하는 기능은?

① 데이터 유효성 검사
② 자동 필터
③ 목표값 찾기
④ 텍스트 나누기

✓ 정답 및 해설

사용자가 셀에 입력할 수 있는 데이터의 형식·범위·조건을 제한하는 유효성 검사에 대한 설명이다.

답 ①

CHAPTER 07 | 차트, 인쇄 및 매크로 활용

SECTION 01 차트 활용

🔍 차트 종류 ★

❶ **세로 막대형 차트**: 데이터를 수직 막대로 표현. 엑셀의 기본 차트 유형

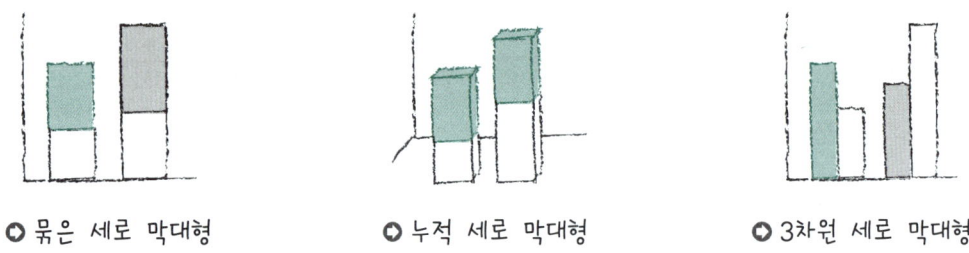

◯ 묶은 세로 막대형   ◯ 누적 세로 막대형   ◯ 3차원 세로 막대형

- **특징**: 가로(항목) 축에는 비교하려는 항목이, 세로(값) 축에는 값을 표시
- **종류**
  - 묶은 세로 막대형: 기본 형태로 여러 데이터 계열을 항목별로 비교
    - 예 지점별 상반기 매출과 하반기 매출을 비교
  - 누적 세로 막대형: 각 항목의 전체 합계를 막대 길이로 나타내고, 그 막대를 여러 계열로 나누어 각 계열이 차지하는 비중을 동시에 보여줌
    - 예 학교별 전체 학생 수를 막대 길이로 표시한 뒤, 그 막대를 학년별 인원으로 나누어 학년 분포를 비교

❷ **가로 막대형 차트**: 세로 막대형과 목적은 동일하지만, 데이터를 수평 막대로 표현

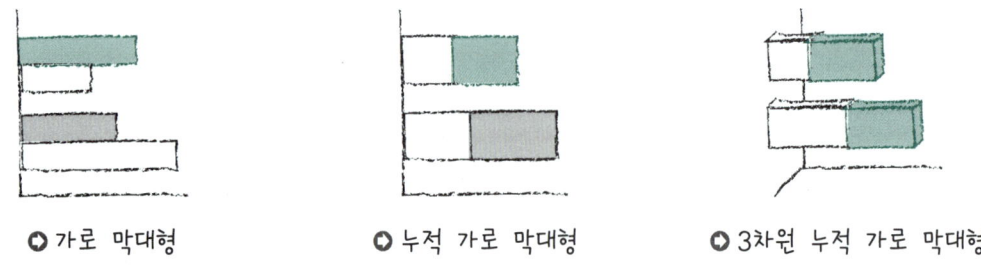

◯ 가로 막대형   ◯ 누적 가로 막대형   ◯ 3차원 누적 가로 막대형

- **특징**: 비교하려는 **항목의 이름(레이블)이 길거나 항목 개수가 많을 때** 세로 막대형보다 가독성이 좋은 장점이 있음(예 지역명, 부서명, 상품명 등)
  - 예 지역별 차량 등록 대수 비교(예 서울특별시, 부산광역시 … 등)

❸ 꺾은 선형 차트

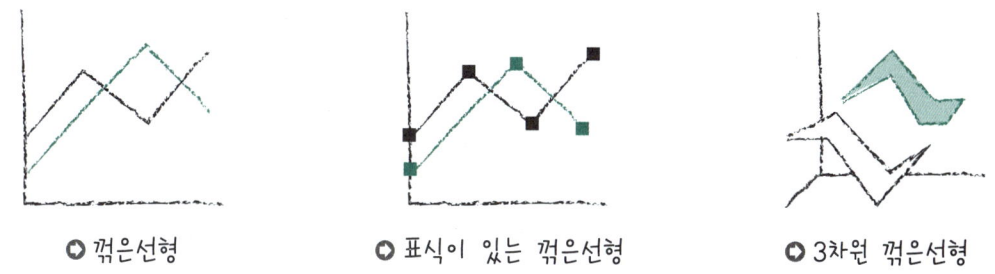

- **목적**: 시간의 흐름에 따른 데이터의 변화 추세, 성장률, 변동성을 시각화하는 데 가장 효과적
- **특징**: 데이터 요소를 선으로 연결하여 연속적인 변화를 강조. 데이터 간격이 일정할 때(예 시간 순서 등) 사용
  - 예 연도별 평균 기온 변화

❹ 영역형 차트

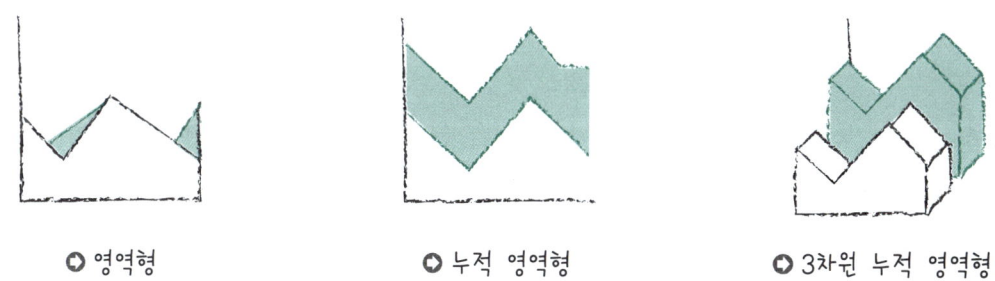

- **목적**: 꺾은선형과 유사하게 시간에 따른 추세를 보여주지만, 변화의 '양'이나 '크기'를 강조할 때 사용
- **특징**: 꺾은선 아래의 공간(면적)을 색으로 채워 데이터의 양을 시각적으로 표현. 계열이 많아서 겹치는 부분이 크면 가독성이 저하될 수 있음
  - 예 연도별 총 에너지 소비량의 변화를 면적으로 표현하고, 석유, 전기, 가스 등 각 에너지 종류별 데이터를 누적하여 표시(누적 영역형 차트 사용)

⑤ **원형 차트**

○ 원형   ○ 3차원 원형

- **목적**: 전체 합계(100%)에서 각 요소가 차지하는 비율을 나타냄
- **특징**★: 단, 1개의 데이터 계열만 차트로 표현할 수 있음. 여러 계열을 동시에 표현할 수 없음. 추세선, 보조 축을 사용할 수 없으며 항목의 수가 많으면 조각이 잘게 나누어져 가독성이 떨어질 수 있음
  - 예) 한 달 지출 내역에서 식비, 교통비, 통신비가 차지하는 비율

⑥ **도넛형 차트**

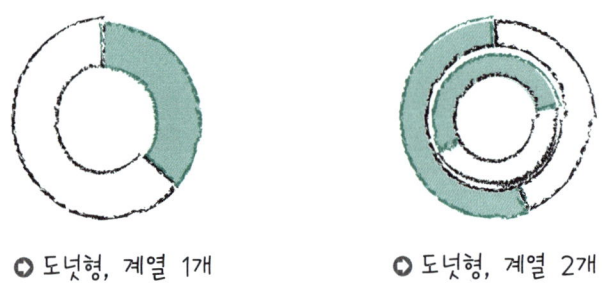

○ 도넛형, 계열 1개   ○ 도넛형, 계열 2개

- **목적**: 원형 차트와 유사하게 비율을 나타내지만 원형 차트의 단점(한 계열만 표현 가능)을 보완
- **특징**: 가운데가 비어 있음. 각 계열을 중첩하여(안쪽 고리-첫 번째 계열, 바깥쪽 고리-두 번째 계열) 원형 차트와 달리 여러 데이터 계열을 비교할 수 있음
  - 예) 작년과 올해 시장 점유율 변화 비교

⑦ **분산형 차트**

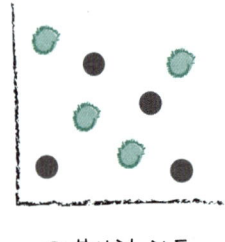

○ 분산형 차트

- **목적**: 두 개의 수치형 변수 간의 관계(상관관계)를 파악하는 데 사용
- **특징**: 가로축(X)과 세로축(Y)이 모두 값 축(수치 데이터)으로 구성됨. 각 데이터를 점으로 표시하여 분포 패턴을 분석
  - 예) 학생들의 공부 시간(X축)과 시험 점수(Y축) 간의 관계 분석

⑧ **거품형 차트**

○ 거품형　　　　○ 3차원 거품형

- **목적**: 분산형 차트의 변형으로, 세 개의 데이터 계열이 있는 경우 사용(세 변수 간의 관계를 보여줌)
- **특징**: 기본 구조(X축, Y축)는 분산형 차트와 동일하나 세 번째 계열 값(Z)을 거품의 크기로 나타냄
  - 예) 제품별 판매량(X축), 수익률(Y축), 시장 점유율(Z-크기)을 표시

⑨ **방사형 차트**

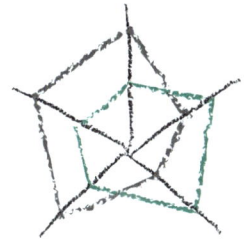

- **목적**: 여러 평가 항목을 동시에 비교하여 데이터의 균형, 강점, 약점을 한 눈에 파악할 때 사용
- **특징**: 거미줄 모양과 비슷한 형태로 중심점에서 항목 개수만큼 여러 축이 뻗어 나감. 각 항목의 값을 축 위에 표시하고 그 점들을 선으로 연결하여 다각형 형태를 형성
  - 예) 특정 직원의 역량 평가(소통 능력, 기획력, 실행력, 리더십 등)를 다각형 모양으로 시각화

⑩ **표면형 차트**

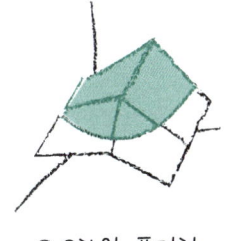 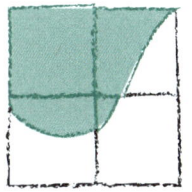

○ 3차원 표면형　　　　○ 표면형(조감도)

- **목적**: 두 데이터 집합 사이의 최적의 조합을 찾거나 방대한 데이터 간의 관계를 3차원으로 시각화하여 분석할 때 사용(항목과 데이터 계열 모두 수치 데이터일 때 활용), 2차원도 있음
- **특징**: 데이터를 지형도(예 등고선)처럼 표현하여 색상 띠로 같은 값 범위(구간)에 속한 영역을 구분. 즉 다른 차트와 달리 표면형 차트에서는 색상이 데이터 계열을 구분(예 노란색 - 총무팀, 초록색 - 인사팀)하는 것이 아니라 값(Z축)의 범위를 구분(예 노란색 - 10~20 구간, 초록색 - 20~30 구간)
  - 예 학습 시간(X축)과 수면 시간(Y축) 변화에 따른 시험 점수(Z축)를 분석하여 성적 향상을 위한 최적의 학습, 휴식 시간 조합을 탐색

⑪ **혼합형(콤보형) 차트**

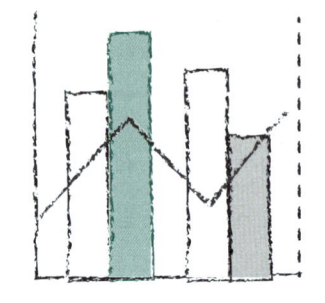

○ 묶은셀 막대형 - 꺾은 선형, 보조 축

- **목적**: 데이터의 성격이 다르거나, 값의 범위 차이가 클 때, 또는 데이터별 단위가 다른 경우에 사용
- **특징**: 보조 축 ★ - 값의 크기나 단위가 다른 계열을 비교하기 위해 차트 오른쪽에 추가로 세로 축을 사용
  - 예 월별 매출액(단위 : 원, 세로 막대형)과 목표 달성률(단위 : %, 꺾은선형)을 함께 표시(매출액은 기본 세로 축, 달성률은 보조 세로 축 사용)

Q 차트 구성 요소 및 편집

❶ **구성 요소**: 차트 제목, 축 제목, 범례(계열 구분 표시), 데이터 계열(막대, 선), 데이터 레이블(값 표시), 축, 눈금선 등

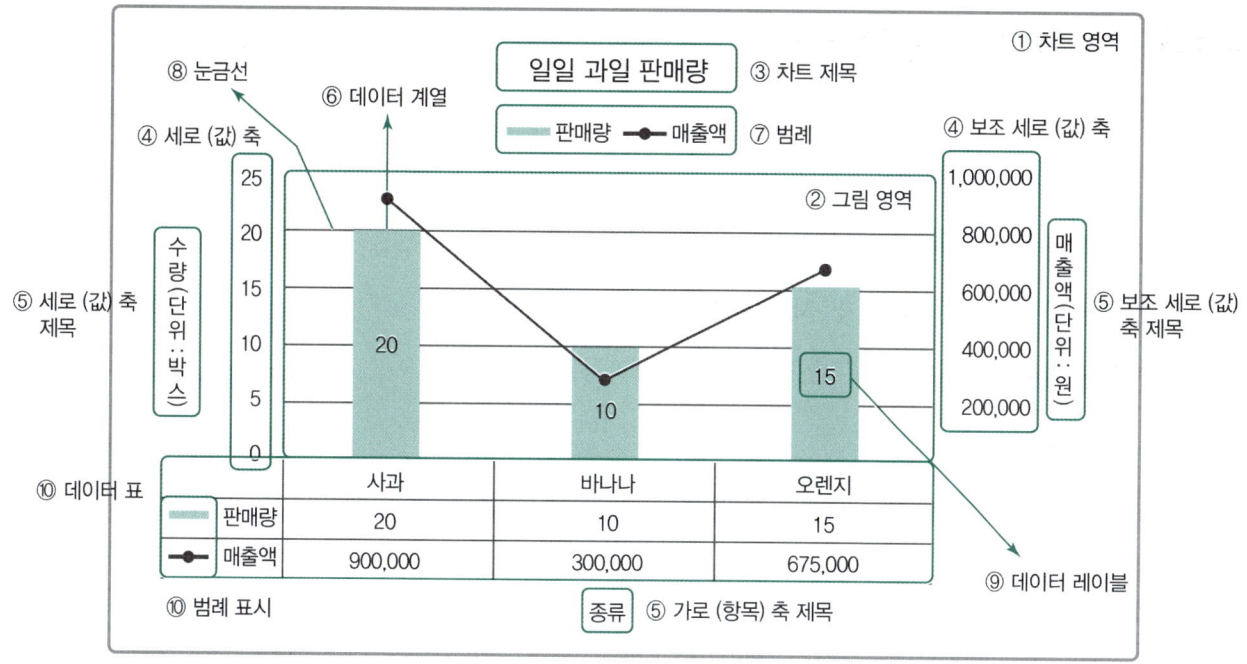

<차트 핵심 구성 요소>

① **차트 영역**: 차트 제목, 그림 영역, 범례 등 차트를 구성하는 모든 요소를 포함하는 전체 영역
② **그림 영역**: 실제 데이터가 막대, 선 등으로 표시되는 부분
③ **차트 제목**
④ **축**: 세로 (값) 축, 보조 세로 (값) 축, 가로 (항목) 축
⑤ **축 제목**: 세로 (값) 축 제목, 보조 세로 (값) 축 제목, 가로 (항목) 축 제목
⑥ **데이터 계열**: 같은 범주에 속한 데이터 집합 예 같은 색상 막대(판매량), 선(매출액)
⑦ **범례**: 각 데이터 계열이 무엇을 의미하는지 색상 및 모양으로 알려주는 지표(범례에 표시된 것이 데이터 계열), 범례 위치(위쪽, 아래쪽, 왼쪽, 오른쪽, 오른쪽 위)
⑧ **눈금선**
⑨ **데이터 레이블**: 각 데이터 요소(막대 등)에 표시되는 값
⑩ **데이터 표**: 차트에 포함된 데이터를 표 형태로 표시(범례 표지)

SECTION 02 출력 작업(인쇄)

🔍 페이지 레이아웃 설정([페이지 레이아웃] 탭)

- **페이지 설정**: 용지 방향, 크기, 여백 설정
- **크기 조정**: 인쇄 배율 조정 및 자동 맞춤 설정
- **머리글/바닥글**: 인쇄물 상단/하단에 페이지 번호 등을 삽입

🔍 인쇄 작업

- **인쇄 영역 설정**: 워크시트의 특정 부분만 인쇄하도록 설정
- **인쇄 제목★**: 매 페이지마다 특정 행이나 열(제목 행 등)이 반복적으로 인쇄되도록 설정([페이지 레이아웃] > [인쇄 제목])

SECTION 03 매크로 활용

- **매크로**: 반복적으로 수행하는 작업을 기록해 두었다가 한 번의 명령으로 자동으로 실행하는 기능
- **생성(기록)**: 사용자의 동작을 기록하여 VBA 코드로 생성
- **실행**: 단축키를 이용하거나, 도형/단추에 연결하여 실행
- **저장**: 매크로가 포함된 파일은 반드시 매크로 통합 문서(.xlsm) 형식으로 저장

01 다음 중 시간의 흐름에 따른 데이터의 변화 추세를 파악하기에 가장 적합한 차트 종류는?

① 원형
② 꺾은선형
③ 분산형
④ 방사형

✓ 정답 및 해설

꺾은선형 차트는 추세 파악에 유리하다.

 ②

02 다음 중 반복적인 작업을 자동화하기 위해 기록하여 실행하는 기능을 무엇이라고 하는가?

① 시나리오
② 스타일
③ 매크로
④ 피벗 테이블

✓ 정답 및 해설

매크로에 대한 정의이다.

 ③

---

* 지금까지 컴퓨터활용능력 2급 필기시험의 전 범위를 요약해서 살펴보았으며 핵심 개념을 중심으로 이해하고 반복 학습한다면 충분히 합격할 수 있을 것이다. 이 자료가 여러분의 합격에 큰 도움이 되기를 바란다.

✱ 스프레드시트 일반 - 기본기 완성 함수 20제

[01~04] 아래의 [성적표] 워크시트를 보고 질문에 답하시오.

	A	B	C	D
1	이름	국어	영어	수학
2	김철수	90	85	70
3	박영희	75	95	
4	이민준	80	60	90
5	최지우	95	70	88

01 다음 중 [B6] 셀에 국어 점수의 합계를 구하기 위한 수식으로 옳은 것은?

① =SUM(B2:B5)
② =AVERAGE(B2:B5)
③ =COUNT(B2:B5)
④ =MAX(B2:B5)

✓ 정답 및 해설

- SUM(범위): 지정된 범위에 있는 숫자들의 합계를 구한다. (90 + 75 + 80 + 95 = 340)
- AVERAGE는 평균, COUNT는 숫자 개수, MAX는 최댓값을 구하는 함수이다.

답 ①

02 다음 중 [C6] 셀에 영어 점수의 평균을 구하기 위해 =AVERAGE(C2:C5) 수식을 입력했을 때의 결괏값으로 옳은 것은?

① 310
② 77.5
③ 80
④ 4

✓ 정답 및 해설

- AVERAGE(범위): 지정된 범위에 있는 숫자들의 평균(산술 평균)을 구한다.
- (85 + 95 + 60 + 70) / 4 = 310 / 4 = 77.5

답 ②

03 다음 중 수학 시험에 응시한 학생 수를 구하기 위한 수식으로 옳은 것은?

① =COUNT(D2:D5)
② =COUNTA(D2:D5)
③ =COUNTBLANK(D2:D5)
④ =DCOUNT(D2:D5)

> ✓ 정답 및 해설

- COUNT(범위): 범위에서 숫자가 포함된 셀의 개수(수학 점수가 입력된 셀의 수)를 셈
- D2:D5 범위에서 D3 셀은 비어 있으므로, 숫자가 입력된 셀은 3개
- COUNTA는 비어 있지 않은 셀(숫자, 문자 등)의 개수를 셈
- COUNTBLANK는 비어 있는 셀의 개수를 세면 결과: 1

답 ①

04 다음 수식을 실행했을 때의 결괏값으로 옳은 것은?

= MAX(B2:B5) − MIN(B2:B5)

① 20
② 25
③ 95
④ 75

> ✓ 정답 및 해설

- MAX(B2:B5): 국어 점수 중 최댓값을 구하면 95
- MIN(B2:B5): 국어 점수 중 최솟값을 구하면 75
- 결과: 95 − 75 = 20

답 ①

[05~08] 아래의 [판매 내역] 워크시트를 보고 질문에 답하시오.

	A	B	C	D
1	담당자	품목	판매액	순위
2	김과장	모니터	1,200,000	
3	박대리	키보드	500,000	
4	김과장	마우스	300,000	
5	이사원	모니터	1,500,000	
6	박대리	모니터	800,000	

05 판매액[C2:C6]을 기준으로 순위[D2:D6]를 구하려고 한다. [D2] 셀에 수식을 입력한 후 채우기 핸들을 이용하여 [D6] 셀까지 계산할 때, [D2] 셀에 입력할 수식으로 옳은 것은? (판매액이 높을수록 1위)

① =RANK.EQ(C2, C2:C6, 0)
② =RANK.EQ(C2, $C$2:$C$6, 0)
③ =RANK.EQ($C$2, C2:C6, 0)
④ =RANK.EQ(C2, $C$2:$C$6, 1)

✓ 정답 및 해설
- RANK.EQ(순위를 구할 값, 범위, 옵션): 지정된 범위 내에서 특정 값의 순위를 구한다.
- 순위를 구할 값(C2)은 채우기 핸들로 드래그하여 수식 복사시 C3, C4, C5 등으로 바뀌어야 하므로 상대 참조(C2)를 사용한다.
- 순위를 비교할 전체 범위(C2:C6)는 변하면 안 되므로 절대 참조($C$2:$C$6)를 사용해야 한다.
- 옵션 0(또는 생략)은 내림차순(높은 값이 1위 예 성적), 옵션 1은 오름차순(낮은 값이 1위 예 달리기)이다.

답 ②

06 다음 중 '김과장'이 판매한 총 판매액의 합계를 구하기 위한 수식으로 옳은 것은?

① =SUMIF(C2:C6, "김과장", A2:A6)
② =SUMIF(A2:A6, "김과장", C2:C6)
③ =COUNTIF(A2:A6, "김과장")
④ =DSUM(A1:C6, 1, "김과장")

✓ 정답 및 해설
- SUMIF(조건 범위, 조건, 합계를 구할 범위): 조건에 맞는 데이터의 합계를 구한다.
- 조건 범위(A2:A6)에서 "김과장"을 찾고, 그에 해당하는 합계 범위(C2:C6)의 값을 더한다.
- 결과: 1,200,000 + 300,000 = 1,500,000

답 ②

07 다음 중 품목이 '모니터'인 판매 건수를 구하기 위한 수식으로 옳은 것은?

① =COUNT(B2:B6)
② =SUMIF(B2:B6, "모니터")
③ =COUNTIF(B2:B6, "모니터")
④ =COUNTA(B2:B6, "모니터")

✓ 정답 및 해설
- COUNTIF(범위, 조건): 지정된 범위 내에서 조건에 맞는 셀의 개수를 구한다.
- 범위(B2:B6)에서 "모니터"와 일치하는 셀의 개수를 세면 총 3건이다.

답 ③

08 다음 중 판매액이 1,000,000원 이상인 품목들의 평균 판매액을 구하기 위한 수식으로 옳은 것은?

① =AVERAGE(C2:C6)
② =AVERAGEIF(C2:C6, ">=1000000")
③ =AVERAGEIF(C2:C6, ">1000000")
④ =COUNTIF(C2:C6, ">=1000000")

✓ 정답 및 해설

- AVERAGEIF(조건 범위, 조건, [평균을 구할 범위]): 조건에 맞는 데이터의 평균을 구한다.
- 평균을 구할 범위가 생략되면 조건 범위를 대상으로 평균을 구한다.
- 비교 연산자가 포함된 조건은 반드시 큰따옴표로 묶어야 한다.
- 범위(C2:C6)에서 1,000,000 이상인 값(1,200,000과 1,500,000)의 평균을 구한다.

답 ②

09 [A1] 셀에 123.45가 입력되어 있을 때, 다음 중 수식의 결과가 나머지 셋과 다른 것은?

① =ROUND(A1, 0)
② =ROUNDUP(A1, 0)
③ =ROUNDDOWN(A1, 0)
④ =INT(A1)

✓ 정답 및 해설

- 자릿수 0은 정수로 표시함을 의미한다.
- ① ROUND(123.45, 0): 소수 첫째 자리(4)에서 반올림하면 결과는 123
- ② ROUNDUP(123.45, 0): 무조건 올림합니다. 결과는 124
- ③ ROUNDDOWN(123.45, 0): 무조건 내림(버림)하면 결과는 123
- ④ INT(123.45): 가장 가까운 정수로 내림하면 결과는 123
- 양수일 때는 소수점 이하 버림과 같고 음수는 0에서 먼 방향으로 내림 예 INT(-4.3) = -5

답 ②

10 다음 수식의 실행 결과로 옳은 것은?

= MOD(10, 3) + ABS(-5)

① 1　　② 5　　③ 6　　④ 8

✓ 정답 및 해설

- MOD(숫자, 나눌 수): 나눗셈의 나머지를 구한 후 10을 3으로 나누면 나머지는 1
- ABS(숫자): 숫자의 절댓값을 구하면, ABS(-5)는 5
- 결과: 1 + 5 = 6

답 ③

[11~12] [A1] 셀에 "컴퓨터활용능력시험"이 입력되어 있을 때, 다음 질문에 답하시오.

11 다음 수식의 실행 결과로 옳은 것은?

= MID(A1, 4, 2)

① 컴퓨 ② 활용
③ 능력 ④ 시험

✓ **정답 및 해설**

MID(텍스트, 시작 위치, 추출할 글자 수): 텍스트의 지정된 위치에서 지정된 개수만큼 문자 추출하고, A1 셀의 4번째 글자('활')부터 2글자를 추출하므로 "활용"이 된다. **답** ②

12 다음 중 [A1] 셀의 텍스트 "컴퓨터활용능력시험"과 [B1] 셀의 텍스트 "2급"을 연결하여 "컴퓨터활용능력시험(2급)"으로 표시하기 위한 수식으로 옳지 않은 것은?

① =A1 + "(" + B1 + ")" ② =A1 & "(" & B1 & ")"
③ =CONCAT(A1, "(", B1, ")") ④ =CONCATENATE(A1, "(", B1, ")")

✓ **정답 및 해설**

엑셀에서 텍스트를 연결할 때는 덧셈 기호(+)를 사용하지 않고, 앰퍼샌드(&, ampersand) 연산자나 CONCATENATE 또는 CONCAT 함수를 사용해야 한다. 덧셈 기호는 산술 연산에 사용되며, 텍스트에 사용 시 #VALUE! 오류가 발생한다. **답** ①

13 아래 워크시트에서 점수(A2)가 80점 이상이면 "합격", 그렇지 않으면 "불합격"을 평가(B2)에 표시하려고 한다. [B2] 셀에 입력할 수식으로 옳은 것은?

	A	B
1	점수	평가
2	85	

① =IF(A2>80, "합격", "불합격") ② =IF(A2>=80, "합격", "불합격")
③ =CHOOSE(A2>=80, "합격", "불합격") ④ =IF(A2<80, "합격", "불합격")

✓ **정답 및 해설**

- IF(조건식, 참일 때 값, 거짓일 때 값): 조건식을 평가하여 참(TRUE)이면 두 번째 인수를, 거짓(FALSE)이면 세 번째 인수를 반환한다.
- '이상'은 크거나 같음을 의미하므로 조건식은 A2>=80이 되어야 한다. **답** ②

14 [A1] 셀에 75가 입력되어 있을 때, 다음 중첩 IF 함수식의 결괏값으로 옳은 것은?

$$= IF(A1 >= 90, "A", IF(A1 >= 80, "B", "C"))$$

① A
② B
③ C
④ FALSE

> ✓ 정답 및 해설

- 첫 번째 조건 A1>=90 (75>=90)을 검사하면, 거짓(FALSE)
- 거짓이므로 두 번째 IF문 IF(A1>=80, "B", "C")을 실행
- 두 번째 조건 A1>=80 (75>=80)을 검사하면, 거짓(FALSE)
- 거짓이므로 "C"를 반환

답 ③

15 다음 중 날짜 및 시간 함수에 대한 설명으로 옳지 않은 것은?

① TODAY( ) 함수는 현재 시스템의 날짜를 반환한다.
② NOW( ) 함수는 현재 시스템의 날짜와 시간을 함께 반환한다.
③ YEAR(날짜) 함수는 해당 날짜의 연도를 반환한다.
④ WEEKDAY(날짜) 함수는 해당 날짜의 요일을 텍스트("월요일", "화요일" 등)로 반환한다.

> ✓ 정답 및 해설

WEEKDAY(날짜, 옵션) 함수는 요일을 나타내는 숫자를 반환한다(예 기본 옵션에서는 일요일이 1, 월요일이 2,… 토요일이 7로 반환). 요일을 텍스트로 표시하려면 셀 서식이나 다른 함수(CHOOSE 등)를 함께 사용해야 한다.

답 ④

16 [A1] 셀에 2025-09-04 날짜 데이터가 입력되어 있을 때, 다음 수식의 결과로 옳은 것은?

$$= YEAR(A1) + MONTH(A1)$$

① 2025
② 2029
③ 2034
④ 13

> ✓ 정답 및 해설

- YEAR(날짜): 날짜에서 연도를 추출(2025)
- MONTH(날짜): 날짜에서 월을 추출(9)
- 결과: 2025 + 9 = 2034

답 ③

17 다음 수식의 실행 결과로 옳은 것은?

= CHOOSE(2, "사과", "바나나", "포도")

① 사과 ② 바나나 ③ 포도 ④ #VALUE!

> ✓ 정답 및 해설
> - CHOOSE(인덱스 번호, 값1, 값2, 값3, ...): 인덱스 번호에 해당하는 위치의 값을 반환한다.
> - 인덱스 번호가 2이므로 두 번째 값인 "바나나"를 반환한다.   답 ②

18 아래 워크시트에서 제품코드표를 참조하여 제품명(B2)을 구하려고 한다. [B2] 셀에 입력할 수식으로 옳은 것은?

	A	B	C	D	E	F
1	코드	제품명			[제품코드표]	
2	P02				코드	제품명
3					P01	모니터
4					P02	키보드
5					S01	마우스

① =VLOOKUP(A2, E2:F5, 2, TRUE) ② =VLOOKUP(A2, E2:F5, 2, FALSE)
③ =HLOOKUP(A2, E2:F5, 2, TRUE) ④ =HLOOKUP(A2, E2:F5, 2, FALSE)

> ✓ 정답 및 해설
> - 참조표가 코드 기준으로 수직(세로) 방향으로 나열되어 있으므로 VLOOKUP 함수를 사용(HLOOKUP은 수평 방향일 때 사용)한다.
> - VLOOKUP(찾을 값, 참조 범위, 열 번호, 옵션)
>   - 찾을 값: A2 (P02)
>   - 참조 범위: E2:F5
>   - 열 번호: 참조 범위에서 찾고자 하는 제품명이 있는 두 번째 열이므로 2
>   - 옵션: 코드는 정확히 일치하는 값을 찾아야 하므로 FALSE (또는 0). (TRUE는 유사 일치로, 구간 값을 찾을 때 사용)   답 ②

19 아래 워크시트에서 데이터베이스 함수를 사용하여 부서가 '영업부'인 사원들의 급여 합계를 구하려고 한다. 조건은 [E1:E2] 영역에 입력되어 있다. 올바른 수식은?

	A	B	C	D	E
1	부서	이름	급여		부서
2	영업부	김철수	300		영업부
3	기획부	박영희	350		
4	영업부	이민준	280		

① =SUMIF(A2:A4, "영업부", C2:C4)　　② =DSUM(A1:C4, 3, E1:E2)
③ =DSUM(A2:C4, 3, E1:E2)　　　　　④ =DSUM(A1:C4, 1, E1:E2)

✓ 정답 및 해설

- 데이터베이스 함수(DSUM, DAVERAGE 등)는 반드시 필드명(제목 행)을 포함한 전체 범위를 사용해야 한다.
- D함수명(데이터베이스 범위, 계산할 필드 번호/필드명, 조건 범위)
  - 데이터베이스 범위: A1:C4 (필드명 포함)
  - 계산할 필드 번호: 급여가 있는 세 번째 열이므로 3 (또는 "급여")
  - 조건 범위: E1:E2 (필드명과 조건이 함께 입력된 범위)
- ③번은 데이터베이스 범위에 필드명(1행)이 포함되지 않아 잘못되었다.

답 ②

20 다음 워크시트에서 [주문 내역]의 제품코드(A열)를 이용하여 제품 단가표에서 단가(C열)를 찾아오려고 한다. 단, 단가표에 존재하지 않는 제품코드일 경우 "코드확인"이라고 표시하고자 한다. [C2] 셀에 수식을 입력한 후 채우기 핸들을 사용할 때, [C2] 셀에 입력할 수식으로 옳은 것은?

	A	B	C	D	E	F
1	제품코드	수량	단가		[제품코드표]	
2	P101	10			코드	단가
3	K999	5			P101	1,500
4	M205	3			M205	2,000
5					S300	5,000

① =VLOOKUP(A2, $E$3:$F$5, 2, FALSE)
② =IF(A2="", "코드확인", VLOOKUP(A2, $E$3:$F$5, 2, FALSE))
③ =IFERROR(VLOOKUP(A2, E3:F5, 2, FALSE), "코드확인")
④ =IFERROR(VLOOKUP(A2, $E$3:$F$5, 2, FALSE), "코드확인")

✓ 정답 및 해설

- 1단계(VLOOKUP 함수)
  - 참조표가 수직 방향이므로 VLOOKUP을 사용한다.
  - VLOOKUP(찾을 값, 참조 범위, 열 번호, 옵션)
  - 찾을 값: A2
  - 참조 범위: E3:F5 (채우기 핸들을 사용해야 하므로 절대 참조가 필수. ③번은 탈락)
  - 열 번호: 단가가 있는 2번째 열
  - 옵션: 코드는 정확히 일치해야 하므로 FALSE
  - 기본 수식: =VLOOKUP(A2, $E$3:$F$5, 2, FALSE)
- 2단계(IFERROR 적용)
  - [C3] 셀 계산 시, 코드 "K999"는 단가표에 없으므로 VLOOKUP은 #N/A(Not Available) 오류를 반환한다.
  - 이 오류를 "확인요망"으로 대체하기 위해 IFERROR로 감싸준다.
  - IFERROR(계산할 수식, 오류 발생 시 표시할 값)
  - 최종 수식: =IFERROR(VLOOKUP(A2, $E$3:$F$5, 2, FALSE), "코드확인")

답 ④

PART 02

최빈출 기출 400제

CHAPTER 01 제1과목: 컴퓨터 일반 200제
CHAPTER 02 제2과목: 스프레드시트 일반 200제

CHAPTER 01 | 컴퓨터 일반 200제

제 1과목
컴퓨터 일반

01

다음 중 한글 Windows 10의 설정에서 접근성 범주를 통해 설정할 수 있는 기능으로 옳지 않은 것은?

① 마우스 포인터의 크기와 색상을 변경할 수 있다.
② 텍스트 커서의 두께를 조절할 수 있다.
③ **시스템의 글꼴을 추가하거나 제거할 수 있다.**
④ 화면의 내용을 읽어주는 '내레이터(Narrator)' 기능을 활성화할 수 있다.

- 접근성 설정은 시각, 청각, 상호 작용 등에 어려움이 있는 사용자가 컴퓨터를 더 편리하게 사용하도록 돕는 기능들을 모아둔 곳
- 마우스 포인터 변경(①), 텍스트 커서 조절(②), 내레이터(④)는 모두 접근성 기능에 포함
- 시스템의 글꼴을 추가하거나 제거하는 작업은 설정의 개인 설정 → 글꼴에서 수행

02

다음 중 보안 침해 사고에 대한 설명으로 옳은 것은?

① **크라임웨어(Crimeware)는 사용자가 인식하지 못하는 사이에 실행되어 개인 정보, 금융 정보 탈취, 계정 도용 등 범죄 행위를 수행하도록 제작된 악성 프로그램을 말한다.**
② 스니핑(Sniffing)은 공격자가 신원을 위조하거나 신뢰할 수 있는 대상으로 가장해 상대를 속이는 적극적 공격 유형이다.
③ 파밍은 유사한 도메인으로 위장한 사이트로 사용자를 유도해 개인정보를 빼내는 공격기법이다.
④ 피싱은 해당 사이트가 공식적으로 운영하고 있던 도메인 자체를 탈취하는 공격기법이다.

② 스푸핑(Spoofing)에 대한 설명, 스니핑(Sniffing)은 네트워크상의 데이터 패킷을 사용자가 모르게 가로채어 도청하는 행위로 대표적인 수동적 공격에 해당
③ 피싱에 대한 설명, 파밍(Pharming)은 사용자가 정상 도메인(www.pmg.co.kr)을 입력해도 DNS나 로컬 주소 정보를 변조하여 공격자가 만든 위조 사이트로 강제 접속시키는 공격
④ 파밍에 대한 설명, 피싱(Phishing)은 가짜 이메일, 문자, 유사 도메인 등을 이용해 사용자를 속여 위장된 사이트로 유도하는 기법

03

다음 중 컴퓨터의 펌웨어(Firmware)에 대한 설명으로 옳은 것은?

① 컴퓨터 운영체제 설치 후 사용자가 추가로 설치하는 응용 프로그램을 의미한다.
② 주로 RAM에 저장되며 컴퓨터 전원이 꺼지면 내용이 모두 삭제된다.
③ **하드웨어의 제어 및 구동을 담당하는 마이크로프로그램의 집합으로, ROM이나 플래시 메모리에 저장된다.**
④ 사용 기간에 제한을 두고 무료로 배포하는 소프트웨어를 의미한다.

①은 응용 소프트웨어, ②는 휘발성 메모리(RAM)의 특징, ④는 셰어웨어(Shareware)에 대한 설명으로 펌웨어는 하드웨어와 소프트웨어의 중간적인 성격

04

다음 중 웹 브라우저의 기능 및 설정에 대한 설명으로 옳지 않은 것은?

① 쿠키(Cookie)는 사용자의 웹 사이트 방문 기록 및 로그인 정보 등을 저장하는 작은 파일이다.
② 캐시(Cache)는 이전에 방문했던 웹 페이지의 이미지나 데이터를 임시 저장하여 재방문 시 로딩 속도를 높여준다.
③ 히스토리(History) 기능을 통해 과거에 방문했던 웹사이트 목록을 확인할 수 있다.
④ 즐겨찾기(북마크)에 등록된 웹사이트는 오프라인 상태에서도 항상 접속이 가능하다.

> 즐겨찾기(북마크)는 자주 방문하는 웹사이트의 주소(URL)를 저장하여 쉽게 이동할 수 있도록 하는 기능일 뿐, 해당 웹사이트의 내용을 컴퓨터에 저장하는 것은 아님 → 인터넷 연결이 끊긴 오프라인 상태에서는 접속 불가

05

다음 중 네트워크 장비에 대한 설명으로 옳지 않은 것은?

① 라우터(Router): 네트워크 계층에서 동작하며, 데이터 패킷 전송을 위한 최적의 경로를 설정한다.
② 허브(Hub): 여러 대의 컴퓨터를 연결하는 장치로, 수신한 데이터를 연결된 모든 포트로 전송한다.
③ 게이트웨이(Gateway): 서로 다른 프로토콜을 사용하는 네트워크 간의 통신을 가능하게 하는 출입구 역할을 한다.
④ 리피터(Repeater): 두 개의 독립적인 LAN을 연결하며, 패킷의 MAC 주소를 기반으로 트래픽을 제어한다.

> ④는 브리지(Bridge)에 대한 설명, 리피터(Repeater)는 물리 계층에서 동작하며 전송 거리가 길어지면서 감쇠된 디지털 신호를 증폭·재생하여 전송 거리를 연장하는 장치로, 트래픽 제어 기능은 제공하지 않음

06

다음 중 IPv6 주소 체계의 특징으로 옳은 것은?

① 8비트씩 4부분으로 구성되며, 총 32비트 주소 공간을 제공한다.
② 주소의 각 부분은 10진수로 표현하고 점(.)으로 구분한다.
③ 주소 할당 방식에는 유니캐스트(Unicast), 멀티캐스트(Multicast), 애니캐스트(Anycast)가 있다.
④ IPv4에 비해 보안 기능이 약화되었으나 주소 부족 문제는 해결하였다.

> IPv6는 IPv4의 주소 부족 문제를 해결하기 위해 만들어진 차세대 IP 주소 체계
> ①, ②는 32비트 주소 공간을 사용하며, 8비트씩 4부분으로 나누어 10진수로 표현하고 점(.)으로 구분하는 것은 IPv4의 특징
> ③ IPv6는 유니캐스트, 멀티캐스트, 애니캐스트의 세 가지 주소 할당 방식 사용
> ④ IPv6는 IPv4에 비해 보안 기능(IPsec 내장)이 강화

07

다음 중 컴퓨터에서 사용하는 메모리에 대한 설명으로 옳지 않은 것은?

① 캐시 메모리(Cache Memory): CPU와 주기억장치 사이에 위치하여 속도 차이를 줄여준다. 주로 SRAM이 사용된다.
② 가상 메모리(Virtual Memory): 주기억장치의 용량 부족을 보완하기 위해 보조기억장치(HDD, SSD)의 일부를 주기억장치처럼 사용한다.
③ 플래시 메모리(Flash Memory): 비휘발성 메모리로, 전력 소모가 적고 데이터 전송 속도가 빨라 디지털 기기에 널리 사용된다.
④ 연관 메모리(Associative Memory): 보조기억장치의 데이터를 블록 단위로 읽어와 CPU에 전달하는 역할을 한다.

> 보조기억장치(또는 주기억장치)에서 데이터를 읽어와 CPU에 빠르게 전달하는 역할을 하는 것은 캐시 메모리에 해당

08

다음 중 컴퓨터에서 사용하는 문자 코드 체계에 대한 설명으로 옳지 않은 것은?

① ASCII: 7비트를 사용하여 영문 대소문자, 숫자, 특수 문자 등을 표현하며, 주로 데이터 통신용으로 사용된다.
② EBCDIC: IBM 대형 컴퓨터에서 주로 사용되며, 8비트를 사용하여 256가지의 문자를 표현한다.
③ BCD: 주로 문자 표현보다는 10진수 숫자를 2진 형태로 표현하기 위해 사용되는 코드이다.
④ Unicode: 전 세계의 모든 문자를 1바이트(8비트) 체계로 통일한 국제 표준 코드이다.

> 유니코드(Unicode)는 전 세계의 다양한 문자를 일관되게 표현하기 위한 국제 표준 문자 코드로, 모든 문자를 1바이트로 표현 불가 → 환경에 따라 UTF-8과 UTF-16을 주로 사용

09

다음 중 정보 보안을 위협하는 행위 중 '스니핑(Sniffing)'에 대한 설명으로 옳은 것은?

① 사용자의 키보드 입력 내용을 몰래 기록하여 개인 정보를 탈취하는 행위
② 정상적인 사용자가 서버에 접속할 수 없도록 대량의 트래픽을 유발하는 행위
③ 네트워크 주변을 지나다니는 데이터 패킷을 엿보면서 계정(ID)과 비밀번호 등을 알아내는 행위
④ 신뢰할 수 있는 기관을 사칭하여 이메일이나 웹사이트를 통해 개인 정보를 입력하도록 유도하는 행위

> ③ 스니핑(Sniffing)은 '킁킁거리며 냄새를 맡다'라는 뜻에서 유래한 것으로 네트워크상에 전송되는 데이터를 몰래 엿보는 행위를 의미
> ① 키로거(Keylogger) ② 서비스 거부 공격(DoS/DDoS) ④ 피싱(Phishing)

10

다음 중 멀티미디어 데이터의 특징에 대한 설명으로 옳지 않은 것은?

① 디지털화(Digitalization): 아날로그 데이터를 디지털 데이터로 변환하여 처리한다.
② 상호작용성(Interactivity): 정보 제공자와 사용자 간의 소통을 통해 데이터가 전달된다.
③ 선형성(Linearity): 데이터가 처음부터 끝까지 순차적으로 재생되며, 사용자가 재생 순서를 변경할 수 없다.
④ 통합성(Integration): 텍스트, 그래픽, 사운드, 동영상 등 여러 미디어를 통합하여 처리한다.

> 멀티미디어는 사용자가 데이터의 진행 방향이나 순서를 제어할 수 있는 비선형성(Non-linearity)을 특징으로 하며, 선형성은 기존의 책이나 영화처럼 내용이 순차적으로 진행되는 미디어의 특징

11

다음 중 컴퓨터 소프트웨어 분류에서 '유틸리티 프로그램(Utility Program)'에 해당하는 것으로 가장 적절한 것은?

① 운영체제(Windows, Linux)
② 웹 브라우저(Chrome, Edge)
③ 데이터베이스 관리 시스템(Oracle, MySQL)
④ 디스크 조각 모음 및 최적화 도구

> ④ 디스크 조각 모음, 백신 프로그램, 압축 프로그램, 메모장 등
> ① 시스템 소프트웨어(운영체제) ②·③ 응용 소프트웨어

12

다음 중 그래픽 파일 형식에 대한 설명으로 옳지 않은 것은?

① BMP: Windows 표준 비트맵 형식으로, 압축을 사용하지 않아 파일 크기가 큰 편이다.
② GIF: 최대 256색상을 지원하며, 애니메이션 효과와 투명 배경을 지원한다.
③ PNG: GIF와 JPEG의 장점을 결합한 형식으로, 트루컬러를 지원하고 비손실 압축을 사용한다.
④ JPEG: 벡터 방식으로 이미지를 표현하여 확대하거나 축소해도 화질 저하가 없다.

④ 벡터 방식은 점, 선, 면 등을 수학적 함수로 표현하여 확대/축소 시 화질 저하가 없는 방식(예 WMF, AI 등)으로, JPEG와는 다름

13

다음 중 컴퓨터의 중앙처리장치(CPU) 내부에 있는 레지스터(Register)에 대한 설명으로 옳지 않은 것은?

① CPU 내부에서 데이터를 일시적으로 저장하는 가장 빠른 기억장치이다.
② 프로그램 카운터(PC)는 다음에 실행할 명령어의 주소를 기억한다.
③ 누산기(Accumulator)는 연산 결과를 일시적으로 저장한다.
④ 상태 레지스터(Status Register)는 실행할 명령어를 해독하는 역할을 한다.

④ 명령어를 해독하는 역할은 제어장치 내의 명령 해독기(Instruction Decoder)가 수행

14

다음 중 컴퓨터 통신에서 프로토콜(Protocol)의 주요 기능에 해당하지 않는 것은?

① 동기화(Synchronization): 송신 측과 수신 측이 데이터를 주고받는 시간을 맞추는 기능
② 흐름 제어(Flow Control): 데이터 전송량을 조절하여 시스템 전체의 안정성을 유지하는 기능
③ 오류 제어(Error Control): 데이터 전송 중에 발생한 오류를 검출하고 수정하는 기능
④ 하드웨어 표준화(Standardization): 네트워크 장비의 물리적 규격을 통일하는 기능

④ 하드웨어의 물리적 규격을 표준화하는 것은 프로토콜의 직접적인 기능이라기보다는 관련 표준화 기구(예 IEEE)의 역할

15

다음 중 Windows에서 파일이나 폴더를 복사하거나 이동할 때 사용하는 키 조합에 대한 설명으로 옳은 것은?

① 같은 드라이브 내에서 파일을 드래그 앤 드롭하면 항상 복사된다.
② 다른 드라이브로 폴더를 드래그 앤 드롭하면 항상 이동된다.
③ 같은 드라이브 내에서 Ctrl 키를 누른 채 드래그 앤 드롭하면 복사된다.
④ 다른 드라이브로 Shift 키를 누른 채 드래그 앤 드롭하면 복사된다.

① 같은 드라이브 내에서 드래그 앤 드롭하면 기본적으로 '이동'
② 다른 드라이브로 드래그 앤 드롭하면 기본적으로 '복사'
③ 같은 드라이브에서 '복사'하려면 Ctrl 키를 누른 채 드래그해야 함
④ 다른 드라이브에서 '이동'하려면 Shift 키를 누른 채 드래그해야 함

16

다음 중 사물인터넷(IoT: Internet of Things)에 대한 설명으로 옳지 않은 것은?

① 모든 사물을 네트워크로 연결하여 정보를 공유하고 제어하는 기술이다.
② IoT 환경에서는 센서를 통해 주변 환경 정보를 수집하고 실시간으로 처리할 수 있다.
③ 통신 비용이 발생하지 않으며, 폐쇄적인 네트워크를 사용하여 보안성이 매우 높다.
④ 스마트 홈, 스마트 헬스케어, 자율주행차 등 다양한 분야에서 활용된다.

③ IoT는 폐쇄적인 네트워크가 아니라 개방형 네트워크 환경 지향

17

다음 중 인터럽트(Interrupt)에 대한 설명으로 옳은 것은?

① 중앙처리장치(CPU)가 실행중인 프로그램을 잠시 중단하고 외부요청을 처리하는 것
② 두 개 이상의 작업을 동시에 처리하기 위해 CPU의 시간을 분할하여 사용하는 것
③ CPU와 주변 장치 간의 속도 차이를 해결하기 위해 사용하는 고속의 임시 기억 장소
④ 컴퓨터 시스템의 하드웨어를 효율적으로 관리하고 사용자와 하드웨어를 연결하는 시스템 소프트웨어

인터럽트는 CPU가 프로그램을 실행하는 도중에 입출력장치나 예외 상황 등 외부의 요청에 의해 정상적인 실행 흐름을 멈추고 다른 작업을 먼저 처리하는 것을 의미함
② 시분할 시스템(Time Sharing System) 또는 멀티태스킹 ③ 캐시 메모리 또는 버퍼 ④ 운영체제(OS)

18

다음 중 컴퓨터 보조기억장치와 관련된 용어 설명으로 옳지 않은 것은?

① 포맷(Format): 디스크를 초기화하여 운영체제가 사용할 수 있는 상태로 만드는 작업
② 파티션(Partition): 하나의 물리적인 디스크를 여러 개의 논리적인 영역으로 나누는 작업
③ 단편화(Fragmentation): 디스크 공간이 여러 조각으로 나뉘어 데이터가 분산되어 저장되는 현상
④ 백업(Backup): 디스크의 빈 공간을 찾아 데이터를 저장하고 속도를 향상시키는 작업

④ 백업(Backup)은 데이터 손실에 대비하여 원본 데이터를 다른 저장 매체에 복사해 두는 작업으로 디스크의 단편화를 제거하여 속도를 향상시키는 작업은 디스크 조각 모음 및 최적화

19

다음 중 디지털 컴퓨터의 특징으로 가장 적절한 것은?

① 온도, 습도, 압력 등 연속적인 물리량을 입력받아 처리한다.
② 주로 미분이나 적분 연산을 수행하며 증폭 회로를 사용한다.
③ 숫자, 문자 등 이산적인 데이터를 처리하며 논리 회로를 사용한다.
④ 특수 목적용으로 주로 사용되며 프로그래밍이 필요 없다.

③ 디지털 컴퓨터는 숫자나 문자처럼 명확하게 구분되는 이산적인(Discrete, 셀 수 있는) 데이터를 입력받아 처리하며, 산술 및 논리 연산을 수행하고 논리 회로를 사용함
①, ②, ④ 아날로그 컴퓨터의 특징에 가까움

20

다음 중 인터넷 서비스와 관련된 설명으로 옳지 않은 것은?

① WWW(World Wide Web): 하이퍼텍스트 기반으로 멀티미디어 정보를 제공하는 서비스이다.
② FTP(File Transfer Protocol): 컴퓨터 간에 파일을 주고받을 수 있도록 하는 원격 파일 전송 서비스이다.
③ Telnet: 원격지에 있는 컴퓨터에 접속하여 자신의 컴퓨터처럼 사용할 수 있게 해주는 서비스이다.
④ DNS(Domain Name System): 사용자의 컴퓨터에서 작성한 이메일을 다른 사람의 계정으로 전송해주는 프로토콜이다.

④ 이메일을 전송하는 프로토콜은 SMTP(Simple Mail Transfer Protocol), DNS(Domain Name System)는 문자로 된 도메인 이름을 숫자로 된 IP 주소로 변환해 주는 시스템

21

다음 중 Windows의 '작업 관리자'에서 확인할 수 있는 내용으로 옳지 않은 것은?

① 현재 실행 중인 프로세스 목록과 CPU 및 메모리 사용률
② 컴퓨터의 부팅 이후 네트워크 이용률과 연결 상태
③ 시스템에 설치된 하드웨어 드라이버의 버전 정보 및 업데이트 상태
④ 시작 프로그램 목록 및 해당 프로그램이 시스템 시작 시 미치는 영향

작업 관리자(Task Manager)는 시스템의 현재 성능 상태, 실행 중인 응용 프로그램 및 프로세스, 시작 프로그램 등을 관리하고 모니터링 하는 도구(①, ②, ④)
③ 시스템에 설치된 하드웨어 드라이버의 세부 정보나 업데이트 상태를 확인하고 관리하는 기능은 장치 관리자

22

다음 중 컴퓨터 시스템 클럭 속도를 나타내는 단위인 헤르츠(Hz)에 대한 설명으로 옳은 것은?

① 1초 동안 전송할 수 있는 데이터의 비트 수(bps)
② 1초 동안 발생하는 클럭 사이클의 수
③ 기억 장치에 접근하여 데이터를 읽거나 쓰는 데 걸리는 시간
④ 프린터가 1분 동안 인쇄할 수 있는 최대 페이지 수

② 헤르츠(Hz)는 1초 동안 발생하는 진동 횟수 의미, 컴퓨터 분야에서는 CPU가 1초 동안 몇 번의 연산 사이클을 수행하는지를 나타내는 단위로 사용(Hz 값이 높을수록 처리 속도가 빠름)
① 데이터 전송 속도(bps) ③ 접근 시간(Access Time) ④ 프린터 속도(PPM)

23

다음 중 분산 처리 시스템(Distributed Processing System)에 대한 설명으로 가장 적절한 것은?

① 일정 기간 동안 데이터를 모아서 한꺼번에 처리하는 방식
② 데이터가 발생하는 즉시 처리하여 결과를 산출하는 방식
③ 여러 대의 컴퓨터를 네트워크로 연결하여 작업을 분담하고 그 결과를 공유하는 방식
④ 하나의 CPU가 여러 개의 프로그램을 번갈아 가며 처리하여 동시에 실행되는 것처럼 보이게 하는 방식

③ 분산 처리 시스템은 지리적으로 떨어져 있거나 기능적으로 분리된 여러 컴퓨터가 네트워크를 통해 연결되어 작업을 나누어 처리하는 시스템을 의미 → 시스템의 신뢰성과 확장성을 높임
① 일괄 처리(Batch Processing) ② 실시간 처리(Real-Time Processing) ④ 시분할 처리(Time Sharing) 또는 다중작업(Multitasking)

24

다음 중 컴퓨터 바이러스 및 악성코드 예방 방법으로 가장 거리가 먼 것은?

① 최신 버전의 백신 프로그램을 설치하고 실시간 감시 기능을 활성화한다.
② 의심스러운 이메일의 첨부 파일은 열어보지 않고 삭제한다.
③ 운영체제 및 응용 프로그램의 보안 업데이트를 정기적으로 수행한다.
④ 중요한 데이터는 공유 폴더에 저장하여 여러 사용자가 접근할 수 있도록 설정한다.

④ 공유 폴더는 여러 사용자가 접근할 수 있어 편리하지만, 바이러스나 악성코드 감염 시 다른 컴퓨터로 확산되는 경로가 될 수 있음

25

다음 중 오디오 데이터와 관련된 용어에 대한 설명으로 옳지 않은 것은?

① 샘플링(Sampling): 아날로그 소리 신호를 일정한 간격으로 측정하여 디지털 신호로 변환하는 과정
② PCM(Pulse Code Modulation): 아날로그 신호를 디지털 펄스 신호로 변환하는 방식
③ 시퀀싱(Sequencing): 컴퓨터를 이용하여 음악을 제작, 녹음, 편집하는 작업
④ 모핑(Morphing): 두 개의 서로 다른 오디오 파일을 부드럽게 연결하여 변환하는 기술

모핑(Morphing)은 이미지나 영상의 형태를 점차 변형시켜, 다른 형태로 자연스럽게 전환되도록 하는 그래픽 기법

26

다음 중 Windows에서 사용하는 바로 가기 아이콘(Shortcut Icon)에 대한 설명으로 옳지 않은 것은?

① 원본 파일이나 폴더, 프로그램에 대한 연결 정보를 가지고 있다.
② 바로 가기 아이콘의 왼쪽 하단에는 화살표 모양의 그림이 표시된다.
③ 하나의 원본 파일에 대해 여러 개의 바로 가기 아이콘을 만들 수 있다.
④ 바로 가기 아이콘을 삭제하면 연결된 원본 파일도 함께 삭제된다.

바로 가기 아이콘은 원본 파일로 연결되는 경로 정보만 가지고 있으므로, 바로 가기 아이콘을 삭제해도 원본 파일에는 영향을 주지 않음 → 원본 파일을 삭제하면 해당 바로 가기 아이콘은 실행되지 않음

27

다음 중 컴퓨터에서 사용하는 입출력 인터페이스 방식에 대한 설명으로 옳지 않은 것은?

① USB(Universal Serial Bus): 범용 직렬 버스로, 최대 127개까지 주변기기 연결이 가능하며 핫 플러그인을 지원한다.
② HDMI(High-Definition Multimedia Interface): 영상과 음성 신호를 압축하지 않고 통합하여 전송하는 고화질 멀티미디어 인터페이스이다.
③ DP(DisplayPort): 고해상도 영상·음향을 고속으로 전송하는 PC용 디지털 인터페이스이다.
④ PS/2: 병렬 방식으로 데이터를 전송하며, 주로 고속의 대용량 저장 장치를 연결하는 데 사용된다.

• PS/2 포트는 직렬 방식으로 데이터를 전송하며, 주로 키보드와 마우스를 연결하는 데 사용되었으나 현재는 대부분 USB로 대체됨
• 고속의 대용량 저장 장치를 연결하는 데 사용되는 방식(④)은 SCSI(여러 장치 즉, 컴퓨터와 저장 장치가 서로 주고받는 통신 규칙)나 SATA, NVMe 등

28

다음 중 컴퓨터 운영체제의 주요 기능으로 볼 수 없는 것은?

① 프로세스 관리: CPU 스케줄링 및 프로세스의 생성과 제거를 관리한다.
② 기억장치 관리: 주기억장치와 보조기억장치의 할당 및 회수를 관리한다.
③ 파일 시스템 관리: 파일의 생성, 삭제, 접근 권한 등을 관리한다.
④ **멀티미디어 편집: 동영상 파일을 압축하고 다양한 효과를 적용하여 편집한다.**

- 운영체제(OS, Operating System)는 컴퓨터 시스템의 자원(하드웨어, 소프트웨어)을 효율적으로 관리하고 사용자가 컴퓨터를 편리하게 사용할 수 있도록 인터페이스를 제공하는 시스템 소프트웨어(①, ②, ③)
- ④ 별도의 응용 소프트웨어(예 프리미어 프로, 포토샵 등)를 통해 수행되는 작업

29

다음 중 인터넷상에서 정보를 주고받기 위한 통신 규약인 TCP/IP에 대한 설명으로 옳지 않은 것은?

① TCP는 전송 계층에서 동작하며, 연결 지향형 서비스로 데이터의 신뢰성 있는 전송을 보장한다.
② IP는 네트워크 계층에서 동작하며, 데이터 패킷의 경로 설정 및 주소 지정을 담당한다.
③ TCP/IP는 인터넷 연결을 위한 표준 프로토콜 스택이다.
④ **TCP/IP는 OSI 7계층 모델 중 물리 계층과 데이터 링크 계층만을 포함한다.**

TCP/IP는 인터넷 통신을 위해 여러 계층(응용, 전송, 인터넷, 네트워크 인터페이스 계층)으로 구성된 프로토콜의 집합으로 OSI 7계층 모델 전체를 포괄하는 개념이며, 특정 계층(물리, 데이터 링크)에만 국한되지 않음

30

다음 중 클라우드 컴퓨팅(Cloud Computing) 서비스의 유형에 해당하지 않는 것은?

① IaaS(Infrastructure as a Service): 서버, 스토리지 등 하드웨어 인프라 자원을 제공하는 서비스
② PaaS(Platform as a Service): 소프트웨어 개발 및 실행을 위한 플랫폼(환경)을 제공하는 서비스
③ SaaS(Software as a Service): 사용자가 웹을 통해 필요한 소프트웨어를 바로 이용할 수 있게 하는 서비스
④ **FaaS(Fast as a Service): 사용자가 원격으로 PC 환경을 빠르게 사용할 수 있는 서비스**

④ Function as a Service의 약자로 서버리스(Serverless) 컴퓨팅이라고도 불리며, 평소에는 대기상태로 있다가 이벤트가 발생하면 필요한 만큼만 실행되는 방식, 클라우드 컴퓨팅의 확장 모델 중 하나, 사용자가 원격으로 PC 환경을 빠르게 사용할 수 있는 서비스는 DaaS

31

다음 중 컴퓨터 시스템에서 사용하는 채널(Channel)의 주된 역할은 무엇인가?

① CPU와 주기억장치 사이의 속도 차이를 보완한다.
② **CPU대신 입출력동작 전체를 독립적으로 수행하는 입출력 전용 프로세서이다.**
③ 보조기억장치의 일부를 주기억장치처럼 사용하여 메모리 용량을 확대한다.
④ 네트워크상에서 최적의 데이터 전송 경로를 설정한다.

채널(Channel)은 입출력 전용 프로세서(IOP)로, CPU의 부하를 줄이기 위해 CPU 대신 입출력 작업을 전담하여 수행
① 캐시 메모리 ③ 가상 메모리 ④ 라우터

32

다음 중 Windows의 '시스템 복원' 기능에 대한 설명으로 옳지 않은 것은?

① 컴퓨터 시스템에 문제가 생겼을 때, 복원 지점을 이용하여 이전 상태로 되돌리는 기능이다.
② 복원 지점은 시스템에 의해 자동으로 생성되거나 사용자가 수동으로 만들 수 있다.
③ 시스템 복원은 개인 파일(문서, 사진, 이메일 등)에는 영향을 주지 않는다.
④ 삭제되거나 손상된 개인 파일을 복구하기 위한 가장 좋은 방법이다.

> 사용자가 작성한 개인 파일은 복원 대상에 포함되지 않으므로, 삭제된 개인 파일을 복구 불가 → 개인 파일을 복구하려면 반드시 백업본 이용해야 함

33

다음 중 컴퓨터 그래픽 기법에 대한 설명으로 옳지 않은 것은?

① 안티앨리어싱(Anti-aliasing): 이미지의 가장자리가 톱니 모양으로 보이는 계단 현상을 줄이기 위해 경계선을 부드럽게 처리하는 기법
② 렌더링(Rendering): 3차원 모델에 명암, 색상, 질감 등을 적용하여 사실적인 이미지를 만들어내는 과정
③ 디더링(Dithering): 제한된 색상을 조합하여 복잡한 색이나 새로운 색을 만들어내는 기법
④ 인터레이싱(Interlacing): 2개의 이미지를 부드럽게 연결하여 서서히 변하는 모습을 보여주는 기법

> ④ 모핑(Morphing)에 대한 설명, 인터레이싱(Interlacing)은 동영상이나 이미지를 표시할 때 전체 화면을 한 번에 출력하지 않고, 홀수 라인과 짝수 라인을 번갈아 가며 표시하여 화면의 깜빡임을 줄이거나 전송 효율을 높이는 기술

34

다음 중 컴퓨터에서 사용하는 소프트웨어 배포 방식에 대한 설명으로 옳지 않은 것은?

① 셰어웨어(Shareware): 일정 기간 또는 특정 기능에 제한을 두고 무료로 배포하며, 만족하면 구매를 유도하는 방식
② 프리웨어(Freeware): 사용 기간이나 기능에 제한 없이 무료로 사용할 수 있는 소프트웨어
③ 번들(Bundle): 특정 하드웨어나 소프트웨어를 구매했을 때 끼워주는 형태로 제공되는 소프트웨어
④ 알파 버전(Alpha Version): 정식 버전을 출시하기 전, 일반 사용자들에게 공개하여 기능을 테스트하는 목적의 소프트웨어

> ④ 베타 버전(Beta Version)에 대한 설명, 알파 버전(Alpha Version)은 제작 회사 내부에서 자체적으로 테스트하기 위해 개발된 초기 단계의 소프트웨어

35

다음 중 인터넷 주소 체계에서 도메인 네임(Domain Name)에 대한 설명으로 옳은 것은?

① 숫자로 구성된 IP 주소를 사람이 기억하기 쉽도록 문자열로 표현한 주소이다.
② 인터넷에 연결된 컴퓨터의 고유한 물리적 주소(MAC 주소)를 의미한다.
③ 사용자가 임의로 설정하여 사용할 수 있으며, 중복 사용이 가능하다.
④ 전 세계적으로 ICANN에서 관리하며, 한국에서는 네이버(Naver)에서 관리한다.

> 도메인 네임은 숫자로 이루어진 IP 주소를 사람들이 이해하고 기억하기 쉽게 문자로 변환한 주소 체계, ② MAC 주소와 달리 ③ 도메인 네임은 전 세계적으로 유일해야 하며 임의로 지정할 수 없고 ④ 한국에서는 한국인터넷진흥원(KISA)에서 관리

36

다음 중 컴퓨터 시스템에서 사용하는 버스(Bus)에 대한 설명으로 옳지 않은 것은?

① 컴퓨터 내부에서 CPU, 메모리, 주변장치 간에 데이터를 주고받는 통로 역할을 한다.
② 데이터 버스는 CPU가 데이터를 읽거나 쓸 때 사용하며 항상 단방향으로 동작한다.
③ 주소 버스는 CPU가 메모리나 입출력장치의 주소를 지정할 때 사용하며 단방향으로 동작한다.
④ 기능에 따라 주소 버스, 데이터 버스, 제어 버스로 구분된다.

> 데이터 버스는 CPU가 데이터를 읽어오거나(입력) 내보낼(출력) 때 모두 사용되므로 양방향(Bidirectional)으로 동작, 주소 버스는 CPU가 주소를 지정하여 내보내기만 하므로 단방향

37

다음 중 웹 프로그래밍 언어에 대한 설명으로 옳지 않은 것은?

① HTML: 웹 페이지를 만들기 위한 가장 기본적인 마크업 언어이다.
② XML: HTML의 단점을 보완하여 문서의 구조적인 특성을 표현할 수 있도록 설계된 마크업 언어이다.
③ ASP, JSP, PHP: 서버 측에서 동적으로 수행되는 스크립트 언어로, 데이터베이스와 연동하여 웹 페이지를 생성한다.
④ JAVA: 인공지능 분야에서 주로 사용되며, 순차적인 처리를 특징으로 하는 절차 지향 언어이다.

> JAVA는 웹 환경에서 널리 사용되는 객체 지향 프로그래밍 언어이며 인공지능 분야에서는 주로 Python, LISP 등의 언어가 사용

38

다음 중 컴퓨터 통신망의 구성 형태 중 성형(Star) 구조에 대한 설명으로 옳은 것은?

① 모든 노드가 하나의 중앙 컴퓨터에 연결되어 있으며, 중앙 컴퓨터 고장 시 전체 네트워크가 마비된다.
② 모든 노드가 하나의 원형 케이블에 연결되어 있으며, 한 방향으로만 데이터 전송이 가능하다.
③ 모든 노드가 서로 그물처럼 연결되어 있어 많은 통신 회선이 필요하지만, 우회 경로가 있어 안정성이 높다.
④ 나무 가지 형태로 연결되어 있으며, 분산 처리에 적합하다.

> 성형(Star) 구조는 중앙의 허브나 컴퓨터에 모든 노드가 1:1로 연결되는 형태로 설치와 유지보수가 용이하지만, 중앙 장비 고장나면 네트워크 전체에 치명적인 영향을 미침
> ② 링형(Ring) ③ 망형(Mesh) ④ 트리형(Tree)

39

다음 중 Windows에서 프린터 설정 및 관리에 대한 설명으로 옳지 않은 것은?

① 여러 대의 프린터를 한 대의 컴퓨터에 설치할 수 있으며, 그중 하나를 기본 프린터로 설정할 수 있다.
② 기본 프린터는 인쇄 명령 수행 시 특정 프린터를 지정하지 않았을 때 자동으로 사용되는 프린터이다.
③ 인쇄 대기열에 있는 문서의 인쇄 순서를 변경하거나 취소할 수 있다.
④ 스풀(Spool) 기능은 인쇄 속도를 향상시키기 위해 프린터의 하드웨어 성능을 업그레이드하는 기술이다.

> 스풀(Spool)은 고속의 CPU와 저속의 프린터 간 속도 차이를 보완하기 위한 소프트웨어적 입출력 처리방식이다.

40

다음 중 컴퓨터에서 사용하는 인코더(Encoder)와 디코더(Decoder)에 대한 설명으로 옳은 것은?

① 인코더는 2진 정보를 10진 정보로 변환하고, 디코더는 10진 정보를 2진 정보로 변환한다.
② 인코더는 입력된 신호를 특정 코드 형태로 변환하고, 디코더는 코드화된 데이터를 원래의 신호 형태로 복원한다.
③ 인코더는 여러 입력 신호 중 하나를 선택하여 출력하고, 디코더는 하나의 입력 신호를 여러 출력선으로 분배한다.
④ 인코더는 순서 논리 회로에 속하고, 디코더는 조합 논리 회로에 속한다.

① 인코더는 10진 정보 → 2진 코드로 변환, 디코더는 2진 코드 → 10진 정보로 변환
③ 전자는 멀티플렉서(Multiplexer), 후자는 디멀티플렉서(Demultiplexer)에 대한 설명, 멀티플렉서의 예는 여러 라디오 채널(주파수) 중 하나를 택하는 것, 디멀티플렉서의 예는 학교 방송실에서 교실로 방송하는 경우
④ 인코더, 디코더 모두 조합 논리 회로에 속함

41

하나의 문서 파일의 크기가 2MB이고, USB 용량이 2GB라면 이 문서를 최대 몇 개까지 저장할 수 있는가?

① 256개
② 512개
③ 1024개
④ 2048개

1GB = 1024MB
2GB = 2048MB
2048MB ÷ 2MB = 1024개

42

다음 중 Windows의 제어판 또는 설정에서 프로그램 및 기능을 통해 수행할 수 있는 작업으로 옳지 않은 것은?

① 설치된 응용 프로그램을 제거하거나 변경할 수 있다.
② Windows 기능을 설정(사용)하거나 해제(사용 안 함)할 수 있다.
③ 설치된 Windows 업데이트 목록을 확인하고 제거할 수 있다.
④ 사용자가 작성한 문서 파일을 영구적으로 삭제할 수 있다.

프로그램 및 기능은 컴퓨터에 설치된 소프트웨어(응용 프로그램, Windows 기능, 업데이트)를 관리하는 기능으로, 사용자가 작성한 문서 파일의 관리·삭제 작업은 파일 탐색기에서 수행해야 함

43

다음 중 컴퓨터의 발전 과정에서 사용된 소자를 세대별로 옳게 나열한 것은?

① 트랜지스터 → 진공관 → 집적회로(IC) → 고밀도 집적회로(LSI) → 초고밀도 집적회로(VLSI)
② 진공관 → 트랜지스터 → 집적회로(IC) → 고밀도 집적회로(LSI) → 초고밀도 집적회로(VLSI)
③ 진공관 → 집적회로(IC) → 트랜지스터 → 고밀도 집적회로(LSI) → 초고밀도 집적회로(VLSI)
④ 트랜지스터 → 진공관 → 고밀도 집적회로(LSI) → 집적회로(IC) → 초고밀도 집적회로(VLSI)

컴퓨터의 세대별 주요 소자는 1세대: 진공관, 2세대: 트랜지스터(TR), 3세대: 집적회로(IC), 4세대: 고밀도 집적회로(LSI), 5세대: 초고밀도 집적회로(VLSI)

44

다음 중 컴퓨터 시스템의 보안을 강화하는 방법으로 적절하지 않은 것은?

① 방화벽(Firewall)을 구축하여 외부로부터의 불법적인 접근을 차단한다.
② 비밀번호는 영문자, 숫자, 특수문자를 조합하여 8자리 이상으로 설정하고 주기적으로 변경한다.
③ 중요한 데이터는 암호화하여 저장하고 정기적으로 백업한다.
④ 파일 공유 서비스를 활성화하고 모든 사용자에게 '모든 권한'을 부여하여 접근성을 높인다.

파일 공유 서비스에서 모든 사용자에게 모든 권한을 부여하는 것은 보안상 매우 위험하므로, 공유는 필요한 사용자에게만 최소한의 권한(예 읽기 전용)을 부여하는 것이 원칙

45

다음 중 Windows에서 네트워크 연결 상태를 확인하기 위해 명령 프롬프트에서 사용하는 명령어로 옳지 않은 것은?

① ipconfig: 현재 컴퓨터의 IP 주소, 서브넷 마스크, 게이트웨이 정보를 표시한다.
② ping: 지정된 호스트와의 네트워크 연결 상태 및 응답 시간을 확인한다.
③ tracert: 목적지까지의 경로를 추적하여 거치는 구간의 정보를 표시한다.
④ chkdsk: 하드 디스크의 오류를 검사하고 복구 가능한 부분을 수정한다.

chkdsk(Check Disk)는 디스크의 물리적·논리적 오류를 검사하고 수정하는 디스크 관리 명령어로, 네트워크 연결 상태 확인과는 무관함 → ipconfig, ping, tracert는 대표적인 네트워크 진단 명령어

46

다음 중 컴퓨터의 연산 속도 단위를 느린 것부터 빠른 순서대로 옳게 나열한 것은?

① ms → μs → ns → ps → fs → as
② ps → ns → μs → ms → as → fs
③ as → fs → ps → ns → μs → ms
④ ms → ns → μs → ps → fs → as

연산 속도 단위는 시간을 나타내며, 값이 작을수록 빠름: ms(밀리초, 10^{-3}) > μs(마이크로초, 10^{-6}) > ns(나노초, 10^{-9}) > ps(피코초, 10^{-12}) > fs(펨토초, 10^{-15}) > as(아토초, 10^{-18})

47

다음 중 컴퓨터 하드웨어 장치 중 성격이 다른 하나는?

① 키보드(Keyboard)   ② 마우스(Mouse)
③ 스캐너(Scanner)   ④ 플로터(Plotter)

①, ②, ③ 모두 컴퓨터 외부의 데이터를 내부로 전달하는 입력 장치
④ 설계 도면과 같은 대형 그래픽을 인쇄하는 출력 장치

48

다음 중 웹 브라우저나 전자우편에서 텍스트 외의 멀티미디어 파일(오디오, 비디오 등)의 내용을 확인하고 전송하기 위해 사용되는 표준 형식은?

① SMTP   ② POP3
③ MIME   ④ TCP/IP

MIME(Multipurpose Internet Mail Extensions)는 SMTP의 확장규격으로 전자우편에서 텍스트뿐만 아니라 멀티미디어 데이터를 함께 전송할 수 있도록 고안된 표준으로 웹 환경에서도 콘텐츠 유형(Content-Type)을 식별하여 적절히 처리하는데 이용
① SMTP(메일 송신), ② POP3(메일 수신), ④ TCP/IP(인터넷 표준 프로토콜)는 데이터 형식 표준과는 직접적인 관련이 없음

49

다음 중 컴퓨터에서 사용하는 압축 기술에 대한 설명으로 옳지 않은 것은?

① 압축은 파일의 크기를 줄여 저장 공간을 효율적으로 사용하고 전송 시간을 단축하기 위해 사용된다.
② 압축 방식에는 데이터 손실이 발생하는 손실 압축과 손실이 발생하지 않는 비손실 압축이 있다.
③ 문서 파일은 일반적으로 손실 압축 방식을 사용하여 압축률을 극대화한다.
④ ZIP, RAR, 7z 등은 대표적인 비손실 압축 파일 형식이다.

- 문서 파일이나 실행 파일은 데이터의 내용이 조금이라도 변경되면 안 되므로, 반드시 비손실 압축 방식을 사용해야 함
- 손실 압축 방식은 주로 이미지(JPEG), 오디오(MP3), 비디오(MPEG)와 같은 멀티미디어 데이터에 주로 사용되며, 사람이 인지하기 어려운 정보를 제거하여 압축률을 높이는 방식

50

다음 중 Windows에서 시스템의 정보를 확인하는 방법에 대한 설명으로 옳지 않은 것은?

① 설정 → 시스템 → 정보에서 운영체제 버전, CPU 종류, 설치된 RAM 용량 등을 확인할 수 있다.
② 작업 관리자의 성능 탭에서 CPU, 메모리, 디스크, 네트워크의 실시간 사용 현황을 볼 수 있다.
③ 명령 프롬프트에서 msinfo32 명령어를 입력하여 시스템 요약 정보를 자세히 확인할 수 있다.
④ 제어판 → 디스플레이에서 현재 연결된 프린터의 목록과 상태를 확인할 수 있다.

프린터의 목록과 상태는 '설정' → '장치' → '프린터 및 스캐너' 또는 '제어판' → '장치 및 프린터'에서 확인하고, '디스플레이' 설정은 화면 해상도, 배율, 방향 등을 설정하는 곳

51

다음 중 컴퓨터에서 사용하는 객체 지향 프로그래밍(OOP)의 주요 특징으로 볼 수 없는 것은?

① 캡슐화(Encapsulation)
② 추상화(Abstraction)
③ 다형성(Polymorphism)
④ 순차성(Sequentiality)

- 순차성은 명령어가 작성된 순서대로 차례차례 실행되는 절차 지향 프로그래밍의 기본적인 실행 흐름이며, 객체 지향 프로그래밍의 고유한 특징이라고 볼 수는 없음
- 객체 지향 프로그래밍의 주요 특징: 캡슐화, 상속성, 다형성, 추상화 등

52

다음 중 컴퓨터 메인보드의 구성 요소에 대한 설명으로 옳은 것은?

① RAM 슬롯: CPU를 장착하는 부분으로, 메인보드 모델에 따라 규격이 다르다.
② 칩셋(Chipset): 메인보드의 각 장치 간의 데이터 흐름을 제어하는 핵심 부품이다.
③ 확장 슬롯(PCIe, PCI 등): 하드디스크나 SSD를 연결하기 위한 인터페이스이다.
④ BIOS/UEFI: 운영체제가 설치되는 주 저장 공간이다.

① CPU 소켓은 CPU를 장착하는 부분이며, RAM 슬롯은 메모리를 장착하는 부분
② 칩셋은 메인보드의 두뇌 역할을 하며, CPU·메모리·확장 카드 등 주요 부품 간의 통신을 관리하고 제어함
③ SATA 포트나 M.2 슬롯은 하드디스크나 SSD를 연결하는 인터페이스이고, 확장 슬롯은 그래픽카드·사운드카드 등을 장착하는데 사용됨
④ BIOS/UEFI는 컴퓨터의 기본 입출력 시스템(펌웨어)으로, ROM이나 플래시 메모리에 저장되며, 운영체제(OS)는 보조기억장치(HDD, SSD)에 설치됨(UEFI는 기존 BIOS를 대체하는 차세대 펌웨어 인터페이스)

53

다음 중 컴퓨터 통신에서 데이터 전송 방식에 대한 설명으로 옳지 않은 것은?

① 직렬 전송은 한 번에 한 비트씩 순차적으로 전송하는 방식이며, 병렬 전송은 여러 비트를 동시에 전송하는 방식이다.
② 병렬 전송은 직렬 전송보다 속도가 빠르지만, 회선 비용이 많이 들고 거리에 제한이 있다.
③ 비동기식 전송은 시작 비트와 정지 비트를 사용하여 데이터 블록의 시작과 끝을 알린다.
④ 동기식 전송은 주로 근거리 통신망(LAN)에서 사용되며, 비동기식 전송보다 전송 효율이 떨어진다.

동기식 전송은 시작/정지 비트 없이 데이터 블록 전체를 연속적으로 전송하므로 비동기식 전송보다 전송 효율이 높고 속도가 빠르며, 주로 원거리 고속 전송에 사용됨

54

다음 중 인트라넷(Intranet)에 대한 설명으로 옳은 것은?

① 인터넷 기술과 표준을 이용하여 기업 내부의 업무(전자결재, 정보 공유 등)를 처리하는 네트워크 환경
② 일반 사용자들이 자유롭게 접속하여 정보를 주고받을 수 있는 개방형 글로벌 네트워크
③ 기업과 고객 또는 협력업체 간의 정보 교류를 위해 인트라넷을 확대한 네트워크 환경
④ 특정 지역 내에서 자원을 공유하기 위해 구성된 근거리 통신망

② 인터넷(Internet) ③ 엑스트라넷(Extranet) ④ LAN(Local Area Network)

55

다음 중 컴퓨터에서 사용하는 디스플레이 장치와 관련된 용어 설명으로 옳지 않은 것은?

① 해상도(Resolution): 화면에 표시되는 픽셀(Pixel)의 수로, 값이 클수록 화면이 더 선명하게 보인다.
② 주사율(Refresh Rate): 1초 동안 화면을 몇 번 재생하는지를 나타내는 단위(Hz)로, 값이 높을수록 깜빡임이 적다.
③ 도트 피치(Dot Pitch): 모니터 화면의 밝기를 나타내는 단위(cd/m^2)로, 값이 높을수록 밝다.
④ 색 깊이(Color Depth): 하나의 픽셀이 표현할 수 있는 색상의 수를 비트 수로 나타낸다.

• 모니터 화면의 밝기를 나타내는 단위는 휘도(Luminance)
• 도트 피치(Dot Pitch)는 픽셀 간의 거리를 의미함 → 값이 작을수록(거리가 가까울수록) 해상도가 높고 선명함

56

다음 중 컴퓨터 시스템에서 하드디스크나 SSD의 성능을 평가하는 요소로 가장 거리가 먼 것은?

① 색 재현율(Color Gamut)
② 전송 속도(Transfer Rate)
③ 회전 속도(RPM)
④ 접근 시간(Access Time)

색 재현율(Color Gamut)은 디스플레이 장치(모니터, TV 등)가 표현할 수 있는 색상의 범위를 나타내는 지표로 저장 장치(HDD, SSD)의 성능과 무관함

57

다음 중 컴퓨터 범죄 예방 및 대책에 대한 설명으로 가장 적절하지 않은 것은?

① 공용 컴퓨터에서는 금융 거래나 중요한 개인 정보 입력을 자제한다.
② 백신 프로그램의 자동 업데이트 기능을 설정하여 항상 최신 상태를 유지한다.
③ 시스템 로그인 시 사용하는 비밀번호는 기억하기 쉽도록 생년월일이나 전화번호를 사용한다.
④ 출처가 불분명한 소프트웨어는 설치하지 않으며, 정품 소프트웨어를 사용한다.

> 생년월일이나 전화번호 등 개인 정보와 관련된 비밀번호는 유추하기 쉬워 보안상 매우 취약하므로 비밀번호는 영문, 숫자, 특수문자를 조합하여 복잡하게 설정하고 주기적으로 변경해야 함

58

다음 중 운영체제의 목적에 해당하지 않는 것은?

① 처리 능력 증대(Throughput Maximization)
② 응답 시간 단축(Turn-around Time Minimization)
③ 사용 가능도 감소(Availability Minimization)
④ 신뢰도 향상(Reliability Improvement)

> 사용 가능도(Availability)는 시스템을 얼마나 신속하고 안정적으로 사용할 수 있는지를 나타내며, 이를 향상(증가)시키는 것이 운영체제의 핵심 목표에 해당하므로 사용 가능도를 감소시키는 것은 목적에 반함

59

다음 중 Windows에서 네트워크상의 다른 컴퓨터에 있는 폴더나 파일을 공유하는 방법에 대한 설명으로 옳지 않은 것은?

① 공유하려는 폴더의 속성 창에서 공유 탭을 이용하여 공유를 설정할 수 있다.
② 공유된 폴더에 접근할 수 있는 사용자 및 권한(읽기, 변경 등)을 설정할 수 있다.
③ 폴더 이름 뒤에 달러 기호($)를 붙여 공유하면 네트워크의 다른 사용자가 해당 폴더를 볼 수 없다(숨김 공유).
④ 공유된 폴더는 삭제할 수 없으며, 공유를 해제해야만 삭제가 가능하다.

> 공유 설정 여부와 상관없이 폴더는 삭제 가능, 단 공유된 폴더를 삭제하면 다른 사용자는 더 이상 해당 폴더에 접근 불가

60

프로그램이나 손상된 시스템에 허가되지 않는 접근을 할 수 있도록 정상적인 보안 절차를 우회하는 악성 소프트웨어는?

① 다운로더(Downloader)
② 백도어(Backdoor)
③ 키 로거(Key Logger)
④ 무차별 공격(Brute Force)

> ② 정상적인 인증 절차나 보안 통제를 거치지 않고 컴퓨터 시스템에 몰래 설치된 접근 통로로 공격자가 원격에서 무단으로 접속하여 조작 가능
> ③ 사용자의 키보드 입력을 몰래 탐지해 개인 정보를 탈취해 내는 악성 프로그램
> ④ 가능한 모든 비밀번호를 하나씩 대입해서 정답을 알아내는 공격 기법

61

다음 중 Windows 10/11의 [설정] → [개인 설정] 메뉴에서 설정할 수 있는 항목으로 옳지 않은 것은?

① 바탕 화면 배경 이미지 및 슬라이드 쇼 설정
② 시스템 글꼴 변경 및 새로운 글꼴 설치
③ 작업 표시줄 자동 숨기기 및 위치 변경 설정
④ 마우스 포인터의 이동 속도 및 더블 클릭 속도 설정

> 마우스 포인터의 이동 속도나 더블 클릭 속도 설정은 [설정] → [장치] → [마우스] 또는 [제어판]의 [마우스] 항목에서 설정, [개인 설정]은 주로 시각적인 요소(배경, 색, 테마, 글꼴, 작업 표시줄 모양 등)를 다룸

62

다음 중 Windows에서 네트워크 연결 문제를 진단할 때 사용하는 명령 프롬프트(CMD) 명령어와 그 설명이 올바르게 연결된 것은?

① ping - 현재 네트워크 연결 상태 및 포트 사용 현황을 확인한다.
② nslookup - 도메인 네임을 입력하여 해당 도메인의 IP 주소를 확인한다.
③ tracert - 특정 호스트에 신호를 보내 네트워크 연결 상태와 응답 시간을 확인한다.
④ ipconfig - 목적지까지의 네트워크 경로를 추적하고 각 구간의 지연 시간을 확인한다.

> nslookup은 DNS 서버에 질의하여 도메인 이름에 대한 IP 주소를 찾는 명령어
> ① netstat ③ ping ④ tracert

63

다음 중 Windows에서 파일이나 폴더를 삭제했을 때, 휴지통에 보관되지 않고 영구적으로 삭제되는 경우가 아닌 것은?

① 네트워크 드라이브에 있는 파일을 삭제한 경우
② 휴지통이 가득 찼을 때
③ 명령 프롬프트(CMD) 창에서 del 명령어로 삭제한 경우
④ 로컬 디스크(C:)의 파일을 바탕화면에 있는 휴지통 아이콘으로 드래그 앤 드롭하여 삭제한 경우

> 로컬 디스크의 파일을 휴지통 아이콘으로 드래그 앤 드롭하는 것은 일반적인 삭제 방법이며, 파일은 휴지통에 임시 보관되어 복원 가능
> ①, ②, ③ 휴지통을 거치지 않고 영구 삭제 → [Shift] + [Del]를 사용한 경우도 영구 삭제

64

다음 중 Windows의 작업 관리자에서 확인할 수 있는 정보나 수행할 수 있는 작업으로 옳지 않은 것은?

① 현재 실행 중인 응용 프로그램 및 백그라운드 프로세스 목록 확인
② CPU, 메모리, 디스크, 네트워크의 실시간 사용률 확인 ([성능] 탭)
③ Windows 시작 시 자동으로 실행되는 프로그램 목록 관리 ([시작프로그램] 탭)
④ 설치된 하드웨어 드라이버의 버전 확인 및 업데이트 수행

> 하드웨어 드라이버의 버전 확인 및 업데이트는 장치 관리자에서 수행합니다. 작업 관리자는 시스템의 현재 성능과 프로세스를 관리하는 도구

65

다음 중 Windows에서 사용하는 바로 가기 키(Shortcut Key)에 대한 설명으로 옳지 않은 것은?

① Ctrl + C, Ctrl + V: 선택한 항목 복사 및 붙여넣기
② Alt + Tab: 실행 중인 앱 간 전환
③ ⊞ + D: 바탕 화면 보기 (열린 창 최소화/복원)
④ Alt + Space Bar : 현재 활성 창 또는 앱 종료

> Alt + F4에 대한 설명, Alt + Space Bar 는 현재 활성 창의 조절 메뉴(이전 크기로, 이동, 크기 조정, 최소화, 최대화, 닫기)를 호출함

66

다음 중 Windows의 드라이브 조각 모음 및 최적화 기능에 대한 설명으로 옳지 않은 것은?

① 하드 디스크에 분산되어 저장된 파일들을 연속된 공간으로 모아주어 접근 속도를 향상시킨다.
② 디스크 공간의 최적화를 통해 사용 가능한 디스크 용량을 증가시킨다.
③ 예약 실행 기능을 통해 주기적으로 최적화를 수행하도록 설정할 수 있다.
④ SSD(Solid State Drive)의 경우, 전통적인 조각 모음 대신 TRIM 기능을 통해 최적화를 수행한다.

> 드라이브 조각 모음 및 최적화는 파일의 배치를 효율적으로 재구성하여 읽기/쓰기 속도를 향상시키는 기능이지, 불필요한 파일을 삭제해 디스크의 용량을 확보하는 기능은 아니며 용량 확보는 디스크 정리 기능을 통해 수행 가능

67

다음 중 Windows 운영체제의 특징인 선점형 멀티태스킹(Preemptive Multitasking)에 대한 설명으로 옳은 것은?

① 사용자가 직접 작업의 우선순위를 지정하고 CPU 사용 시간을 할당하는 방식이다.
② 하나의 프로그램이 CPU를 독점하는 것을 방지하고, 여러 프로그램이 효율적으로 동시에 실행되도록 운영체제가 CPU 사용 시간을 제어하는 방식이다.
③ 여러 개의 CPU를 사용하여 여러 작업을 동시에 병렬로 처리하는 방식이다.
④ 하나의 응용 프로그램 내에서 여러 개의 스레드를 이용하여 작업을 분할 처리하는 방식이다.

> 선점형 멀티태스킹은 운영체제가 각 프로그램의 CPU 점유 시간을 제어하여, 특정 프로그램이 시스템을 독점하거나 다운되었을 때 다른 프로그램에 영향을 주지 않도록 하는 방식

68

다음 중 Windows에서 파일이나 폴더의 속성 창에서 설정할 수 있는 기능으로 옳지 않은 것은?

① 해당 항목의 위치, 크기, 만든 날짜 등을 확인할 수 있다.
② '읽기 전용' 특성을 설정하여 내용이 변경되지 않도록 보호할 수 있다.
③ '숨김' 특성을 설정하여 파일 탐색기에서 기본적으로 보이지 않도록 할 수 있다.
④ 해당 항목의 바로 가기 아이콘 모양을 변경할 수 있다.

> 바로 가기 아이콘의 모양 변경은 원본 파일이나 폴더의 속성 창이 아닌, 바로 가기 아이콘 자체의 속성 창에서 바로 가기 탭의 아이콘 변경을 통해 설정 가능

69

다음 중 Windows에서 프린터 인쇄 작업에 대한 설명으로 옳지 않은 것은?

① 인쇄 대기열에서 대기 중인 문서의 인쇄 순서를 변경할 수 있다.
② 인쇄 작업이 시작된 문서도 일시 중지하거나 취소할 수 있다.
③ 여러 대의 프린터가 설치된 경우, 기본 프린터는 반드시 한 대만 지정할 수 있다.
④ 인쇄 대기열에 있는 특정 문서를 다른 프린터로 전송하여 인쇄할 수 있다.

인쇄 대기열에 있는 문서는 해당 프린터로만 인쇄가 가능하며, 다른 프린터로 전송 불가

70

다음 중 Windows에서 시스템에 문제가 발생했을 때 해결 방법으로 가장 적절하지 않은 것은?

① 응용 프로그램이 응답하지 않을 경우, 작업 관리자를 사용하여 강제 종료한다.
② 새로운 하드웨어를 설치한 후 시스템이 불안정해지면, 장치 관리자에서 해당 드라이버를 롤백하거나 제거한다.
③ 시스템 부팅이 되지 않거나 오류가 발생할 경우, 안전 모드로 부팅하여 문제를 진단한다.
④ 시스템 성능을 최적화하기 위해 주기적으로 하드 디스크의 모든 파티션을 제거하고 운영체제를 재설치한다.

모든 파티션을 제거하고 운영체제를 재설치하는 것은 시스템을 완전히 초기화하는 방법으로, 모든 데이터가 삭제되므로 주기적인 성능 최적화 방법으로는 부적절

71

다음 중 컴퓨터 중앙처리장치(CPU)의 구성 요소와 그 역할이 올바르게 연결된 것은?

① 제어장치(CU) - 산술 연산과 논리 연산을 수행한다.
② 연산장치(ALU) - 명령어들을 해독하고 각 장치로 제어 신호를 보낸다.
③ 레지스터(Register) - CPU 내부에서 데이터를 일시적으로 보관하는 고속의 임시 기억 장소이다.
④ 버스(Bus) - 주기억장치와 CPU 사이의 데이터 전송 속도를 높인다.

① 명령 해독 및 제어 신호 발생 담당, ② 실제 연산을 담당, ④ 캐시 메모리

72

다음 중 컴퓨터 메모리에 관한 설명으로 옳지 않은 것은?

① 캐시 메모리(Cache Memory)는 주로 SRAM을 사용하며, CPU와 주기억장치 간의 속도 차이를 줄여준다.
② 가상 메모리(Virtual Memory)는 주기억장치의 용량이 부족할 때 보조기억장치의 일부를 주기억장치처럼 사용하는 기술이다.
③ 플래시 메모리(Flash Memory)는 휘발성 메모리로, 전원이 꺼지면 내용이 사라지므로 주로 주기억장치로 사용된다.
④ 연관 메모리(Associative Memory)는 주소 대신 저장된 내용의 일부를 이용하여 데이터에 접근하는 방식이다.

플래시 메모리는 EEPROM의 일종으로, 비휘발성 메모리로 전원이 꺼져도 내용이 유지되므로 USB 메모리, SSD 등에 사용됨, 주기억장치(RAM)는 휘발성 메모리

73

다음 중 SSD(Solid State Drive)의 특징으로 옳지 않은 것은?

① HDD에 비해 데이터 읽기/쓰기 속도가 빠르다.
② 물리적인 구동 장치가 없어 소음이 적고 전력 소모가 낮다.
③ 자기 디스크(플래터)를 고속으로 회전시켜 데이터를 읽는 방식을 사용한다.
④ 충격이나 진동에 강하며, 소형화 및 경량화에 유리하다.

> 자기 디스크(플래터)를 회전시켜 데이터를 읽는 방식은 HDD(Hard Disk Drive)의 특징이며 SSD는 반도체(낸드 플래시 메모리 등)를 이용하여 데이터를 저장함

74

다음 중 시스템 및 네트워크 자산에 대한 위협 중에서 기밀성 침해에 해당하는 것은?

① 새로운 파일이 허위로 만들어짐
② 장비가 불능 상태가 되어 서비스가 제공되지 않음
③ 통계적 방법으로 데이터 내용이 분석됨
④ 메시지가 재생됨

> 침해사고 주요 유형: 고객정보 및 기밀정보 유출(기밀성 침해), 서비스 지연 및 중단(가용성 침해), 침입에 의한 정보 변조(무결성 침해) 등
> ① 무결성 ② 가용성 ④ 무결성 침입

75

다음 중 컴퓨터의 펌웨어(Firmware)에 대한 설명으로 가장 적절한 것은?

① 하드웨어의 동작을 제어하는 마이크로프로그램의 집합으로, 주로 ROM에 저장되어 하드웨어와 소프트웨어의 중간적인 성격을 가진다.
② 사용자가 특정 업무를 처리하기 위해 개발한 응용 소프트웨어이다.
③ 컴퓨터 바이러스나 악성코드를 탐지하고 치료하기 위한 보안 소프트웨어이다.
④ 컴퓨터 시스템의 자원을 효율적으로 관리하고 사용자 인터페이스를 제공하는 시스템 소프트웨어이다.

> 펌웨어(Firmware)는 하드웨어 내부에 내장된 기본 제어 프로그램으로, 장치의 동작을 관리하고 제어하는 역할을 하고, 컴퓨터의 BIOS가 대표적인 예로, 시스템 성능 향상이나 오류 수정 등을 위해 펌웨어를 업데이트할 수 있음

76

다음 중 컴퓨터의 연산 속도 단위가 가장 빠른 것은?

① ms(밀리초)
② μs(마이크로초)
③ ns(나노초)
④ ps(피코초)

> 컴퓨터 연산 속도 단위는 ms(10^{-3}) → μs(10^{-6}) → ns(10^{-9}) → ps(10^{-12}) → fs(펨토초, 10^{-15}) 순서로 빨라짐

77

다음 중 컴퓨터에서 사용하는 자료의 구성 단위가 작은 것에서 큰 순서로 올바르게 나열된 것은?

① 비트(Bit) → 워드(Word) → 바이트(Byte) → 필드(Field) → 레코드(Record)
② 비트(Bit) → 바이트(Byte) → 워드(Word) → 레코드(Record) → 파일(File)
③ 필드(Field) → 레코드(Record) → 데이터베이스(Database) → 파일(File)
④ 비트(Bit) → 바이트(Byte) → 필드(Field) → 워드(Word) → 레코드(Record)

- 물리적 단위: 비트(정보 표현 최소 단위) → 바이트(8비트, 문자 표현 최소 단위) → 워드(CPU가 한 번에 처리할 수 있는 데이터 크기)
- 논리적 단위: 필드(항목) → 레코드(관련 필드의 집합) → 파일 → 데이터베이스

78

다음 중 컴퓨터 시스템에서 발생하는 인터럽트(Interrupt)의 우선순위가 가장 높은 것은?

① 프로그램 오류(Program Check) 인터럽트
② 입출력 완료(I/O Completion) 인터럽트
③ 정전(Power Failure) 인터럽트
④ 사용자가 의도적으로 발생시킨(SVC) 인터럽트

- 인터럽트는 발생 원인에 따라 처리 우선순위가 결정됨
- 일반적인 우선순위의 예시: 정전 → 기계 오류 → 외부 인터럽트 → 입출력 인터럽트 → 프로그램 오류 → SVC 호출

79

다음 중 컴퓨터 메인보드에 장착된 구성 요소에 대한 설명으로 옳지 않은 것은?

① 칩셋(Chipset): 메인보드의 핵심 부품으로, CPU, 메모리, 기타 장치 간의 데이터 흐름을 제어한다.
② ROM BIOS: 컴퓨터의 기본 입출력 시스템 정보를 저장하며, 부팅 시 시스템을 점검하고 초기화한다.
③ PCI-Express 슬롯(PCIe Slot): 그래픽 카드, 사운드 카드 등 다양한 확장 카드를 장착하기 위한 고속 확장 슬롯이다.
④ ALU(Arithmetic Logic Unit): 산술 및 논리 연산을 수행하는 장치로, 중앙처리장치(CPU)의 핵심 구성 요소 중 하나이다.

ALU(산술 논리 연산 장치)는 메인보드에 장착되는 부품이 아니라, 중앙처리장치(CPU) 내부에 포함된 핵심 구성 요소로 CPU가 메인보드에 장착됨

80

다음 중 컴퓨터에서 사용하는 기억 용량 단위가 작은 것부터 큰 순서로 올바르게 나열된 것은?

① KB → MB → GB → PB → TB
② KB → MB → GB → TB → PB
③ MB → KB → GB → TB → PB
④ KB → GB → MB → TB → PB

- 기억 용량 단위: 1024배(2^{10})씩 커짐
- KB(킬로바이트) → MB(메가바이트) → GB(기가바이트) → TB(테라바이트) → PB(페타바이트) → EB(엑사바이트)의 순서

81

다음 중 정보 보안을 위협하는 4가지 유형에서 기밀성 위협과 관련이 있는 것은?

① 변조(Modification)
② 위조(Fabrication)
③ 가로채기(Interception)
④ 가로막기(Interruption)

가로채기는 전송되는 데이터를 권한 없는 사용자가 몰래 엿보거나 탈취하는 행위로 네트워크 도청, 불법 복사 등의 사례가 있음
① 원래의 데이터 내용을 불법으로 수정하여 변경하는 행위, 불법으로 수정
② 존재하지 않는 데이터를 새로 만들어내는 행위
④ 데이터나 서비스의 정상적인 사용을 방해하거나 중단시키는 행위

82

다음 중 IPv4와 비교하여 IPv6가 가지는 주요 특징으로 옳지 않은 것은?

① 주소 길이가 128비트로 확장되어 주소 부족 문제를 해결할 수 있다.
② 인증 및 보안 기능이 강화되었다.
③ 주소 자동 설정 기능으로 네트워크 관리가 용이하다.
④ 데이터 전송 방식이 브로드캐스트 중심으로 변경되어 효율성이 높아졌다.

IPv4에서 사용하던 브로드캐스트 방식은 네트워크 부하를 증가시키는 단점이 있어 IPv6에서는 삭제되고, 멀티캐스트와 애니캐스트 방식을 도입하여 효율성을 높였음

83

다음 중 인터넷에서 사용되는 프로토콜(Protocol)과 그 기능이 잘못 연결된 것은?

① HTTP - 웹 페이지(하이퍼텍스트 문서) 전송
② FTP - 파일 전송 및 수신
③ SMTP - 전자우편 수신
④ TCP - 신뢰성 있는 연결 지향형 데이터 전송 제어

SMTP(Simple Mail Transfer Protocol)는 전자우편을 '송신'(보낼 때)하는 프로토콜로, 전자우편을 '수신'(받을 때)하는 프로토콜은 POP3 또는 IMAP

84

다음 중 인터넷 주소와 관련된 설명으로 옳지 않은 것은?

① DNS(Domain Name System)는 문자 형태의 도메인 네임을 숫자 형태의 IP 주소로 변환해 준다.
② URL(Uniform Resource Locator)은 인터넷상에 존재하는 자원의 위치, 접근 프로토콜, 파일 경로 등을 포함하는 표준 주소 체계이다.
③ 서브넷 마스크(Subnet Mask)는 할당된 IP 주소에서 네트워크 주소 부분과 호스트 주소 부분을 구분하기 위해 사용된다.
④ DHCP(Dynamic Host Configuration Protocol)는 웹 서버와 클라이언트 간에 암호화된 통신을 제공하는 보안 프로토콜이다.

DHCP는 네트워크에 연결된 컴퓨터에 IP 주소를 자동으로 할당해 주는 프로토콜로, 웹 서버와 클라이언트 간에 암호화된 통신을 제공하는 보안 프로토콜은 HTTPS(HTTP Secure) 또는 SSL/TLS

85

다음 중 OSI 7계층 모델에서 인접한 노드 간의 신뢰성 있는 데이터 전송을 위해 오류 제어와 흐름 제어를 수행하는 계층은?

① 물리 계층(Physical Layer)
② 데이터 링크 계층(Data Link Layer)
③ 네트워크 계층(Network Layer)
④ 전송 계층(Transport Layer)

> 데이터 링크 계층은 물리적인 네트워크를 통해 직접 연결된 두 장치(인접 노드) 간의 데이터 전송 오류를 감지하고 수정하며, 흐름을 제어하는 역할을 함

86

다음 중 TCP/IP 프로토콜 스택의 구조에 해당하지 않는 계층은?

① 응용 계층(Application Layer)
② 전송 계층(Transport Layer)
③ 세션 계층(Session Layer)
④ 인터넷 계층(Internet Layer)

> • TCP/IP 프로토콜 스택은 일반적으로 응용 계층, 전송 계층, 인터넷 계층, 네트워크 액세스 계층의 4계층으로 구성됨
> • 세션 계층은 OSI 7계층 모델의 5계층에 해당하며, TCP/IP 모델에서는 응용 계층에 그 기능이 포함됨

87

다음 중 인터넷 서비스에 대한 설명으로 옳지 않은 것은?

① IPTV: 초고속 인터넷망을 이용하여 텔레비전 방송, VOD 등의 멀티미디어 콘텐츠를 제공하는 서비스이다.
② 클라우드 컴퓨팅: 하드웨어나 소프트웨어 자원을 인터넷을 통해 빌려 쓰고 사용한 만큼 비용을 지불하는 방식이다.
③ FTP: 원격지에 있는 컴퓨터에 접속하여 마치 자신의 컴퓨터처럼 사용할 수 있게 해주는 원격 접속 서비스이다.
④ 유즈넷(Usenet): 공통의 관심사를 가진 사용자들이 특정 주제에 대해 의견을 나눌 수 있는 인터넷 게시판 서비스이다.

> ③ 텔넷(Telnet) 또는 SSH(Secure Shell)와 같은 원격 접속 서비스에 대한 설명, FTP(File Transfer Protocol)는 파일을 전송하기 위한 서비스

88

다음 중 웹 브라우저의 기능에 대한 설명으로 옳지 않은 것은?

① 자주 방문하는 웹사이트의 주소를 즐겨찾기(북마크)로 관리할 수 있다.
② 방문했던 웹사이트의 기록(히스토리)을 확인하거나 삭제할 수 있다.
③ 플러그인이나 확장 프로그램을 설치하여 기본 기능을 확장할 수 있다.
④ 웹 서버를 구축하고 HTML 문서를 편집하여 홈페이지를 운영할 수 있다.

> 웹 서버 구축 및 홈페이지 운영은 별도의 서버 프로그램과 웹 개발 도구가 필요함

89

다음 중 인트라넷(Intranet)에 대한 설명으로 가장 적절한 것은?

① 전 세계를 연결하는 가장 큰 규모의 개방형 컴퓨터 네트워크이다.
② 인터넷 기술을 기업이나 조직 내부의 업무 처리에 적용한 폐쇄형 네트워크이다.
③ 기업과 고객, 또는 기업 간에 정보를 공유하기 위해 구축한 네트워크이다.
④ 이동 통신망을 이용하여 음성 및 데이터를 전송하는 무선 네트워크이다.

인트라넷은 인터넷 기술을 사용하나 접근 권한이 조직 내부로 제한된 사내 네트워크
① 인터넷 ③ 엑스트라넷(Extranet) ④ 셀룰러 네트워크

90

다음 중 네트워크 구성 형태(Topology) 중 버스형(Bus) 구조에 대한 설명으로 옳은 것은?

① 모든 컴퓨터가 하나의 통신 회선에 연결되어 있는 구조이다.
② 중앙의 허브나 스위치에 모든 컴퓨터가 점대점(Point-to-Point)으로 연결된 구조이다.
③ 모든 컴퓨터가 서로 이웃하는 컴퓨터와 원형으로 연결된 구조이다.
④ 모든 컴퓨터가 서로 그물망처럼 연결되어 있어 경로가 다양한 구조이다.

버스형(Bus) 구조는 하나의 통신 회선에 모든 컴퓨터가 연결된 구조
② 성형 구조 ③ 링형 구조 ④ 망형 구조

91

다음 중 정보 보안의 목표인 무결성(Integrity)을 위협하는 공격 유형은?

① 전송 중인 데이터를 몰래 엿보거나 도청하는 행위
② 데이터의 내용을 허가 없이 임의로 변경하거나 삭제하는 행위
③ 시스템에 과도한 부하를 주어 정상적인 서비스 제공을 방해하는 행위
④ 사용자의 신원을 속여 접근 권한을 얻는 행위

무결성은 정보가 원본 그대로 유지되는 것을 의미하며, 위조 · 변조 · 삭제가 이를 침해함
① 기밀성 침해(가로채기) ③ 가용성 침해(서비스 거부 공격)

92

다음 중 악성코드에 대한 설명으로 옳지 않은 것은?

① 웜(Worm): 다른 프로그램에 기생하지 않고 독립적으로 실행되며, 네트워크를 통해 스스로 복제하고 전파된다.
② 트로이 목마(Trojan Horse): 유용한 프로그램으로 위장하여 설치를 유도한 후, 정보 유출이나 시스템 파괴 등의 악의적인 행동을 한다.
③ 스파이웨어(Spyware): 사용자의 동의 없이 설치되어 개인 정보나 컴퓨터 사용 기록을 수집하여 외부로 전송한다.
④ 바이러스(Virus): 하드웨어의 물리적인 손상을 주목적으로 하며, 소프트웨어 형태로는 감염되지 않는다.

바이러스는 소프트웨어 형태로 존재하며, 실행파일에 기생하여 복제되면서 시스템을 교란하거나 데이터를 파괴하지만 물리적 손상은 주지 않음

93

다음 중 분산 서비스 거부 공격(DDoS: Distributed Denial of Service)에 대한 설명으로 옳은 것은?

① 네트워크 주변을 지나다니는 패킷을 엿보면서 계정과 비밀번호를 탈취하는 공격이다.
② 검증된 사용자가 네트워크를 통해 데이터를 보낸 것처럼 속여서 접속을 시도하는 공격이다.
③ 여러 대의 감염된 컴퓨터(좀비 PC)를 이용하여 특정 시스템에 과도한 트래픽을 발생시켜 서비스를 마비시키는 공격이다.
④ 금융 기관을 사칭한 가짜 웹사이트로 유도하여 개인 금융 정보를 빼내는 공격이다.

DDoS 공격은 다수의 시스템을 동원하여 공격 대상 시스템의 자원을 고갈시켜 정상적인 서비스를 불가능하게 만드는 공격
① 스니핑 ② 스푸핑 ④ 피싱

94

다음 중 아래의 본문 내용 중에서 빈칸에 들어갈 단어로 적절한 것은?

"회사원 박문각(25)씨는 지난달 (　　　)공격으로 회사 프로젝트 보고서가 암호화되어 있는 것을 확인했다. 화면에는 암호 해제 대가로 500만원을 요구하는 문구가 떴지만 클라우드에 백업된 자료가 있어 복구 업체를 통해 하드디스크를 포맷하기로 했다."

① 애드웨어(Adware)
② 랜섬웨어(Ransomware)
③ 백도어(Backdoor)
④ 키로거(Keylogger)

랜섬웨어는 악성코드(Malware)의 일종으로, 몸값(Ransom)과 소프트웨어(Software)의 합성어 이며 파일 암호화를 통해 사용자의 접근을 막고 금전을 요구하는 것이 특징

95

다음 중 암호화 기법 중 비대칭키(공개키) 방식에 대한 설명으로 옳지 않은 것은?

① 암호화할 때 사용하는 키와 복호화할 때 사용하는 키가 서로 다르다.
② 암호화 키(공개키)는 공개하고, 복호화 키(비밀키)는 개인이 비밀리에 관리한다.
③ 대칭키 방식에 비해 암호화 및 복호화 속도가 빠르다.
④ 대표적인 알고리즘으로 RSA가 있으며, 전자 서명 등에 활용된다.

비대칭키 방식은 키가 두 개 존재하여 키 관리가 용이하고 보안성이 높지만, 알고리즘이 복잡하여 대칭키 방식에 비해 암호화/복호화 속도가 느리다는 단점이 있음

96

다음 중 컴퓨터 범죄 예방 및 정보 보호를 위한 실천 방안으로 가장 거리가 먼 것은?

① 의심스러운 이메일의 첨부 파일은 열지 않고 삭제한다.
② 백신 프로그램을 설치하고 최신 버전으로 유지하며 실시간 감시 기능을 사용한다.
③ 회원가입 시 개인정보 처리 방침을 확인하고, 비밀번호는 주기적으로 변경한다.
④ 파일 공유 사이트에서 다운로드한 프로그램은 즉시 설치하여 사용한다.

파일 공유 사이트나 출처가 불분명한 곳에서 다운로드한 프로그램은 악성코드를 포함하고 있을 가능성이 높기 때문에 반드시 백신 프로그램으로 검사한 후 설치 및 사용해야 함

97

다음 중 저작권법상 소프트웨어 저작권에 대한 설명으로 옳지 않은 것은?

① 소프트웨어 저작권은 저작물이 창작된 시점부터 발생하며, 별도의 등록 절차는 필요 없다.
② 정품 소프트웨어를 구매한 경우, 해당 소프트웨어를 여러 대의 컴퓨터에 동시에 설치하여 사용할 수 있다.
③ 프로그램에서 사용되는 프로그래밍 언어나 알고리즘 자체는 저작권 보호 대상이 아니다.
④ 백업을 목적으로 정품 소프트웨어를 복제하는 것은 허용된다.

정품 소프트웨어를 구매로 사용권(License)을 얻으며 일반적으로 1개의 라이선스는 1대의 컴퓨터에만 설치 및 사용이 가능, 여러 대에 동시에 설치하는 것은 불법 복제에 해당

98

다음 중 인터넷상에서 익명성을 이용하여 다른 사람에게 언어폭력, 명예훼손 등을 가하는 행위를 지칭하는 용어는?

① 스팸(Spam)
② 사이버불링(Cyberbullying)
③ 피싱(Phishing)
④ VDT 증후군(VDT Syndrome)

사이버불링은 사이버 공간에서 특정인을 지속적으로 괴롭히는 행위
① 원치 않는 광고성 메일, ③ 공격자가 이메일·문자 등으로 사용자를 속여 가짜 웹사이트로 접속을 유도하여 개인정보를 탈취하는 기법, ④ 컴퓨터 장시간 사용으로 인한 신체적 증상

99

다음 중 컴퓨터 시스템 보안을 위해 사용되는 기술이나 시스템에 대한 설명으로 옳지 않은 것은?

① 방화벽(Firewall): 외부의 불법 침입으로부터 내부 네트워크를 보호하기 위해 접근을 제어한다.
② 인증(Authentication): 시스템에 접근하려는 사용자가 정당한 사용자인지 확인하는 과정이다.
③ VPN(Virtual Private Network): 공중망을 이용하여 사설망과 같은 효과를 얻기 위한 암호화된 통신 기술이다.
④ 백업(Backup): 시스템의 성능을 최적화하고 처리 속도를 향상시키기 위한 기술이다.

백업은 데이터 손실이나 시스템 오류에 대비하여 중요한 데이터를 복사하여 보관하고 데이터 복구를 위한 보안 기술로 시스템 성능 최적화 및 속도 향상과는 직접적 관련 없음

100

다음 중 개인정보보호에 대한 설명으로 옳지 않은 것은?

① 개인정보란 살아있는 개인에 관한 정보로서 성명, 주민등록번호 등을 통해 개인을 알아볼 수 있는 정보를 말한다.
② 정보주체의 동의를 받은 경우에만 개인정보를 수집 및 이용할 수 있다.
③ 기업은 영리 목적으로 수집한 개인정보를 정보주체의 동의 없이 제3자에게 자유롭게 제공할 수 있다.
④ 개인정보처리자는 개인정보가 분실, 도난, 유출되지 않도록 안전성 확보에 필요한 조치를 해야 한다.

수집한 개인정보를 제3자에게 제공하려면 반드시 정보주체(개인)의 별도 동의를 얻어야 하고 영리 목적이라도 동의 없이 제공하는 것은 불법임

101

다음 중 그래픽 데이터 표현 방식 중 비트맵(Bitmap) 방식에 대한 설명으로 옳지 않은 것은?

① 픽셀(Pixel) 단위로 이미지를 구성한다.
② 이미지를 확대하면 경계선이 계단처럼 거칠게 보이는 앨리어싱(Aliasing) 현상이 발생한다.
③ 해상도가 높을수록 파일의 크기가 커진다.
④ 대표적인 파일 형식으로는 AI, WMF 등이 있다.

AI(Adobe Illustrator), WMF(Windows Meta File)는 벡터 방식의 파일 형식이고 비트맵 방식의 대표적인 파일 형식으로는 BMP, JPG, GIF, PNG 등이 있음

102

다음 중 정지 영상 파일 형식에 대한 설명으로 옳은 것은?

① GIF: 손실 압축 방식을 사용하며, 1600만 색상 이상을 표현할 수 있다.
② JPG(JPEG): 비손실 압축 방식을 사용하여 원본 이미지의 손상 없이 파일 크기를 줄인다.
③ PNG: 투명 배경을 지원하며, 비손실 압축 방식을 사용하여 웹에서 널리 사용된다.
④ BMP: 압축을 사용하여 파일 크기가 매우 작지만, 이미지 품질이 낮다.

PNG는 비손실 압축과 투명도 지원이 특징
① 비손실 압축이며 최대 256색 지원, ② 주로 손실 압축 방식 사용, ④ 압축을 거의 사용하지 않아 파일 크기가 크고 품질이 높음

103

다음 중 멀티미디어 관련 용어에 대한 설명으로 옳지 않은 것은?

① 스트리밍(Streaming): 데이터를 모두 다운로드 받지 않고 전송받는 즉시 재생하는 실시간 전송기술이다.
② VOD(Video On Demand): 사용자가 원하는 시간에 원하는 영상 콘텐츠를 주문하여 시청할 수 있는 주문형 비디오 서비스이다.
③ 코덱(Codec): 음성이나 영상 신호를 디지털 신호로 부호화(Encoding)하거나 그 반대로 복호화(Decoding)하는 기술 또는 장치이다.
④ 안티앨리어싱(Anti-Aliasing): 3차원 그래픽에서 물체의 모형에 명암과 색상을 입혀 사실감을 더하는 작업이다.

④ 렌더링(Rendering)에 대한 설명, 안티앨리어싱은 이미지의 거친 경계선(계단 현상)을 부드럽게 처리하는 기법

104

다음 중 멀티미디어의 특징에 해당하지 않는 것은?

① 디지털화(Digitalization)
② 쌍방향성(Interactivity)
③ 선형성(Linearity)
④ 통합성(Integration)

멀티미디어는 사용자가 다양한 경로로 정보를 선택할 수 있는 비선형성(Non-Linearity)을 가지며, 선형성은 정보가 정해진 순서대로만 제공되는 것

105

다음 중 아날로그 신호를 디지털 신호로 변환하는 과정(PCM)의 순서가 올바른 것은?

① 표본화(Sampling) → 부호화(Encoding) → 양자화(Quantization)
② **표본화(Sampling) → 양자화(Quantization) → 부호화(Encoding)**
③ 양자화(Quantization) → 표본화(Sampling) → 부호화(Encoding)
④ 부호화(Encoding) → 양자화(Quantization) → 표본화(Sampling)

> 아날로그 신호의 디지털 변환 과정: 표본화(연속적인 아날로그 신호를 일정한 간격으로 추출) → 양자화(추출된 값을 정수 값으로 변환) → 부호화(변환된 정수값을 2진 코드로 변환)

106

다음 중 ipconfig /all 명령어의 기능으로 옳은 것은?

① **네트워크 장치의 전체 설정 정보를 자세히 표시**
② DHCP 서버에서 IP 주소를 새로 할당
③ 현재 IP 주소 해제
④ DNS 서버로부터 이름 해석을 수행

> - ipconfig /all: IP, MAC 주소(물리주소), DNS 등 상세 네트워크 정보 표시
> - ipconfig /release: 현재 IP 주소 해제
> - ipconfig /renew: IP 재할당

107

다음 중 10진수 25를 16진수로 올바르게 표현한 것은?

① 19 ② 25
③ 1A ④ F1

> 10진수 25를 16으로 나누면 몫은 1이고 나머지는 9이므로, 16진수로는 19

108

다음 중 컴퓨터에서 사용하는 수의 표현 방식 중 부동 소수점 방식에 대한 설명으로 옳은 것은?

① 정수 표현에만 사용되며, 연산 속도가 매우 빠르다.
② **수를 지수부와 가수부로 나누어 표현하며, 매우 큰 수나 작은 수를 표현하기에 적합하다.**
③ 음수를 표현하기 위해 1의 보수나 2의 보수 방식을 사용한다.
④ 데이터 통신 시 오류 검출을 위해 주로 사용된다.

> 부동 소수점 방식은 실수를 표현하는 방식으로, 지수부와 가수부로 구성되어 넓은 범위의 수 표현 가능, ①과 ③은 고정 소수점 방식(정수 표현)에 대한 설명

109

다음 중 MPEG(Moving Picture Experts Group) 표준에 대한 설명으로 옳지 않은 것은?

① 동영상 및 오디오 데이터를 압축하기 위한 국제 표준 기술이다.
② 손실 압축 기법을 사용하여 데이터의 중복성을 제거하여 압축률을 높인다.
③ MPEG-2는 DVD 및 디지털 TV 방송 표준으로 사용되었다.
④ **MPEG-7은 인터넷 스트리밍 환경에서 고화질 영상을 전송하기 위한 압축 표준이다.**

> MPEG-7은 영상 압축이 아닌 멀티미디어 콘텐츠의 내용정보를 기술하고 검색하기 위한 표준이며, 인터넷 스트리밍에는 MPEG-4가 주로 사용

110

다음 중 하이퍼미디어(Hypermedia)에 대한 설명으로 가장 적절한 것은?

① 데이터가 사용자의 선택과 관계없이 처음부터 끝까지 순서대로 재생되는 선형 구조이다.
② 텍스트와 텍스트만을 링크로 연결하여 정보를 탐색하는 방식이다.
③ 텍스트, 그래픽, 사운드, 동영상 등 다양한 미디어를 하이퍼링크로 연결하여 비선형적으로 탐색할 수 있는 구조이다.
④ 고해상도의 정지 이미지를 압축하여 저장하는 국제 표준 방식이다.

② 하이퍼텍스트에 대한 설명, 하이퍼미디어는 하이퍼텍스트를 확장한 개념으로, 텍스트뿐 아니라 멀티미디어도 링크로 연결하고 사용자는 이를 통해 원하는 순서대로 자유롭게 탐색할 수 있음(비선형적)

111

다음 중 운영체제의 구성 요소 중 제어 프로그램(Control Program)에 해당하지 않는 것은?

① 감시 프로그램(Supervisor)
② 작업 관리 프로그램(Job Management)
③ 데이터 관리 프로그램(Data Management)
④ 언어 번역 프로그램(Language Translator)

운영체제는 제어 프로그램과 처리 프로그램으로 구분되는데 처리 프로그램은 사용자 요청을 직접 수행하는 프로그램으로 ① 언어 번역 프로그램, ② 서비스 프로그램, ③ 문제 처리 프로그램 등이 있음

112

다음 중 객체 지향 프로그래밍(OOP: Object-Oriented Programming)의 주요 특징이 아닌 것은?

① 캡슐화(Encapsulation)
② 상속성(Inheritance)
③ 다형성(Polymorphism)
④ 구조화(Structuralization)

구조화는 절차적 프로그래밍의 특징 중 하나로, 정해진 제어 구조(순차, 선택, 반복)를 사용하여 프로그램을 작성하는 기법

113

다음 중 컴파일러(Compiler) 방식의 언어에 대한 설명으로 옳은 것은?

① 프로그램을 한 줄 단위로 번역하여 즉시 실행하므로 디버깅이 용이하다.
② 목적 프로그램을 생성하지 않으며, 실행 속도가 인터프리터 방식보다 빠르다.
③ 원시 프로그램 전체를 한 번에 번역하여 목적 프로그램을 생성한 후 실행한다.
④ 대표적인 언어로 BASIC, Python, JavaScript 등이 있다.

컴파일러는 전체 소스를 기계어로 번역해 실행 가능한 목적 프로그램을 만들며, 인터프리터는 한 줄씩 읽고 바로 실행되므로 목적 프로그램을 생성하지 않음
①, ② 목적 프로그램을 생성하지 않음, ④ 주로 인터프리터 방식 언어의 특징

114

다음 중 시스템 소프트웨어에 해당하지 않는 것은?

① 운영체제(Windows, Linux 등)
② 데이터베이스 관리 시스템(DBMS)
③ 컴파일러 및 어셈블러
④ 유틸리티 프로그램(백신, 압축 프로그램 등)

데이터베이스 관리 시스템(DBMS)은 사용자가 데이터를 관리하고 활용하기 위한 응용 소프트웨어 또는 미들웨어로 분류됨

115

다음 중 클라우드 컴퓨팅(Cloud Computing)에 대한 설명으로 옳지 않은 것은?

① 인터넷을 통해 IT 자원(서버, 스토리지, 소프트웨어 등)을 빌려 쓰고 사용한 만큼 비용을 지불하는 서비스이다.
② 초기 도입 비용을 절감하고 시스템 확장 및 유지보수가 용이하다는 장점이 있다.
③ 보안 및 개인정보 유출의 우려가 없고 인터넷 의존성이 낮다.
④ 서비스 제공 형태에 따라 IaaS, PaaS, SaaS 등으로 분류할 수 있다.

클라우드 컴퓨팅은 데이터를 외부 서버에서 처리하는 방식으로, 보안·개인정보 유출 우려가 있고 인터넷 의존성이 높아 연결이 끊기면 서비스 이용이 제한됨

116

다음 중 사물인터넷(IoT) 환경에 대한 설명으로 가장 적절하지 않은 것은?

① 모든 사물이 센서와 통신 기능을 통해 네트워크에 연결되어 정보를 공유한다.
② IoT 기기 간의 통신을 위해 Wi-Fi, Bluetooth, Zigbee 등 다양한 통신 기술이 사용된다.
③ 스마트 홈, 헬스케어, 스마트 시티 등 다양한 분야에서 응용되고 있다.
④ 중앙 집중형 서버에서 모든 데이터를 처리하므로 보안 위협으로부터 안전하다.

IoT 환경은 기기가 많이 연결되어 보안 취약점과 해킹 위험이 커짐

117

영상과 음향 신호를 압축하지 않고 통합 전송하며, S-비디오나 컴포지트 같은 아날로그 케이블보다 고품질을 제공하는 고선명 멀티미디어 인터페이스는 무엇인가?

① HBM　　　　② USB
③ DVI　　　　 ④ HDMI

HDMI는 디지털 기반으로 영상과 음향을 압축하지 않고 하나의 케이블로 전송해 S-비디오나 컴포지트보다 더 선명하고 고품질을 제공함

118

다음 중 증강 현실(AR: Augmented Reality)에 대한 설명으로 옳은 것은?

① 현실 세계와 완전히 차단된 가상의 환경을 구현하여 몰입감을 제공하는 기술이다.
② 현실 세계의 배경 위에 가상의 사물이나 정보를 합성하여 보여주는 기술이다.
③ 사용자의 위치 정보를 기반으로 주변의 정보를 제공하는 위치 기반 서비스이다.
④ 사물에 전자 태그를 부착하여 정보를 감지하는 센서 기술이다.

① 가상 현실(VR: Virtual Reality)에 대한 설명, 증강 현실(AR)은 현실 세계에 가상 정보를 겹쳐서 보여주는 기술(예 포켓몬 GO)

119

다음 중 HTML5에 대한 설명으로 옳지 않은 것은?

① 차세대 웹 표준으로, 기존 HTML의 기능을 확장하여 멀티미디어와 그래픽 지원을 강화하였다.
② 별도의 플러그인(ActiveX, Flash 등) 없이도 비디오 및 오디오를 직접 재생할 수 있다.
③ 인터넷을 통해 서버와 저장공간, 소프트웨어를 직접 설치하지 않고도 인터넷만 연결되면 서비스를 이용할 수 있도록 개발되었다.
④ 다양한 디바이스(PC, 모바일 등) 환경에 맞추어 반응형 웹 디자인 구현에 용이하다.

③ 클라우드 컴퓨팅에 관한 설명, HTML5는 웹 문서의 표준 마크업 언어이며, 멀티미디어 및 다양한 기능을 지원함

120

다음 중 컴퓨터 시스템에서 특정 문제를 해결하기 위한 절차나 방법을 논리적인 순서대로 기술한 것을 의미하는 용어는?

① 프로토콜(Protocol)
② 알고리즘(Algorithm)
③ 인터페이스(Interface)
④ 아키텍처(Architecture)

알고리즘은 문제 해결 절차, 프로토콜은 통신 규약, 인터페이스는 시스템 간 연결 창구(예 리모컨 버튼을 통한 TV 조작), 아키텍처는 전체 시스템 구조를 의미함

121

다음 중 컴퓨터 시스템의 처리 속도를 향상시키기 위한 메모리 계층 구조에서 접근 속도가 가장 빠른 것부터 느린 순서로 올바르게 나열된 것은?

① 레지스터 → 주기억장치 → 캐시 메모리 → 보조기억장치
② 캐시 메모리 → 레지스터 → 주기억장치 → 보조기억장치
③ 레지스터 → 캐시 메모리 → 주기억장치 → 보조기억장치
④ 주기억장치 → 캐시 메모리 → 레지스터 → 보조기억장치

컴퓨터의 기억장치 접근 속도는 CPU 내부에 위치한 레지스터가 가장 빠르며, CPU와 주기억장치 사이에 위치한 캐시 메모리, 주기억장치(RAM), 보조기억장치(SSD, HDD 등) 순서

122

다음 중 Windows 운영체제에서 사용하는 파일 시스템인 NTFS(New Technology File System)의 특징으로 옳지 않은 것은?

① 파일 및 폴더에 대한 접근 제어(보안) 기능을 지원한다.
② 하드디스크의 공간 낭비를 줄일 수 있는 디스크 압축 기능을 제공한다.
③ FAT32 방식에 비해 안정성과 성능이 우수하다.
④ 호환성이 높아 리눅스, macOS 등 대부분의 운영체제에서 기본적으로 읽기/쓰기가 가능하다.

> NTFS는 Windows에 최적화된 파일 시스템으로 보안성과 대용량 지원이 뛰어나지만, macOS나 일부 리눅스에서는 별도 소프트웨어 없이는 쓰기가 제한되고, 범용 호환성은 FAT32나 exFAT가 더 높음

123

다음 중 인터넷 주소 체계인 IPv6에 대한 설명으로 옳지 않은 것은?

① 128비트 주소 체계를 사용하여 IPv4의 주소 부족 문제를 해결할 수 있다.
② 주소는 16비트씩 8부분으로 나누어지며, 각 부분은 콜론(:)으로 구분한다.
③ 인증성, 기밀성, 데이터 무결성 지원으로 보안 기능이 강화되었다.
④ 주소 할당 방식은 A, B, C, D 클래스와 같은 클래스 기반 할당 방식을 사용한다.

> IPv4는 A, B, C, D 클래스 기반의 주소를 사용하고, IPv6는 유니캐스트(Unicast), 멀티캐스트(Multicast), 애니캐스트(Anycast) 방식으로 주소를 할당함

124

다음 중 컴퓨터 네트워크 장비인 라우터(Router)에 대한 설명으로 가장 적절한 것은?

① 전송 신호의 감쇠를 막기 위해 신호를 증폭 및 재생하여 전달 거리를 연장한다.
② 서로 다른 프로토콜을 사용하는 네트워크 간의 통신이 가능하도록 변환해 준다.
③ 네트워크상에서 데이터 전송을 위한 최적의 경로를 찾아 통신망에 연결한다.
④ 여러 대의 컴퓨터를 연결하여 네트워크를 구성하며 회선을 통합 관리한다.

> 라우터는 OSI 7계층 중 네트워크 계층에서 동작하며, IP 주소를 기반으로 데이터 패킷이 목적지까지 도달할 수 있는 가장 효율적인 경로를 설정하는 역할
> ① 리피터(Repeater) ② 게이트웨이(Gateway) ④ 허브(Hub) 또는 스위치(Switch)

125

다음 중 정보 보안의 3대 핵심 요소인 기밀성(Confidentiality), 무결성(Integrity), 가용성(Availability)에 대한 설명으로 옳지 않은 것은?

① 기밀성: 인가된 사용자만이 정보 자산에 접근할 수 있도록 보장하는 것이다.
② 무결성: 정보 자산이 불법적으로 생성, 변경, 삭제되지 않도록 보호하는 것이다.
③ 가용성: 시스템 장애 발생 시 데이터를 즉시 백업하여 손실을 최소화하는 것이다.
④ 피싱(Phishing)은 기밀성을 위협하는 보안 침해 사례 중 하나이다.

> 가용성이란 인가된 사용자가 필요할 때 정보 자산에 접근·사용할 수 있도록 보장하는 것으로 데이터 백업은 가용성을 확보하는 수단에 불과함

126

다음 중 객체 지향 프로그래밍(Object-Oriented Programming)의 주요 특징으로 옳지 않은 것은?

① 캡슐화(Encapsulation): 객체의 속성과 기능을 하나로 묶고 내부구현을 외부로부터 숨기는 것이다.
② 순차성(Sequentiality): 프로그램의 명령어가 정해진 순서대로만 실행되어야 한다.
③ 다형성(Polymorphism): 하나의 메시지 이름으로 여러 동작을 수행할 수 있다.
④ 추상화(Abstraction): 공통된 속성과 기능만 뽑아내어 단순화한 것을 말한다.

> 순차성은 절차 지향 프로그래밍의 특징임

127

다음 중 컴퓨터의 중앙처리장치(CPU) 내부에 위치하며, 다음에 실행할 명령어의 주소(번지)를 기억하는 레지스터는?

① 누산기(Accumulator)
② 명령 레지스터(Instruction Register)
③ 프로그램 카운터(Program Counter)
④ 상태 레지스터(Status Register)

> 프로그램 카운터(PC)는 CPU가 다음에 인출(Fetch)하여 실행할 명령어의 메모리 주소를 저장하는 역할을 함
> ① 연산 결과의 일시적 저장 ② 현재 실행 중인 명령어 기억 ④ 연산결과의 상태 정보(플래그) 기억

128

다음 중 Windows 10에서 실행 중인 응용 프로그램에 문제가 발생하여 응답하지 않을 경우, 이를 강제로 종료하기 위해 사용하는 도구로 옳은 것은?

① 시스템 구성(msconfig)
② 작업 관리자(Task Manager)
③ 리소스 모니터(Resource Monitor)
④ 레지스트리 편집기(regedit)

> 작업 관리자(Ctrl + Shift + Esc)는 현재 실행 중인 프로세스 및 응용 프로그램 목록을 보여주며, 응답하지 않는 프로그램을 선택하여 '작업 끝내기'를 실행할 수 있음

129

다음 중 컴퓨터에서 사용하는 멀티미디어 파일 형식에 대한 설명으로 옳지 않은 것은?

① WAV: 아날로그 형태의 소리를 디지털 형태로 변환하여 저장하는 오디오 형식으로, 압축하지 않아 용량이 크다.
② MP3: MPEG-1 기술을 이용하여 오디오 데이터를 압축한 형식으로, 음질 저하를 최소화하면서 용량을 줄일 수 있다.
③ JPEG: 정지 영상 압축 기술의 국제 표준으로, 손실 압축과 비손실 압축을 모두 지원하지만 주로 손실 압축 방식을 사용한다.
④ GIF: 움직이는 영상을 표현하기 위한 국제 표준 동영상 파일 형식으로, 고화질 영상 구현에 적합하다.

> GIF(Graphics Interchange Format)는 이미지 파일 형식으로 최대 256색상을 지원하며 애니메이션(움직이는 이미지) 효과를 줄 수 있으나 동영상 파일 형식이 아니며, 색상 수가 제한되어 고화질 영상 구현에는 적합하지 않음

130

다음 중 클라우드 컴퓨팅 서비스의 유형에 대한 설명으로 옳지 않은 것은?

① IaaS(Infrastructure as a Service): 서버, 스토리지, 네트워크 등 IT 인프라 자원을 빌려 쓰는 서비스이다.
② PaaS(Platform as a Service): 소프트웨어 개발에 필요한 플랫폼(개발 환경, API 등)을 제공하는 서비스이다.
③ SaaS(Software as a Service): 사용자가 원격으로 접속하여 완성된 소프트웨어를 사용하는 서비스이다.
④ DaaS(Data as a Service): 사용자의 PC 하드디스크를 클라우드 서버와 연동하여 자동으로 백업하는 서비스이다.

DaaS는 일반적으로 Desktop as a Service를 의미하며, 사용자에게 가상 데스크톱 환경을 클라우드 기반으로 제공하는 서비스로 자동 백업 서비스와는 다른 개념

131

다음 중 컴퓨터 시스템에서 발생하는 인터럽트(Interrupt)에 대한 설명으로 옳은 것은?

① 두 장치 간의 전송 속도 차이를 해결하기 위해 사용하는 임시 저장 공간이다.
② 프로그램 실행 중 예기치 않은 상황이 발생했을 때 현재 작업을 일시 중단하고 발생된 상황을 우선 처리한 후 원래 작업으로 복귀하는 것이다.
③ 여러 개의 작업을 하나의 CPU가 번갈아 가며 처리하여 동시에 실행되는 것처럼 보이게 하는 기법이다.
④ 운영체제가 CPU의 사용 시간을 각 프로세스에 공정하게 할당하는 작업이다.

인터럽트는 CPU가 실행 중인 작업을 잠시 중단하고 긴급한 일을 먼저 처리한 뒤 다시 원래 작업으로 돌아가는 기능
① 버퍼(Buffer) ③ 멀티태스킹(시분할 시스템) ④ 스케줄링

132

다음 중 인터넷에서 사용하는 용어에 대한 설명으로 옳지 않은 것은?

① URL(Uniform Resource Locator): 인터넷상에 존재하는 각종 자원의 위치를 나타내는 표준 주소 체계이다.
② DNS(Domain Name System): 문자로 된 도메인 이름을 숫자로 된 IP 주소로 변환해 주는 시스템이다.
③ 쿠키(Cookie): 웹사이트 접속 시 사용자의 컴퓨터에 저장되는 작은 텍스트 파일로, 로그인 정보나 사용자 환경 설정 등을 기록한다.
④ 핑(Ping): 인터넷 서버까지의 경로를 추적하여 각 구간 사이의 데이터 왕복 속도를 확인하는 명령어이다.

인터넷 서버까지의 경로를 추적하는 명령어는 Tracert이고, 핑(Ping)은 특정 호스트(서버)와의 연결 상태 및 응답 시간을 확인하는 명령어

133

다음 중 컴퓨터 보조기억장치로 사용되는 SSD(Solid State Drive)의 특징으로 옳지 않은 것은?

① HDD보다 데이터 접근 및 전송 속도가 훨씬 빠르다.
② 물리적인 구동 부품이 없어 작동 소음이 없고 전력 소모가 적다.
③ 전원이 꺼져도 데이터가 유지되는 비휘발성 메모리이다.
④ 디스크 표면에 데이터를 기록하기 위해 트랙과 섹터 단위로 데이터를 저장한다.

HDD는 트랙·섹터 단위로 데이터를 저장하는 자기 디스크 방식이고, SSD는 반도체 소자를 이용하여 셀(Cell) 단위로 저장하고 블록 단위로 관리

134

다음 중 Windows의 [설정] → [시스템]에서 구성할 수 있는 항목으로 옳지 않은 것은?

① 디스플레이 해상도 및 방향 설정
② 알림 및 작업 설정
③ 전원 및 절전 모드 설정
④ 설치된 앱 제거 및 변경

설치된 앱(응용 프로그램)을 제거하거나 변경하는 것은 [설정] → [앱] → [앱 및 기능]에서 수행, [시스템] 항목은 하드웨어와 관련된 기본적인 설정(디스플레이, 소리, 전원 등) 관리

135

다음 중 컴퓨터에서 문자 데이터를 표현하는 코드 체계에 대한 설명으로 옳지 않은 것은?

① BCD 코드: 6비트를 사용하여 64가지의 문자를 표현하며 소문자 표현이 가능하다.
② ASCII 코드: 7비트를 사용하여 128가지의 문자를 표현하며, 주로 데이터 통신용이나 개인용 컴퓨터에서 사용된다.
③ EBCDIC 코드: 8비트를 사용하여 256가지의 문자를 표현하며, 주로 대형 컴퓨터에서 사용된다.
④ 유니코드(Unicode): 전 세계의 모든 문자를 1~4바이트로 표현하기 위한 국제 표준 코드이다.

BCD는 코드는 6비트를 사용하여 2^6 = 64가지 문자 표현 가능, 소문자 및 특수문자 표현은 불가능

136

다음 중 웹 프로그래밍 언어에 대한 설명으로 옳지 않은 것은?

① HTML: 웹 문서의 기본적인 구조와 내용을 작성하기 위한 마크업 언어이다.
② XML: HTML의 단점을 보완하여 구조화된 문서를 작성할 수 있으며, 사용자가 태그를 정의할 수 있다.
③ JSP: 자바(Java)를 기반으로 하여 서버 측에서 동적으로 웹 페이지를 생성하는 스크립트 언어이다.
④ CSS: 데이터베이스에 접근하여 데이터를 검색, 삽입, 수정, 삭제할 수 있는 표준 질의어이다.

SQL은 데이터베이스 제어를 위한 표준 질의어이며, CSS는 HTML · XML 문서의 스타일과 레이아웃을 정의하는 언어

137

다음 중 컴퓨터 소프트웨어의 분류에 대한 설명으로 옳은 것은?

① 운영체제(Windows, Linux 등)는 응용 소프트웨어에 해당한다.
② 컴파일러, 인터프리터와 같은 언어 번역 프로그램은 시스템 소프트웨어에 해당한다.
③ 엑셀, 파워포인트 등은 유틸리티 프로그램에 해당한다.
④ 셰어웨어(Shareware)는 개발자가 소스를 공개하여 누구나 자유롭게 수정 및 재배포할 수 있는 소프트웨어이다.

시스템 소프트웨어는 컴퓨터 시스템을 효율적으로 운영하기 위한 소프트웨어로, 제어 프로그램(운영체제 등)과 처리 프로그램(언어 번역기, 유틸리티 등)으로 구분
① 시스템 소프트웨어 ③ 응용 소프트웨어 ④ 공개 소프트웨어 (Open Source Software)

138

다음 중 컴퓨터에서 사용하는 버스(Bus)의 종류와 그 역할이 올바르게 연결되지 않은 것은?

① 주소 버스(Address Bus): CPU가 메모리나 입출력 장치의 주소를 지정할 때 사용한다.
② 데이터 버스(Data Bus): CPU와 메모리, 입출력 장치 간에 실제 데이터를 전송할 때 사용한다.
③ 제어 버스(Control Bus): CPU가 시스템의 각 구성 요소를 제어하기 위한 신호를 전송할 때 사용한다.
④ 확장 버스(Expansion Bus): CPU 내부의 레지스터 간에 데이터를 전송할 때 사용한다.

> CPU 내부의 레지스터 간 데이터 전송에는 내부 버스(internal bus)나 전용경로가 사용되며, 확장 버스는 메인보드와 그래픽·사운드 카드 같은 주변 장치를 연결(예 PCI, PCIe)

139

다음 중 컴퓨터 범죄 예방 및 대책으로 가장 거리가 먼 것은?

① 중요한 데이터는 정기적으로 백업하여 안전한 장소에 보관한다.
② 백신 프로그램을 설치하고 최신 버전으로 자동 업데이트를 설정한다.
③ 의심스러운 이메일의 첨부 파일은 실행하기 전에 바이러스 검사를 수행한다.
④ 웹사이트 가입 시 비밀번호는 생년월일·전화번호 등 개인정보를 활용해 설정한다.

> 개인정보를 활용한 비밀번호는 추측하기 쉬워 취약하므로 영문 대·소문자, 숫자, 특수문자를 조합하여 8자리 이상으로 만들고 주기적으로 변경하는 것이 안전함

140

다음 중 사물인터넷(IoT: Internet of Things)에 대한 설명으로 옳지 않은 것은?

① 모든 사물을 네트워크로 연결하여 인간의 개입 없이 사물 간에 정보를 주고받는 환경을 의미한다.
② 스마트 홈 서비스는 IoT 기술을 활용한 대표적인 예이다.
③ IoT 환경에서는 데이터 수집을 위해 다양한 센서 기술이 활용된다.
④ 폐쇄적인 네트워크 구조를 사용하여 외부 해킹의 위험이 없어 정보 보안 기술이 필요하지 않다.

> IoT는 인터넷에 연결되는 개방형 네트워크 구조를 사용하므로, 외부 해킹의 위험이 높아 정보 보안 기술이 매우 중요함

141

다음 중 Windows에서 파일이나 폴더를 삭제할 때, 휴지통에 보관되지 않고 영구적으로 삭제되는 경우가 아닌 것은?

① USB 메모리에 저장된 파일을 Delete 키로 삭제한 경우
② 네트워크 드라이브에 있는 파일을 삭제한 경우
③ [Shift] + [Del] 키로 삭제할 때
④ 바탕 화면에 있는 파일을 휴지통으로 드래그 앤 드롭하여 삭제한 경우

> 바탕 화면이나 하드디스크의 파일을 [Del] 키, 삭제 메뉴, 또는 휴지통으로 드래그해 삭제하면 기본적으로 휴지통에 임시 보관되어 복원 가능

142

다음 중 컴퓨터 시스템에서 사용하는 입출력 인터페이스 방식에 대한 설명으로 옳지 않은 것은?

① USB(Universal Serial Bus): 범용 직렬 버스로, 최대 127개까지 주변기기 연결이 가능하며 핫 플러그인(Hot Plugging)을 지원한다.
② HDMI(High-Definition Multimedia Interface): 영상 신호와 음향 신호를 압축하지 않고 통합하여 전송하는 고선명 멀티미디어 인터페이스이다.
③ SATA(Serial ATA): 주로 하드디스크나 SSD를 연결하기 위한 방식으로, 병렬 ATA(PATA) 방식보다 데이터 전송 속도가 느리다.
④ DMA(Direct Memory Access): CPU 개입 없이 주변 입출력 장치와 메모리(주기억장치) 사이에서 직접 데이터를 전송하는 방식이다.

> SATA(직렬 ATA)는 PATA(IDE/EIDE)보다 전송 속도가 빠르고 케이블이 얇아 내부 통풍에 유리함

143

다음 중 컴퓨터에서 사용하는 소프트웨어의 저작권에 따른 분류에 대한 설명으로 옳은 것은?

① 프리웨어(Freeware): 특정 기능이나 사용 기간에 제한을 두어 무료로 배포하고, 구매를 유도하는 소프트웨어이다.
② 번들(Bundle): 특정 하드웨어나 소프트웨어를 구매했을 때 끼워서 제공하는 소프트웨어이다.
③ 애드웨어(Adware): 사용 기간에 제한이 없는 무료 소프트웨어로, 누구나 자유롭게 사용할 수 있다.
④ 알파 버전(Alpha Version): 정식 버전을 출시하기 전, 일반 사용자들에게 공개하여 기능을 테스트하는 프로그램이다.

> 번들은 특정 제품 구매 시 함께 제공되는 소프트웨어를 의미함
> ① 셰어웨어(Shareware) ③ 광고를 포함하는 대신 무료로 사용하는 소프트웨어이고 프리웨어는 광고 없이 무료로 사용 가능한 소프트웨어 ④ 베타 버전(Beta Version)

144

다음 중 OSI(Open Systems Interconnection) 7계층 모델에서 각 계층의 역할에 대한 설명으로 옳지 않은 것은?

① 물리 계층(Physical Layer): 전기적, 기계적 특성을 이용하여 데이터를 비트(Bit) 단위로 전송한다.
② 데이터 링크 계층(Data Link Layer): 물리적인 링크를 통해 신뢰성 있는 데이터를 전송하며, 오류 검출 및 흐름 제어를 수행한다.
③ 네트워크 계층(Network Layer): 데이터 패킷의 경로를 설정하고 IP 주소를 관리한다.
④ 응용 계층(Application Layer): 데이터의 암호화, 복호화 및 압축을 수행하여 효율성을 높인다.

> - 데이터의 암호화, 복호화, 압축 및 코드 변환 등을 수행하는 계층은 표현 계층
> - 응용 계층은 사용자가 네트워크 자원에 접근할 수 있도록 인터페이스를 제공하는 최상위 계층(예 이메일, 웹 서비스 등)

145

다음 중 컴퓨터에서 사용하는 그래픽 데이터 표현 방식인 비트맵(Bitmap) 방식과 벡터(Vector) 방식에 대한 설명으로 옳지 않은 것은?

① 비트맵 방식은 이미지를 픽셀(Pixel)이라는 작은 점들의 집합으로 표현한다.
② 벡터 방식은 랜더링 과정에서 비트맵으로 변환되어 출력된다.
③ 비트맵 방식은 이미지를 확대하면 테두리가 계단처럼 거칠어지는 앨리어싱(Aliasing) 현상이 발생한다.
④ 벡터 방식으로 저장되는 파일 형식은 BMP, JPG, PNG 등이 있다.

> 비트맵 방식의 파일 형식에는 JPG, PNG, GIF, BMP 등이 있고, 벡터 방식의 파일 형식에는 AI(Adobe Illustrator), WMF, SVG 등이 있음

146

다음 중 Windows의 명령 프롬프트(CMD)에서 사용할 수 있는 네트워크 관련 명령어로 옳지 않은 것은?

① ipconfig: 현재 컴퓨터의 IP 주소, 서브넷 마스크, 게이트웨이 정보를 확인한다.
② ping: 지정된 호스트와의 네트워크 연결 상태 및 응답 시간을 확인한다.
③ tracert: 목적지까지의 네트워크 경로를 추적하고 각 구간의 정보를 확인한다.
④ format: 지정된 드라이브의 파일 시스템을 설정하고 디스크 표면을 초기화한다.

format은 네트워크 관련 명령어가 아니고 디스크를 초기화하는 명령어

147

다음 중 컴퓨터 시스템의 성능을 평가하는 단위에 대한 설명으로 옳은 것은?

① MIPS(Million Instructions Per Second): 1초 동안 처리할 수 있는 부동 소수점 연산의 횟수를 나타낸다.
② FLOPS(Floating Point Operations Per Second): 1초 동안 처리할 수 있는 명령어의 수를 백만 단위로 나타낸다.
③ MHz(Megahertz) / GHz(Gigahertz): CPU의 클럭 속도를 나타내며, 1초 동안 발생하는 진동(주기)의 수를 의미한다.
④ BPS(Bits Per Second): 데이터 전송 속도를 나타내며, 1초 동안 전송할 수 있는 바이트(Byte) 수를 의미한다.

MHz, GHz는 CPU의 동작 속도(클럭 주파수)를 나타내는 단위
① MIPS는 명령어 처리 수 ② FLOPS는 부동 소수점 연산 횟수
④ BPS는 1초 동안 전송할 수 있는 비트 수

148

다음 중 컴퓨터의 하드웨어 업그레이드 시 고려해야 할 사항으로 옳지 않은 것은?

① RAM 업그레이드 시 메인보드의 지원 메모리 종류(DDR3, DDR4 등), 최대 용량, 슬롯 수를 확인해야 한다.
② CPU 업그레이드 시 메인보드의 소켓 규격과 칩셋 호환성을 확인해야 한다.
③ 저장 장치를 SSD로 교체하면 부팅 속도 및 프로그램 실행 속도를 향상시킬 수 있다.
④ 모니터 업그레이드 시 해상도를 높이면 그래픽 카드의 성능과 관계없이 항상 더 빠른 화면 전환이 가능하다.

모니터의 해상도를 높이면 화면에 표시해야 할 픽셀 수가 늘어나 그래픽 카드(GPU)의 처리 부담이 증가하며 그래픽 카드의 성능이 받쳐주지 않으면 오히려 화면 전환이나 게임 속도가 느려질 수 있음

149

다음 중 데이터 통신에서 발생하는 오류를 검출하기 위한 방식으로 옳지 않은 것은?

① 패리티 검사(Parity Check)
② 해밍 코드(Hamming Code)
③ 순환 중복 검사(CRC)
④ 멀티플렉싱(Multiplexing)

멀티플렉싱(다중화)은 하나의 회선을 통해 여러 신호를 동시에 전송해 회선 효율을 높이는 신호 결합 기술로, 오류 검출 방식이 아님
① 1비트의 오류 검출에 사용 ② 오류 검출과 수정 가능 ③ 블록 전송 시 오류 검출에 사용

150

다음 중 Windows에서 프린터 설치 및 사용에 대한 설명으로 옳지 않은 것은?

① 기본 프린터는 인쇄 명령 수행 시 특정 프린터를 지정하지 않았을 때 자동으로 인쇄 작업이 전달되는 프린터이다.
② 여러 대의 프린터를 한 컴퓨터에 설치할 수 있으며, 한 대의 프린터를 네트워크로 공유하여 여러 컴퓨터에서 사용할 수 있다.
③ 인쇄 대기열에 있는 인쇄 작업은 순서를 변경하거나 취소할 수 있지만, 일시 중지는 할 수 없다.
④ 스풀(Spool) 기능을 사용하면 인쇄 작업 중에도 다른 응용 프로그램을 동시에 사용할 수 있어 시스템 효율이 높아진다.

인쇄 관리자 창에서 대기 문서의 인쇄 순서를 변경하거나 문서 단위로 취소·일시 중지 가능

151

인터넷 기술로 기업 내부 업무(전자결재, 정보 공유 등)를 처리하는 네트워크 환경은 무엇인가?

① 엑스트라넷(Extranet)
② 인트라넷(Intranet)
③ 이더넷(Ethernet)
④ 근거리 통신망(LAN)

인트라넷은 인터넷 기술을 사용하지만, 외부 접근이 제한된 조직 내부의 사설 네트워크

152

다음 중 컴퓨터 시스템의 안정적인 운영을 위한 관리 방법으로 적절하지 않은 것은?

① 정기적으로 디스크 정리를 수행하여 불필요한 파일을 삭제하고 공간을 확보한다.
② 드라이브 조각 모음 및 최적화를 주기적으로 수행하여 하드디스크의 접근 속도를 향상시킨다.
③ 시스템에 이상이 생겼을 때를 대비하여 중요한 데이터는 주기적으로 백업한다.
④ 시스템 성능 향상을 위해 Windows의 가상 메모리(페이징 파일) 크기를 0으로 설정한다.

가상 메모리(Virtual Memory)는 주기억장치(RAM)의 부족한 용량을 보조기억장치(HDD, SSD)의 일부를 이용하여 보완하는 기술로, 가상 메모리 크기를 0으로 설정하면 메모리 부족 시 시스템 오류가 발생하거나 성능이 심각하게 저하될 수 있음

153

다음 중 컴퓨터에서 사용하는 자료의 구성 단위에 대한 설명으로 옳지 않은 것은?

① 비트(Bit)는 정보를 표현하는 최소 단위이며, 0 또는 1을 나타낸다.
② 니블(Nibble)은 4개의 비트가 모여 구성되며, 16진수 1자리를 표현하기에 적합하다.
③ 바이트(Byte)는 8개의 비트가 모여 구성되며, 문자나 숫자를 표현하는 기본 단위이다.
④ 워드(Word)는 여러 바이트로 구성되며, 운영체제와 관계없이 항상 4바이트로 고정된다.

워드(Word)는 CPU가 한 번에 처리할 수 있는 데이터의 양을 의미하며, 워드 크기는 CPU의 아키텍처에 따라 달라지며(16비트, 32비트, 64비트 등), 항상 4바이트로 고정되지 않음

154

다음 중 컴퓨터 시스템의 제어장치에 포함되는 구성 요소로 옳지 않은 것은?

① 프로그램 카운터(Program Counter)
② 명령 해독기(Decoder)
③ 부호기(Encoder)
④ 가산기(Adder)

> 가산기(Adder)는 덧셈 연산을 수행하는 회로로 ALU(산술 논리 연산 장치)의 구성 요소이고 제어장치는 명령어를 해독하고 실행 순서를 제어함

155

다음 중 분산 서비스 거부(DDoS: Distributed Denial of Service) 공격에 대한 설명으로 옳은 것은?

① DNS 변조 등으로 가짜 사이트로 유도해 개인정보를 빼내는 사기 수법이다.
② 사용자 컴퓨터의 중요한 파일을 암호화하고 금전을 요구하는 악성코드이다.
③ 여러 대의 좀비 PC가 특정 서버에 대량의 데이터를 보내 시스템을 마비시키는 공격이다.
④ 정상적인 웹사이트로 위장해 사용자의 개인 금융 정보를 빼내는 사기 수법이다.

> DDoS는 여러 대의 시스템을 동원하여 표적이 되는 시스템의 자원을 고갈시켜 정상적인 서비스를 불가능하게 만드는 공격
> ① 파밍(Pharming) ② 랜섬웨어(Ransomware) ④ 피싱(Phishing)

156

다음 중 Windows에서 네트워크 연결 시 TCP/IP 속성에서 설정해야 하는 항목으로 옳지 않은 것은?

① IP 주소
② 서브넷 마스크
③ 기본 게이트웨이
④ 호스트 이름 (컴퓨터 이름)

> TCP/IP 네트워크 구성에는 IP 주소, 서브넷 마스크, 게이트웨이, DNS 서버 주소가 필수이며, 호스트 이름은 TCP/IP가 아닌 시스템 속성에서 설정

157

다음 중 멀티미디어와 관련된 설명으로 옳지 않은 것은?

① VOD(Video On Demand): 사용자가 요구하는 정보를 원하는 시간에 볼 수 있도록 제공하는 주문형 비디오 서비스이다.
② 스트리밍(Streaming): 인터넷에서 오디오나 비디오 파일을 다운로드하면서 실시간으로 재생하는 기술이다.
③ VR(Virtual Reality): 컴퓨터 그래픽 기술을 이용하여 현실 세계에 가상의 사물이나 정보를 합성하여 보여주는 기술이다.
④ 코덱(Codec): 음성이나 영상 신호를 디지털 신호로 변환(인코딩)하거나 그 반대로 변환(디코딩)하는 기술이다.

> 증강 현실(AR)은 현실 세계에 가상의 정보를 합성해 보여주는 기술이고, 가상 현실(VR)은 컴퓨터로 만든 가상 세계에서 실제와 같은 체험을 제공하는 기술임

158

다음 중 컴퓨터 통신에서 사용하는 프로토콜(Protocol)의 기능에 해당하지 않는 것은?

① 통신망에 전송되는 패킷의 흐름을 제어하여 시스템 전체의 안정성을 유지한다.
② 데이터 전송 시 발생할 수 있는 오류를 검출하고 수정한다.
③ 송신측과 수신측 간의 통신 속도를 동기화한다.
④ 사용자가 작성한 문서를 다른 응용 프로그램에서 불러올 수 있도록 파일 형식을 변환한다.

> 프로토콜은 흐름 제어, 오류 제어, 동기화, 순서 제어 등의 기능을 수행하며, 파일 형식 변환은 프로토콜의 기능이 아님

159

다음 중 컴퓨터에서 사용하는 펌웨어(Firmware)에 대한 설명으로 옳은 것은?

① 주로 하드디스크에 저장되며, 컴퓨터 부팅 시 가장 먼저 실행되는 프로그램이다.
② 하드웨어의 동작을 제어하기 위해 하드웨어 내부에 저장된 소프트웨어이다.
③ 사용자가 자유롭게 내용을 수정하거나 추가, 삭제할 수 있는 휘발성 메모리이다.
④ 새로운 기능 추가나 성능 향상을 위해서는 반드시 해당 하드웨어 부품을 교체해야만 한다.

> 펌웨어는 ROM에 기록된 소프트웨어로 하드웨어 제어와 관리를 담당하며, 소프트웨어와 하드웨어의 중간적인 성격을 가짐
> ① 주로 ROM에 저장 ③ 비휘발성이며 업데이트는 가능하나 임의 수정은 어려움 ④ 하드웨어 교체 없이 펌웨어 업데이트로 성능 향상 가능

160

다음 중 컴퓨터의 연산장치(ALU)에서 수행하는 연산의 종류에 해당하지 않는 것은?

① 산술 연산(Arithmetic Operation)
② 논리 연산(Logical Operation)
③ 관계 연산(Relational Operation)
④ 입출력 연산(I/O Operation)

> 연산장치(ALU)는 산술·논리·관계 연산을 수행하며, 입출력 연산은 주로 입출력 제어기가 담당함

161

다음 중 Windows의 [설정] → [개인 설정]에서 변경할 수 있는 항목으로 옳지 않은 것은?

① 바탕 화면 배경 이미지 변경
② 잠금 화면 설정 및 화면 보호기 설정
③ 마우스 포인터 속도 및 휠 설정 변경
④ 테마(배경, 색, 소리, 마우스 커서의 조합) 변경

> 마우스 포인터의 속도나 휠 스크롤 설정 등은 [설정] → [장치] → [마우스]에서 설정하며 개인 설정은 주로 시각적인 요소를 관리함

162

다음 중 디지털 저작권 관리(DRM: Digital Rights Management)의 기능에 대한 설명으로 옳지 않은 것은?

① 콘텐츠의 불법 복제 및 유포를 방지한다.
② 사용자가 콘텐츠를 이용한 횟수나 기간에 따라 요금을 부과하는 과금 기능을 제공한다.
③ 디지털 워터마크를 삽입하여 콘텐츠의 원본 출처 및 저작권자를 식별할 수 있게 한다.
④ 사용자가 콘텐츠를 자유롭게 수정하고 재배포할 수 있도록 소스 코드를 공개한다.

> DRM은 디지털 콘텐츠의 저작권을 보호하기 위해 사용자의 이용 권한을 제어하는 기술로 자유로운 수정 및 재배포는 DRM의 목적과 반대됨

163

다음 중 컴퓨터 시스템에서 사용하는 채널(Channel)에 대한 설명으로 옳은 것은?

① CPU와 주기억장치 사이의 속도 차이를 줄이기 위한 고속 메모리이다.
② CPU 대신 주변 입출력 장치를 직접 제어하는 전용 입출력 프로세서이다.
③ 하나의 통신 회선을 여러 사용자가 공유할 수 있도록 하는 다중화 장비이다.
④ 디지털 신호를 아날로그 신호로 변환하거나 그 반대로 변환하는 장치이다.

> 채널은 CPU 대신 입출력 작업을 전담하여 CPU 부담을 줄이고 속도를 높이는 장치
> ① 캐시 메모리 ③ 멀티플렉서(다중화기) ④ 모뎀(MODEM)

164

다음 중 Windows의 파일 탐색기에서 할 수 있는 작업으로 옳지 않은 것은?

① 파일 및 폴더의 복사, 이동, 이름 변경, 삭제가 가능하다.
② 파일의 확장자를 변경하여 파일 형식을 바꿀 수 있다.
③ 네트워크 드라이브를 연결하거나 끊을 수 있다.
④ 손상된 오피스 파일을 복구하거나 암호를 해제할 수 있다.

> 파일 탐색기는 파일 및 폴더를 관리하는 도구로, 손상된 파일 복구나 암호 해제는 해당 응용 프로그램(예 MS 오피스)의 자체 기능이나 전문 복구 프로그램을 사용해야 함

165

다음 중 컴퓨터의 메인보드(Motherboard) 구성 요소에 해당하지 않는 것은?

① 칩셋(Chipset)
② 롬 바이오스(ROM BIOS)
③ 확장 슬롯(Expansion Slot)
④ 하드디스크 드라이브(HDD)

> HDD는 보조기억장치로 메인보드에 직접 장착되지 않고 케이블(SATA 등)로 연결되는 주변 장치

166

다음 중 컴퓨터에서 사용하는 압축 기술에 대한 설명으로 옳지 않은 것은?

① 압축의 주된 목적은 파일의 크기를 줄여 저장 공간을 효율적으로 사용하고 전송 속도를 높이는 데 있다.
② 손실 압축 방식은 압축된 데이터를 복원했을 때 원본 데이터와 완전히 일치하지 않으며, 주로 멀티미디어 데이터(이미지, 동영상) 압축에 사용된다.
③ 비손실 압축 방식은 압축된 데이터를 복원했을 때 원본 데이터와 완전히 일치하며, 주로 텍스트 문서나 실행 파일 압축에 사용된다.
④ 대표적인 압축 파일 형식으로는 ZIP, RAR, ARJ, ISO 등이 있다.

> ISO는 CD나 DVD의 내용을 그대로 담고 있는 디스크 이미지 파일 형식으로, 압축 파일 형식이 아님

167

다음 중 컴퓨터 시스템의 동작 과정에서 하드웨어의 정상 작동 여부를 점검하고 초기화하는 과정을 의미하는 것은?

① 컴파일링(Compiling)
② 디버깅(Debugging)
③ 포맷팅(Formatting)
④ 포스트(POST: Power-On Self Test)

> POST는 컴퓨터의 전원을 켰을 때(전원 인가 시) BIOS가 실행하는 자가(Self) 진단 프로그램으로, CPU, 메모리, 키보드 등 주요 하드웨어를 검사함
> ① 고급 언어를 기계어로 번역하는 과정, ② 프로그램의 오류를 찾아 수정하는 과정

168

다음 중 정보 통신망의 구성 형태에 대한 설명으로 옳지 않은 것은?

① 성형(Star): 중앙의 컴퓨터에 단말기들이 1:1로 연결된 형태로, 고장 발견 및 유지보수가 용이하다.
② 링형(Ring): 모든 노드가 하나의 원형 통신 회선에 연결된 형태로, 한 노드의 고장이 전체 네트워크에 영향을 줄 수 있다.
③ 버스형(Bus): 하나의 통신 회선에 여러 단말기가 연결된 형태로, 단말기 추가 및 제거가 용이하다.
④ 망형(Mesh): 모든 노드가 서로 연결된 형태로, 통신 회선 비용이 가장 저렴하고 네트워크 구성이 단순하다.

> 망형(Mesh)은 모든 노드를 연결하므로 회선 비용과 구성이 복잡하지만, 장애가 발생해도 다른 경로로 통신할 수 있어 신뢰성이 높음

169

다음 중 Windows의 접근성 설정에서 제공하는 기능으로 옳지 않은 것은?

① 돋보기: 화면의 특정 영역을 확대하여 볼 수 있다.
② 내레이터: 화면의 텍스트를 소리 내어 읽어준다.
③ 화상 키보드: 물리적인 키보드 없이 마우스 등을 이용하여 문자를 입력할 수 있다.
④ 자녀 보호: 자녀의 컴퓨터 사용 시간 및 앱, 게임 이용을 제한할 수 있다.

> 자녀 보호 기능은 [설정] → [계정] → [가족 및 다른 사용자]에서 설정

170

다음 중 웹 브라우저의 기능에 대한 설명으로 옳지 않은 것은?

① 웹 서버로부터 웹 페이지를 요청하여 받아오고 화면에 표시한다.
② 자주 방문하는 웹사이트의 주소를 즐겨찾기(북마크)로 관리할 수 있다.
③ 방문 기록을 확인하거나 삭제할 수 있으며, 쿠키를 관리할 수 있다.
④ 플러그인(Plug-in) 프로그램 없이도 모든 종류의 멀티미디어 콘텐츠를 재생할 수 있다.

> 특정 형식의 콘텐츠나 오래된 기술로 제작된 콘텐츠는 여전히 플러그인이나 별도의 프로그램 설치가 필요할 수 있음

171

다음 중 컴퓨터에서 사용하는 기억장치 중 비휘발성(Non-Volatile) 메모리에 해당하지 않는 것은?

① ROM(Read-Only Memory)
② 플래시 메모리(Flash Memory)
③ SSD(Solid State Drive)
④ SRAM(Static RAM)

> SRAM은 RAM의 한 종류로, 전원이 공급되는 동안에만 내용이 유지되는 휘발성 메모리로 캐시 메모리의 용도로 사용

172

다음 중 컴퓨터 시스템에서 사용하는 마이크로프로세서(Microprocessor)에 대한 설명으로 옳지 않은 것은?

① 컴퓨터의 중앙처리장치(CPU)를 단일 집적회로(IC) 칩에 구현한 것이다.
② 클럭 속도(Clock Speed)는 프로세서의 처리 속도를 나타내는 단위로, 수치가 높을수록 빠르다.
③ 코어(Core)는 CPU의 핵심 연산 회로로, 코어 수가 많을수록 동시에 여러 작업을 처리하는 능력이 향상된다.
④ RISC 방식은 CISC 방식에 비해 명령어 수가 많고 구조가 복잡하지만 전력 소모가 적다.

> RISC(Reduced Instruction Set Computer) 방식은 CISC(Complex Instruction Set Computer) 방식에 비해 명령어 수가 적고 구조가 단순하며 전력 소모가 적은 것이 특징

173

다음 중 인터넷 보안을 위한 해결책으로 사용되는 방화벽(Firewall)에 대한 설명으로 옳은 것은?

① 컴퓨터 바이러스나 웜을 진단하고 치료하는 역할을 수행한다.
② 외부로부터의 불법적인 침입을 막고 내부의 정보 유출을 방지하는 보안 시스템이다.
③ 인터넷상에서 사용자의 로그인 정보를 암호화하여 안전하게 전송하는 프로토콜이다.
④ 데이터 전송 시 오류를 검출하고 수정하여 데이터의 무결성을 보장한다.

> 방화벽은 미리 정의된 보안 규칙에 따라 네트워크 트래픽을 모니터링하고 제어하여 내부 네트워크를 보호하는 역할
> ① 백신 프로그램 ③ SSL/TLS 프로토콜

174

다음 중 Windows에서 네트워크상의 다른 컴퓨터에 있는 폴더나 파일을 사용하기 위한 공유 설정에 대한 설명으로 옳지 않은 것은?

① 공유된 폴더나 파일은 네트워크를 통해 다른 사용자가 접근할 수 있다.
② 폴더 속성 창의 [공유] 탭에서 공유 설정 및 권한을 지정할 수 있다.
③ 공유 이름 뒤에 '$' 기호를 붙이면 네트워크상의 다른 사용자가 해당 공유 폴더를 목록에서 볼 수 없다.
④ 공유된 프린터는 해당 프린터가 연결된 컴퓨터의 전원이 꺼져 있어도 네트워크상의 다른 컴퓨터에서 사용할 수 있다.

> 네트워크로 공유된 프린터를 사용하기 위해서는 해당 프린터가 직접 연결된 컴퓨터(프린트 서버 역할을 하는 컴퓨터)의 전원이 반드시 켜져 있어야 함

175

다음 중 컴퓨터에서 사용하는 데이터 표현 방식에 대한 설명으로 옳은 것은?

① 10진수 10을 2진수로 변환하면 1010(2)이다.
② 8진수는 0부터 8까지의 숫자를 사용하여 값을 표현한다.
③ 16진수는 0부터 9까지의 숫자와 A부터 G까지의 문자를 사용하여 값을 표현한다.
④ 컴퓨터 내부에서는 모든 데이터를 10진수 형태로 처리하고 저장한다.

10진수 10은 2진수로 1010($1 \times 2^3 + 0 \times 2^2 + 1 \times 2^1 + 0 \times 2^0$ = 10) ② 8진수는 0부터 7까지의 숫자 사용 ③ 16진수는 0부터 9까지의 숫자와 A부터 F까지의 문자 사용 ④ 컴퓨터 내부에서는 모든 데이터를 2진수 형태로 처리

176

다음 중 컴퓨터 시스템의 동작 과정에서 발생하는 인터럽트의 우선순위가 가장 높은 것은?

① 정전(Power Failure)
② 기계 검사(Machine Check)
③ 외부 신호(External Signal)
④ 입출력 완료(I/O Completion)

일반적으로 정전 → 기계 고장 → 외부 신호 → 입출력 → 프로그램 오류 순서로 우선순위가 높음

177

다음 중 Windows의 시스템 구성(msconfig) 유틸리티에서 설정할 수 있는 항목으로 옳지 않은 것은?

① 부팅 옵션 설정(안전 모드 부팅 등)
② 시작 프로그램 관리(불필요한 프로그램 시작 중지)
③ Windows 서비스 관리(서비스 시작 유형 변경)
④ 사용자 계정 유형 변경 및 암호 설정

사용자 계정 유형 변경 및 암호 설정은 [설정] → [계정] 또는 [제어판] → [사용자 계정]에서 수행

178

다음 중 컴퓨터 바이러스나 악성코드의 감염 증상으로 볼 수 없는 것은?

① 시스템 부팅 속도나 프로그램 실행 속도가 현저히 느려진다.
② 사용하지 않는 동안에도 하드디스크나 네트워크 활동이 활발하게 일어난다.
③ 알 수 없는 파일이 생성되거나 파일 크기가 비정상적으로 변한다.
④ 모니터 화면의 색상이 갑자기 변하거나 줄이 생긴다.

모니터 화면의 색상 변화나 줄이 생기는 현상은 주로 모니터 자체의 고장이나 그래픽 카드 드라이버의 문제 등 하드웨어적인 문제일 가능성이 높음

179

다음 중 컴퓨터 통신 방식에 대한 설명으로 옳지 않은 것은?

① 단방향 통신(Simplex): 데이터를 한쪽 방향으로만 전송이 가능한 방식으로, 라디오나 TV 방송이 이에 해당한다.
② 반이중 통신(Half-Duplex): 양방향으로 데이터 전송이 가능하지만, 어느 일정시점에서는 동시에 전송할 수 없는 방식으로, 무전기가 이에 해당한다.
③ 전이중 통신(Full-Duplex): 양방향으로 동시에 데이터 전송이 가능한 방식으로, 전화나 대부분의 데이터 통신이 이에 해당한다.
④ 아날로그 통신(Analog Communication): 데이터를 전송하기 전에 일정한 크기의 패킷으로 분할하여 전송하는 방식이다.

데이터를 패킷으로 나누어 전송하는 것은 패킷 교환 방식의 특징이며, 아날로그 통신은 음성·영상 같은 연속 신호를 그대로 전송하는 방식

180

다음 중 임베디드 시스템(Embedded System)에 대한 설명으로 옳은 것은?

① 여러 사용자가 동시에 접속하여 하나의 시스템 자원을 공유하는 방식이다.
② 특정 기능을 수행하기 위해 하드웨어와 소프트웨어가 결합되어 장치 내부에 탑재된 시스템이다.
③ 처리할 데이터를 일정 기간 동안 모아서 한꺼번에 처리하는 방식이다.
④ 데이터가 발생하는 즉시 실시간으로 처리하여 결과를 출력하는 시스템이다.

임베디드 시스템은 특정 목적을 위해 설계된 전용 컴퓨터로, 가전제품, 자동차 제어 시스템, 산업용 장비 등에 내장되어 있음
① 시분할 시스템 ③ 일괄 처리 시스템 ④ 실시간 처리 시스템

181

저해상도의 비트맵(Bitmap) 로고를 확대하자 외곽선이 거칠게 표현되었다. 이를 부드럽게 처리하기 위해 가장 적합한 그래픽 기법은 무엇인가?

① 디더링(Dithering)
② 안티앨리어싱(Anti-aliasing)
③ 렌더링(Rendering)
④ 모핑(Morphing)

비트맵 이미지를 확대할 때 생기는 계단 현상(Aliasing)을, 이미지의 경계선 픽셀과 배경 픽셀의 색상을 혼합해 부드럽게 보이도록 하는 기법을 안티앨리어싱(Anti-aliasing)이라 함

182

다음 중 Windows의 작업 표시줄 바로 가기 메뉴에서 수행할 수 있는 작업으로 옳지 않은 것은?

① 열려 있는 모든 창을 바탕 화면에 표시되도록 정렬하는 '창 세로 정렬 보기'
② 실행 중인 응용 프로그램의 목록을 확인하고 강제 종료할 수 있는 '작업 관리자 시작'
③ 작업 표시줄의 위치나 크기 변경을 제한하는 '작업 표시줄 잠금'
④ 현재 로그인된 사용자 계정의 유형을 '표준'에서 '관리자'로 변경하는 '사용자 계정 변경'

사용자 계정 유형 변경은 [제어판]의 [사용자 계정] 메뉴에서 수행하는 작업이며, 작업 표시줄의 바로 가기 메뉴에서는 제공하지 않음

183

하드 디스크 공간이 부족하지만 실행 속도에는 문제가 없다. 이때 성능 최적화보다 우선적으로 해야 할 작업은 무엇인가?

① 디스크 조각 모음 및 최적화
② 디스크 정리
③ 시스템 복원
④ 디스크 검사

디스크 정리는 불필요한 파일을 삭제해 사용 가능 공간을 늘리는 기능으로, 실행 속도에 문제가 없으므로 가장 적합한 방법

184

Windows에서 파일이나 프로그램에 빠르게 접근하기 위해 사용하는 바로 가기 아이콘(.LNK)에 대한 설명으로 옳지 않은 것은?

① 하나의 원본 파일에 대해 여러 개의 바로 가기 아이콘을 생성할 수 있다.
② 바로 가기 아이콘을 삭제해도 원본 파일은 삭제되지 않는다.
③ 바로 가기 아이콘의 속성에서 원본 파일의 위치를 변경할 수 있다.
④ 원본 파일을 삭제하면 해당 파일을 가리키던 바로 가기 아이콘은 자동으로 함께 삭제된다.

원본 파일을 삭제하더라도 해당 파일을 가리키던 바로 가기 아이콘은 자동으로 삭제되지 않고 바로 가기 아이콘을 실행하면 원본 파일을 찾을 수 없다는 오류 메시지가 표시됨

185

다음 중 Windows의 [제어판] - [키보드] 속성 대화상자에서 설정할 수 없는 기능은?

① 키 반복 속도 조절
② 커서 깜박임 속도 조절
③ 문자 재입력 시간 조절
④ 키보드 종류 또는 드라이버 변경

키보드의 종류를 변경하거나 드라이버를 업데이트하는 작업은 [장치 관리자]에서 수행하고 [키보드] 속성 대화상자에서는 키 입력과 관련된 속도나 커서 모양 등 소프트웨어적인 설정만 가능

186

컴퓨터의 처리 속도 향상을 위해 사용되는 다양한 메모리에 대한 설명으로 가장 적절한 것은?

① 가상 메모리(Virtual Memory)는 CPU와 주기억장치 사이에 위치하여 데이터 접근 속도를 높이는 고속 버퍼 메모리이다.
② 캐시 메모리(Cache Memory)는 주기억장치의 용량보다 더 큰 프로그램을 실행할 수 있도록 하드 디스크의 일부를 주기억장치처럼 사용하는 기법이다.
③ 플래시 메모리(Flash Memory)는 전원이 차단되어도 저장된 내용이 지워지지 않는 비휘발성 메모리로, 디지털카메라나 USB 메모리에 주로 사용된다.
④ 버퍼 메모리(Buffer Memory)는 정보의 내용 일부를 이용하여 데이터에 접근하는 고속 메모리이다.

플래시 메모리는 전원이 꺼져도 데이터가 보존되는 비휘발성 메모리로 EEPROM의 한 종류이며 디지털카메라, MP3 플레이어, USB 등 다양한 휴대용 장치에 널리 활용
① 캐시 메모리 ② 가상 메모리 ④ 연관 메모리

187

중앙처리장치(CPU) 내부에 존재하는 고속의 임시 기억장소인 레지스터에 대한 설명으로 옳지 않은 것은?

① 프로그램 카운터(PC)는 현재 수행 중인 명령어의 내용을 기억한다.
② 명령어 레지스터(IR)는 현재 수행 중인 명령어를 보관한다.
③ 누산기(ACC)는 연산된 결과를 일시적으로 저장한다.
④ 메모리 주소 레지스터(MAR)는 접근할 데이터의 주기억장치 주소를 기억한다.

프로그램 카운터(PC, Program Counter)는 '현재' 수행 중인 명령어가 아니라 '다음에' 실행할 명령어의 주소를 기억하는 레지스터로, 현재 수행 중인 명령어의 '내용'을 기억하는 것은 명령어 레지스터(IR)

188

소프트웨어를 저작권에 따라 분류할 때, 홍보를 위해 기능이나 사용 기간에 제한을 두고 무료로 배포하는 소프트웨어를 무엇이라 하는가?

① 셰어웨어(Shareware)
② 애드웨어(Adware)
③ 데모 버전(Demo Version)
④ 프리웨어(Freeware)

> 데모 버전(Demo Version)은 정식판을 공개하기 전에 체험할 수 있도록 배포하는 소프트웨어

189

네트워크상 전송 패킷을 가로채 민감 정보를 불법 획득하는 공격 기법은 무엇인가?

① 피싱(Phishing)
② 스니핑(Sniffing)
③ 웜(Worm)
④ 분산 서비스 거부 공격(DDoS)

> 스니핑은 네트워크상에 돌아다니는 데이터 패킷을 몰래 엿보아 아이디, 비밀번호 등 중요한 정보를 탈취하는 수동적인 공격 기법

190

다음 중 멀티미디어 데이터 파일과 그 연결이 가장 부적절한 것은?

① 이미지 파일 - JPG, GIF, PNG
② 오디오 파일 - WAV, MP3, AIFF
③ 동영상 파일 - AVI, MOV, MPEG
④ 문서 파일 - MIDI, OGG, WMA

> MIDI, OGG, WMA는 오디오(소리) 데이터 파일 형식으로, 문서를 나타내는 파일 형식에는 DOCX, HWP, PDF 등이 있음

191

네트워크에 연결된 여러 대의 컴퓨터를 관리하고 데이터 전송을 위한 최적의 경로를 설정하여 효율적인 통신을 가능하게 하는 네트워크 장비는 무엇인가?

① 허브(Hub)
② 브리지(Bridge)
③ 리피터(Repeater)
④ 라우터(Router)

> 라우터는 서로 다른 네트워크를 연결하고, 데이터 패킷이 목적지까지 갈 수 있는 가장 효율적이고 최적의 경로를 찾아 지정해주며 인터넷과 같은 복잡한 네트워크 환경의 핵심 장비

192

인터넷에서 사용되는 TCP/IP 프로토콜 그룹에 대한 설명으로 옳지 않은 것은?

① SMTP는 사용자가 자신의 이메일 계정으로 전송된 메일을 서버로부터 수신할 때 사용하는 프로토콜이다.
② FTP는 컴퓨터와 컴퓨터 또는 컴퓨터와 인터넷 사이에서 파일을 전송할 수 있도록 지원하는 원격 파일 전송 프로토콜이다.
③ HTTP는 웹 서버와 웹 브라우저 간에 하이퍼텍스트 문서를 주고받기 위한 프로토콜이다.
④ TCP는 데이터 전송 과정에서 데이터의 분할, 순서 제어, 오류 검사를 수행하여 신뢰성 있는 통신을 보장한다.

> SMTP(Simple Mail Transfer Protocol)는 메일 전송을 담당하는 프로토콜이며 POP3(Post Office Protocol 3)나 IMAP(Internet Message Access Protocol)은 메일 수신을 담당하는 프로토콜

193

IPv4 주소 고갈 문제를 해결하고, 보안과 서비스 품질(QoS)을 강화하기 위해 개발된 인터넷 프로토콜의 이름은 무엇인가?

① IPv6
② URL
③ SSL
④ IPSec

> IPv6(Internet Protocol version 6)는 128비트의 주소 체계를 사용하여 사실상 무한에 가까운 IP 주소를 제공하고 데이터 무결성과 기밀성을 보장하는 IPSec 보안 기능을 기본적으로 지원하며 향상된 서비스 품질(QoS) 기능도 제공

194

정보 보안의 3대 목표는 기밀성(Confidentiality), 무결성(Integrity), 가용성(Availability)이다. 전송 중인 데이터를 중간에서 가로채 내용을 임의로 수정하거나 다른 내용으로 바꾸는 공격은 이 중 어떤 목표를 가장 직접적으로 침해하는가?

① 기밀성(Confidentiality)
② 무결성(Integrity)
③ 가용성(Availability)
④ 부인 방지(Non-repudiation)

> 데이터를 중간에서 수정하는 행위는 데이터의 원본 상태를 훼손하므로 무결성을 직접적으로 침해함

195

다음 중 네트워크 계층(Network Layer)에서 동작하는 장비는?

① 리피터(Repeater)
② 라우터(Router)
③ 게이트웨이(Gateway)
④ 브리지(Bridge)

> - 리피터(물리 계층)
> - 라우터(네트워크 계층)
> - 게이트웨이(세션 계층 ~ 응용 계층)
> - 브리지(데이터 링크 계층)

196

컴퓨터 범죄 및 보안 위협에 대한 설명으로 옳지 않은 것은?

① 바이러스는 스스로를 복제하여 다른 프로그램을 감염시키고 시스템을 파괴할 수 있다.
② 웜은 다른 프로그램을 감염시키지 않고 독립적으로 네트워크를 통해 자신을 복제하여 시스템 부하를 유발한다.
③ 트로이 목마는 유용한 프로그램으로 위장하여 시스템에 침투한 뒤, 설계자의 의도에 따라 악의적인 동작을 수행한다.
④ 백도어는 시스템 관리자가 보안상의 이유로 시스템 접근을 위해 의도적으로 만들어 놓은 비밀 통로를 의미한다.

> 백도어(Backdoor)는 정상적인 인증 절차를 거치지 않고 시스템에 접근할 수 있도록 은밀하게 만들어진 비인가된 통로로, 주로 악의적인 목적으로 사용

197

다음 중 운영체제(Operating System)의 주요 기능으로 볼 수 없는 것은?

① 프로세서, 메모리, 입출력 장치 등 컴퓨터 자원의 효율적인 관리 및 스케줄링
② 사용자에게 편리한 인터페이스 제공
③ 데이터의 압축 및 압축 해제, 암호화 기능 제공
④ 시스템의 오류를 검사하고 복구하는 기능

데이터의 압축이나 암호화 같은 기능은 운영체제가 직접 제공하기보다는 별도의 유틸리티 프로그램이나 응용 프로그램(예 압축 프로그램, 보안 소프트웨어)을 통해 수행되는 것이 일반적

198

다음 중 컴퓨터의 처리 속도를 빠른 것부터 느린 순서대로 올바르게 나열한 것은?

① $ms > \mu s > ns > ps$
② $ps > ns > \mu s > ms$
③ $ns > ps > ms > \mu s$
④ $\mu s > ms > ps > ns$

- 컴퓨터의 처리 속도 단위는 초(second)를 기준으로 더 작은 단위 사용
- ms(밀리초, 10^{-3}초), μs(마이크로초, 10^{-6}초), ns(나노초, 10^{-9}초), ps(피코초, 10^{-12}초) 순으로 단위가 작아질수록 더 빨라짐

199

객체 지향 프로그래밍(Object-Oriented Programming)의 주요 특징에 대한 설명으로 옳지 않은 것은?

① 상속(Inheritance): 상위 클래스의 속성과 메소드를 하위 클래스가 물려받아 재사용성을 높이는 기능이다.
② 캡슐화(Encapsulation): 데이터와 그 데이터를 처리하는 함수를 하나로 묶고, 외부에서의 직접적인 접근을 제한하여 데이터의 무결성을 보장하는 기능이다.
③ 다형성(Polymorphism): 하나의 메시지에 대해 객체가 각기 다른 방식으로 응답할 수 있는 기능이다.
④ 추상화(Abstraction): 복잡한 시스템에서 객체의 세부기능을 모두 노출시켜 사용하기 쉽게 하는 기능이다.

추상화(Abstraction)는 복잡한 시스템에서 공통적인 속성과 핵심적인 부분만 모델링하는 개념

200

다음 중 아날로그 데이터를 디지털 데이터로 변환하는 과정인 샘플링(Sampling)에 대한 설명으로 가장 정확한 것은?

① 연속적인 아날로그 신호의 진폭을 이산적인 값으로 표현하는 과정이다.
② 샘플링된 값을 2진수로 변환하여 컴퓨터가 이해할 수 있는 코드로 만드는 과정이다.
③ 연속적인 아날로그 신호를 일정한 시간 간격으로 검출하는 과정이다.
④ 디지털 신호를 다시 연속적인 아날로그 신호로 복원하는 과정이다.

샘플링(Sampling, 표본화)은 소리나 영상과 같은 연속적인 아날로그 신호를 디지털화하기 위한 첫 단계로, 일정한 시간 간격으로 신호의 값을 측정(검출)하는 과정

CHAPTER 02 | 스프레드시트 일반 200제

제 2과목 스프레드시트 일반

01

다음 중 셀 참조 방식에 대한 설명으로 옳지 않은 것은?

① 상대 참조(예: A1)는 수식을 복사할 때 셀 주소가 자동으로 변경된다.
② 절대 참조(예: $A$1)는 수식을 복사해도 셀 주소가 변경되지 않고 고정된다.
③ 혼합 참조(예: $A1또는A$1)는 행이나 열 중 하나만 고정하고 나머지는 자동으로 변경된다.
④ 셀 주소를 입력한 후 F2 키를 눌러 상대 참조, 절대 참조, 혼합 참조 간에 전환할 수 있다.

- F4 키: 셀 주소의 참조 방식을 전환
- F2 키: 셀 편집 상태로 전환

02

다음 중 데이터 입력에 대한 설명으로 옳지 않은 것은?

① 여러 셀에 동일한 데이터를 한 번에 입력하려면 범위를 지정한 후 데이터를 입력하고 Ctrl + Enter를 누른다.
② 셀 안에서 줄을 바꾸어 입력하려면 Alt + Enter를 누른다.
③ 날짜 데이터를 입력할 때 연도와 월을 입력하고 일을 생략하면 자동으로 해당 월의 마지막 날이 입력된다.
④ 숫자 데이터 앞에 작은따옴표(')를 입력하면 문자 데이터로 인식된다.

날짜 입력 시 연도와 월만 입력하고 일을 생략하면(예 2025-5), 자동으로 해당 월의 1일(2025-05-01)이 입력됨

03

다음 중 채우기 핸들 사용 방법에 대한 설명으로 옳지 않은 것은?

① 숫자가 입력된 셀에서 Ctrl 키를 누른 채 드래그하면 숫자가 1씩 증가한다.
② 문자와 숫자가 혼합된 셀을 드래그하면 문자는 복사되고 가장 오른쪽 숫자는 1씩 증가한다.
③ 날짜가 입력된 셀을 드래그하면 기본적으로 1일 단위로 증가한다.
④ 사용자 지정 목록에 등록된 항목을 입력하고 Ctrl 키를 누른 채 드래그하면 목록의 순서대로 채워진다.

사용자 지정 목록(예 자, 축, 인, 묘...)에 등록된 항목은 Ctrl 키를 누르지 않고 드래그해야 목록의 순서대로 채워짐

04

다음 중 셀 서식의 '사용자 지정 표시 형식'에 대한 설명으로 옳지 않은 것은?

① #: 유효한 자릿수만 표시하고, 유효하지 않은 0은 표시하지 않는다.
② 0: 유효하지 않은 자릿수라도 0으로 표시하여 자릿수를 맞춘다.
③ @: 문자 데이터의 표시 위치를 지정할 때 사용한다.
④ ?: 날짜 데이터에서 요일을 약어(Sun, Mon...)로 표시할 때 사용한다.

?(물음표)는 소수점 위치를 맞추거나 유효하지 않은 자릿수에 공백을 표시할 때 사용됨

05

다음 중 조건부 서식에 대한 설명으로 옳지 않은 것은?

① 특정 조건을 만족하는 셀에만 서식(글꼴색, 배경색 등)을 자동으로 적용하는 기능이다.
② 조건을 수식으로 입력할 경우, 수식 앞에 반드시 등호(=)를 입력해야 한다.
③ 동일한 셀 범위에 여러 개의 규칙이 적용된 경우, 규칙 목록의 상위에 있는 규칙이 우선 적용된다.
④ 조건부 서식이 적용된 셀은 사용자가 다른 서식을 적용할 수 없다.

> 조건부 서식이 적용된 셀도 사용자가 직접 서식을 지정할 수 있으나, 조건 충족 시 조건부 서식이 우선 적용된다.

06

다음 중 엑셀에서 발생하는 오류 메시지와 그 원인에 대한 연결이 옳지 않은 것은?

① #DIV/0!: 0으로 나누거나 빈 셀로 나누려고 할 때 발생한다.
② #N/A: 함수나 수식에서 사용할 수 없는 값(찾을 수 없는 값)을 지정했을 때 발생한다.
③ #REF!: 셀 참조가 유효하지 않을 때(예: 참조하던 셀이 삭제된 경우) 발생한다.
④ #NAME?: 교차하지 않는 두 영역의 교점을 지정했을 때 발생한다.

> #NAME?: 오류는 수식에서 인식할 수 없는 텍스트(잘못된 함수 이름, 정의되지 않은 이름 등)를 사용했을 때 발생함. 교차하지 않는 두 영역의 교점을 지정했을 때(예 =SUM(A1:A5 B1:B5)와 같이 범위 사이에 공백을 넣은 경우) 발생하는 오류는 #NULL!이다.

07

아래 워크시트에서 A1 셀에 =B$2+C3 수식을 입력한 후, 이 수식을 A2 셀로 복사했을 때 A2 셀에 입력되는 수식으로 옳은 것은?

	A	B	C
1		15	22
2		35	10
3		40	50

① =B$2+C4
② =$B$2+C4
③ =B$3+C4
④ =C$2+D4

> $ 기호가 붙은 행이나 열은 고정됨. A1 셀의 수식 =B$2+C3을 A2로 복사하면 B열은 상대 참조, 2행은 절대 참조라 그대로 B$2가 되고, C3은 상대 참조로 C4가 되어 =B$2+C4가 됨

08

다음 중 함수식의 결과로 옳지 않은 것은?

① =ROUND(123.456, 1) → 123.5
② =TRUNC(8.9) → 8
③ =MOD(10, 3) → 1
④ =EOMONTH("2025-09-02", 0) → 2025-09-30

> ① ROUND(숫자, 자릿수): 지정한 자릿수로 반올림
> ② TRUNC(숫자): 소수점 이하를 버림
> ③ MOD(숫자, 나눌 수): 나머지를 구함
> ④ EOMONTH(시작일, 개월 수): 해당 월의 마지막 날짜를 반환, 2025년 9월의 마지막 날은 30일이므로, 결과는 2025-09-30

09

이 워크시트에서 부서가 '영업팀'인 직원들의 급여 합계를 구하기 위한 수식으로 옳은 것은?

	A	B	C
1	이름	부서	급여
2	배준영	영업팀	4500
3	강민경	총무팀	4000
4	홍수아	영업팀	4700
5	김보미	인사팀	4800

① =SUMIF(B2:B5, "영업팀", C2:C5)
② =COUNTIF(B2:B5, "영업팀", C2:C5)
③ =DSUM(A1:C5, "급여", B2="영업팀")
④ =VLOOKUP("영업팀", B2:C5, 2, FALSE)

② COUNTIF는 조건에 맞는 개수를 구하며, 인수가 2개, ③ DSUM은 데이터베이스 함수로 조건 지정 방식이 다름(별도의 조건 범위를 지정해야 함), ④ VLOOKUP은 값을 찾는 함수

10

다음 중 '페이지 설정' 대화상자의 '시트' 탭에서 설정할 수 있는 항목으로 옳지 않은 것은?

① 인쇄 영역 설정
② 반복할 행 또는 반복할 열 설정(인쇄 제목)
③ 용지 방향(가로/세로) 및 배율 설정
④ 눈금선 및 행/열 머리글 인쇄 여부 설정

용지 방향 및 배율 설정은 '페이지 설정' 대화상자의 '페이지' 탭에서 설정하며 '시트' 탭에서는 인쇄 영역, 인쇄 제목, 인쇄 옵션(눈금선, 메모, 흑백으로 간단하게 인쇄 등)을 설정할 수 있음

11

다음 중 차트 종류에 대한 설명으로 옳지 않은 것은?

① 꺾은선형 차트: 시간의 흐름에 따른 데이터의 변화 추세를 나타내기에 적합하다.
② 원형 차트: 전체에 대한 각 항목의 비율(구성비)을 나타내기에 적합하며, 항상 하나의 데이터 계열만 사용할 수 있다.
③ 분산형(XY) 차트: 두 데이터 계열 간의 상관 관계를 나타내기에 적합하다.
④ 방사형 차트: 데이터 계열 값이 3개 이상인 경우(예: X, Y, Z 값) 데이터 요소 간의 관계를 보여주기에 적합하다.

데이터 계열 값이 3개 이상일 때 관계를 나타내는 데는 거품형 차트가 적합함

12

다음 중 매크로 기록 및 실행에 대한 설명으로 옳지 않은 것은?

① 매크로 이름은 공백을 포함할 수 없으며, 첫 글자는 반드시 문자로 시작해야 한다.
② 매크로 바로 가기 키는 Ctrl과 영문자를 조합하여 사용하며, 대문자 입력 시 Shift가 자동으로 추가된다.
③ 매크로 기록 시 키보드 작업은 기록되지만, 마우스 동작은 기록되지 않는다.
④ '상대 참조로 기록'을 선택하면 현재 셀 위치를 기준으로 매크로가 실행되도록 기록된다.

매크로 기록 시에는 사용자의 키보드 입력뿐만 아니라 마우스로 클릭, 범위 선택 등 대부분의 동작이 모두 기록됨

13

다음 중 데이터 정렬 기능에 대한 설명으로 옳지 않은 것은?

① 정렬 기준은 최대 64개까지 설정할 수 있다.
② 숨겨진 행이나 열에 있는 데이터도 정렬 결과에 포함되어 함께 이동한다.
③ 글꼴 색이나 셀 배경색을 기준으로 정렬할 수 있다.
④ 오름차순 정렬 시 빈 셀은 항상 목록의 가장 마지막에 위치한다.

기본적으로 숨겨진 행이나 열에 있는 데이터는 정렬 시 이동하지 않고 원래 위치에 그대로 남아 있음

14

다음 중 자동 필터 기능에 대한 설명으로 옳지 않은 것은?

① 데이터 목록의 필드명에 필터 단추가 표시되어 데이터를 쉽게 필터링할 수 있다.
② 두 개 이상의 필드에 조건이 설정된 경우, 각 조건은 AND 조건으로 결합되어 처리된다.
③ '색 기준 필터'를 사용하여 글꼴 색이나 셀 색을 기준으로 데이터를 필터링할 수 있다.
④ 자동 필터에서는 특정 필드에 최대 3개까지의 조건을 OR 조건으로 결합할 수 있다.

자동 필터의 '사용자 지정 자동 필터'에서는 특정 필드에 대해 최대 2개까지의 조건을 AND 또는 OR로 결합할 수 있고, 3개 이상의 복잡한 조건이나 서로 다른 필드 간의 OR 조건을 설정하려면 고급 필터를 사용해야 함

15

다음 중 고급 필터에서 조건을 지정하는 방법에 대한 설명으로 옳지 않은 것은?

① 조건을 같은 행에 입력하면 AND 조건으로 연결된다.
② 조건을 다른 행에 입력하면 OR 조건으로 연결된다.
③ 비교 연산자(<, >, <>, >=, <=)를 사용하여 조건을 지정할 수 있다.
④ 고급 필터 실행 결과는 항상 원본 데이터 위치에 표시되며 다른 위치로 복사할 수 없다.

고급 필터는 실행 시 결과를 '현재 위치에 필터' 또는 '다른 장소에 복사' 중 선택할 수 있으므로 결과를 다른 위치에도 표시할 수 있음

16

다음 중 부분합 기능에 대한 설명으로 옳지 않은 것은?

① 부분합을 실행하기 전에 그룹화할 항목을 기준으로 데이터를 정렬해야 올바른 결과를 얻을 수 있다.
② 부분합은 한 번에 하나의 함수만 사용할 수 있으므로, 여러 함수를 사용하려면 부분합을 여러 번 실행해야 한다.
③ 부분합을 제거하면 부분합 결과와 함께 원본 데이터도 모두 삭제된다.
④ 부분합 실행 결과 화면 왼쪽에 나타나는 윤곽 기호를 이용하여 세부 데이터를 숨기거나 표시할 수 있다.

부분합 대화상자에서 '모두 제거'를 클릭하여 부분합을 제거하면, 부분합 결과와 윤곽 설정이 제거되고 원본 데이터는 그대로 유지됨

17

다음 중 데이터 통합 기능에 대한 설명으로 옳지 않은 것은?

① 여러 시트나 다른 통합 문서에 있는 데이터를 하나로 합쳐서 요약할 수 있다.
② 다른 참조 영역의 레이블과 일치하지 않는 레이블이 있는 경우 통합 시 별도의 행이나 열이 만들어진다.
③ 통합할 데이터의 레이블(첫 행 또는 왼쪽 열)이 일치하는 경우 '레이블 기준'으로 통합할 수 있다.
④ '원본 데이터에 연결' 옵션은 통합할 데이터와 통합 결과가 같은 워크시트에 있는 경우에만 사용할 수 있다.

'원본 데이터에 연결' 옵션은 통합할 데이터가 있는 워크시트와 통합 결과가 작성될 워크시트가 동일한 시트에 있는 경우에는 연결을 만들 수 없음

18

다음 중 피벗 테이블에 대한 설명으로 옳지 않은 것은?

① 많은 양의 데이터를 다양한 형태로 요약하고 분석하는 도구이다.
② 피벗 테이블의 필드를 행, 열, 값, 필터 영역으로 드래그하여 구조를 변경할 수 있다.
③ 원본 데이터가 변경되면 피벗 테이블의 데이터도 자동으로 즉시 변경된다.
④ 피벗 테이블을 기반으로 피벗 차트를 생성할 수 있다.

피벗 테이블은 원본 데이터를 기반으로 생성되나 원본 데이터가 변경되면 자동으로 업데이트되지 않고, 사용자가 직접 '새로 고침'([Alt]+[F5])을 실행해야 함

19

다음 중 '시나리오 관리자'에 대한 설명으로 옳지 않은 것은?

① 다양한 상황(변수)에 따른 결과 값의 변화를 가상의 상황을 통해 예측하고 분석하는 도구이다.
② 하나의 시나리오에 최대 32개까지의 변경 셀을 지정할 수 있다.
③ 시나리오 결과를 '요약 보고서'나 '피벗 테이블 보고서' 형태로 작성할 수 있다.
④ 시나리오 요약 보고서를 작성한 후 원본 데이터를 변경하면 보고서 내용도 자동으로 변경된다.

시나리오 요약 보고서는 작성된 시점의 데이터를 기준으로 생성된 보고서로 작성 후 원본 데이터나 시나리오 내용을 변경해도 이미 작성된 요약 보고서에는 반영되지 않음

20

다음 중 목표값 찾기 기능에 대한 설명으로 옳은 것은?

① 여러 개의 변수 값을 조정하여 특정 목표값을 찾는 데 사용된다.
② 수식의 결괏값은 알고 있지만 그 결과를 얻기 위해 필요한 입력 값(변수)을 모를 때 사용한다.
③ '찾는 값'에는 셀 주소를 입력해야 하며, 값을 직접 입력할 수 없다.
④ '값을 바꿀 셀'에는 반드시 수식이 입력되어 있어야 한다.

• 목표값 찾기: 원하는 결괏값(목표)을 얻는 데 필요한 입력값(하나의 변수)이 어떻게 조정되어야 하는지 분석하는 도구
• ③ '찾는 값'에는 목표로 하는 값을 직접 입력해야 하고, ④ '값을 바꿀 셀'은 수식 셀에서 참조하는 입력값이 들어있는 셀이며, 상수값이 입력되어 있어야 함

21

다음 중 엑셀의 틀 고정 기능에 대한 설명으로 옳지 않은 것은?

① 화면을 스크롤해도 특정 행이나 열을 항상 화면에 표시하고자 할 때 사용한다.
② 틀 고정을 실행하면 셀 포인터의 왼쪽과 위쪽을 기준으로 고정선이 생성된다.
③ 첫 행 또는 첫 열만 고정하는 옵션을 별도로 제공한다.
④ 틀 고정으로 설정된 내용은 인쇄 시에도 모든 페이지에 반복되어 출력된다.

> 틀 고정은 화면에서 데이터를 볼 때 편리하게 보기 위한 기능으로 인쇄에는 영향을 주지 않고, 인쇄 시 특정 행이나 열을 모든 페이지에 반복하여 출력하려면 '페이지 설정'의 '시트' 탭에서 '인쇄 제목(반복할 행/열)'으로 설정해야 함

22

이 워크시트에서 C2 셀에 '=RANK.EQ(B2, $B$2:$B$5, 0)' 수식을 입력하고 C5 셀까지 채우기 핸들을 드래그했을 때, C4 셀의 결괏값으로 옳은 것은?

	A	B	C
1	이름	점수	순위
2	김주완	95	
3	최지우	80	
4	이민호	91	
5	박재석	80	

① 1
② 2
③ 3
④ 4

> RANK.EQ(순위를 구하려는 수, 범위, 옵션) 함수에서 옵션이 0 또는 생략 시 내림차순(높은 값이 1등)으로 순위를 구함, C4 셀의 수식은 =RANK.EQ(B4, $B$2:$B$5, 0)이 되고, B4 셀의 값은 91, 전체 범위 {95, 80, 91, 80}에서 내림차순 순위는 1위(95점), 2위(91점), 3위(80점)

23

다음 중 VLOOKUP 함수에 대한 설명으로 옳지 않은 것은?

① Talbe_array의 첫 번째 열에 lookup_value가 포함되어야 한다.
② 함수의 네 번째 인수(range_lookup)가 FALSE 또는 0이면 정확하게 일치하는 값을 찾는다.
③ 함수의 네 번째 인수(range_lookup)가 TRUE 또는 생략되면 유사하게 일치하는 값을 찾는다.
④ 근사값 일치(TRUE) 옵션을 사용하려면 기준이 되는 테이블의 첫 번째 열이 반드시 내림차순으로 정렬되어 있어야 한다.

> VLOOKUP 함수에서 유사 일치(TRUE 또는 생략) 옵션을 사용하여 올바른 결과를 얻으려면, 참조하는 표의 첫 번째 열이 반드시 오름차순으로 정렬되어 있어야 함
> VLOOKUP(lookup_value, table_array, col_index_num, [range_lookup])

24

다음 중 차트 편집에 대한 설명으로 옳지 않은 것은?

① 차트 제목, 범례, 데이터 레이블 등의 위치는 마우스로 드래그하여 이동할 수 있다.
② Ctrl 키를 누른 상태에서 차트 크기를 조절하면 차트의 가로, 세로 비율이 유지된다.
③ 차트를 선택한 상태에서 Del 키를 누르면 차트가 삭제된다.
④ 데이터 계열의 순서를 변경하려면 '데이터 원본 선택' 대화상자에서 계열 순서를 조정할 수 있다.

> 차트나 도형의 가로, 세로 비율을 유지하면서 크기를 조절하려면 Shift 키를 눌러야 함

25

다음 중 아래 워크시트에서 수식 '=INDEX(A2:C4, 3, 2)'의 결괏값으로 옳은 것은?

	A	B	C
1	과목	중간고사	기말고사
2	국어	85	92
3	영어	97	91
4	수학	90	88

① 91　　　　　　　　② 90
③ 97　　　　　　　　④ 수학

> INDEX(범위, 행 번호, 열 번호) 함수는 지정된 범위에서 행 번호와 열 번호가 교차하는 위치의 값을 반환하고, A2:C4 범위에서 3행 2열의 값은 90

26

다음 중 엑셀의 '텍스트 나누기' 기능에 대한 설명으로 옳지 않은 것은?

① 한 열에 입력된 데이터를 구분 기호나 일정한 너비를 기준으로 여러 열로 분리하는 기능이다.
② '텍스트 마법사'를 통해 구분 기호(탭, 쉼표, 공백 등)를 선택하거나 직접 지정할 수 있다.
③ 텍스트 나누기 실행 시 분리된 각 열의 데이터 서식을 지정할 수 있다.
④ 분리된 데이터는 항상 텍스트 형식으로 변환되며, 숫자나 날짜 형식으로 변환할 수 없다.

> '텍스트 마법사' 3단계에서 각 열의 데이터 서식(일반, 텍스트, 날짜 등)을 지정할 수 있음

27

다음 중 엑셀에서 사용되는 바로 가기 키에 대한 설명으로 옳지 않은 것은?

① F4 : 마지막으로 실행한 작업을 반복하거나, 수식 입력 시 셀 참조 방식을 변경한다.
② Ctrl + PgDn : 다음 워크시트로 이동한다.
③ Shift + F11 : 현재 워크시트 뒤에 새 워크시트를 삽입한다.
④ Alt + F1 : 선택한 데이터 범위를 이용하여 현재 워크시트에 기본 차트를 삽입한다.

> Shift + F11은 새 워크시트를 삽입하는 바로 가기 키로 현재 워크시트의 '앞'(왼쪽)에 삽입됨

28

이 워크시트에서 수식 '=COUNTBLANK(A1:C3)'의 결괏값으로 옳은 것은?

	A	B	C
1	11		365!
2	apple	2025a	
3		TRUE	100

① 2　　　　　　　　② 3
③ 4　　　　　　　　④ 5

> COUNTBLANK(범위) 함수는 지정된 범위 내에서 비어 있는 셀의 개수를 구하므로, A1:C3 범위에서 비어 있는 셀은 A3, B1, C2 총 3개

29

다음 중 차트의 구성 요소에 대한 설명으로 옳지 않은 것은?

① 데이터 레이블: 차트에 표시된 데이터 계열의 값이나 항목 이름을 표시한다.
② 범례: 데이터 계열의 색상 및 계열 이름을 표시한다.
③ 축 제목: 가로(항목) 축과 세로(값) 축의 제목을 표시한다.
④ 데이터 테이블: 차트를 작성하는 데 사용된 원본 데이터 전체를 차트 아래에 표 형태로 표시한다.

데이터 테이블은 차트에 사용된 데이터 계열의 값들을 표 형태로 차트 아래에 표시하는 기능으로 원본 데이터 '전체'가 아니라, 차트에 표시된 데이터 계열의 값들만 표시됨

30

다음 중 인쇄 미리 보기 및 인쇄 기능에 대한 설명으로 옳지 않은 것은?

① 인쇄 미리 보기 화면에서 여백 기능을 이용하여 여백을 조절할 수 있다.
② 여러 시트를 한 번에 인쇄하려면 인쇄할 시트들을 선택(그룹화)한 후 인쇄 명령을 실행한다.
③ 워크시트에 삽입된 차트만 인쇄하려면 차트를 선택한 상태에서 인쇄 명령을 실행한다.
④ '페이지 설정' 대화상자에서만 인쇄 배율이나 용지 방향을 변경할 수 있다.

인쇄 미리 보기 화면([파일] → [인쇄])에서도 인쇄 배율, 용지 방향, 용지 크기, 여백 등 기본적인 인쇄 설정 변경 가능

31

고급 필터를 사용하여 '성별'이 '남'이면서 '점수'가 '90' 이상이거나, '성별'이 '여'이면서 '점수'가 '80' 이상인 데이터를 추출하기 위한 조건 지정 방법으로 옳은 것은?

①
성별	점수
남	>=90
여	>=80

②
성별	점수	성별	점수
남	>=90	여	>=80

③
성별
남
여
점수
>=90
>=80

④
성별	성별
남	여
점수	점수
>=90	>=80

고급 필터에서 같은 행은 AND 조건, 다른 행은 OR 조건
• 조건 1(AND): 성별이 '남'이면서 점수가 90 이상(같은 행에 입력)
• 조건 2(AND): 성별이 '여'이면서 점수가 80 이상(같은 행에 입력)
• 조건 1 OR 조건 2로 두 조건을 서로 다른 행에 입력해야 함

32

다음 중 워크시트 관리에 대한 설명으로 옳지 않은 것은?

① 시트 이름은 최대 31자까지 지정할 수 있으며, 공백을 포함할 수 있다.
② 시트 삭제 작업은 실행 취소(Ctrl+Z)가 불가능하므로 신중하게 수행해야 한다.
③ 연속된 여러 시트를 선택하려면 첫 번째 시트를 선택한 후 Shift 키를 누른 채 마지막 시트를 클릭한다.
④ 시트 보호 설정 시 특정 셀의 내용만 수정 가능하도록 허용할 수 없다.

시트 보호를 설정하기 전 수정 가능하게 할 셀들의 '셀 서식' → '보호' 탭에서 '잠금' 옵션을 해제하면, 시트 보호 설정 후에도 해당 셀들의 수정이 가능

33

이 워크시트에서 C1 셀에 수식 '=CHOOSE(B2, "국어", "영어", "수학", "과학", "사회")'를 적용한 결괏값은?

	A	B	C
1	과목코드	2	

① 국어　　　　　　② 영어
③ 수학　　　　　　④ #VALUE!

CHOOSE(인덱스 번호, 값1, 값2, 값3, ...) 함수는 인덱스 번호에 해당하는 값을 반환하는데 인덱스 번호가 B2 셀의 값인 2이므로, 두 번째 값인 "영어"를 반환함

34

다음 중 '데이터 표' 기능에 대한 설명으로 옳은 것은?

① 특정 값의 변화에 따른 결괏값의 변화 과정을 표 형태로 보여주는 가상 분석 도구이다.
② 여러 시트에 분산된 데이터를 하나의 표로 통합하여 요약해 주는 기능이다.
③ 데이터 목록에서 조건에 맞는 데이터만 추출하여 보여주는 기능이다.
④ 그룹별로 합계, 평균 등 요약 계산을 수행하는 기능이다.

데이터 표: 특정 변수(행 입력 셀 또는 열 입력 셀)의 변화에 따라 수식의 결과 값이 어떻게 변하는지를 표 형태로 보여주는 도구
② 통합 ③ 필터 ④ 부분합

35

다음 중 셀 서식에서 표시 형식을 설정했을 때, 입력 데이터와 표시 결과가 옳지 않은 것은?

	입력 데이터	표시 형식	결과
①	1234500	#,##0,	1,235
②	0.35	0%	35%
③	김민지	@" 님"	김민지 님
④	17:25	hh:mm AM/PM	05:25

hh:mm AM/PM는 12시간 형식으로 표시하고 오전/오후를 표시하므로, 17:25은 오후 5시 25분으로 05:25 PM으로 표시됨

36

다음 중 매크로 보안 설정에 대한 설명으로 옳지 않은 것은?

① '모든 매크로 제외(알림 없음)'를 선택하면 모든 매크로가 실행되지 않으며 경고 메시지도 표시되지 않는다.
② '모든 매크로 제외(알림 표시)'를 선택하면 매크로가 포함된 파일을 열 때 보안 경고가 표시되며, 사용자가 실행 여부를 선택할 수 있다.
③ '디지털 서명된 매크로만 포함'을 선택하면 신뢰할 수 있는 게시자가 서명한 매크로만 실행할 수 있다.
④ 매크로 보안 설정은 한 번 설정하면 변경할 수 없으므로 엑셀을 재설치해야만 변경이 가능하다.

매크로 보안 설정은 [개발 도구] 탭 → [매크로 보안] 또는 [파일] → [옵션] → [보안 센터] → [보안 센터 설정] → [매크로 설정]에서 언제든지 변경 가능

37

다음 중 엑셀의 옵션 설정에 대한 설명으로 옳지 않은 것은?

① [파일] → [옵션] → [고급]에서 Enter↵ 키를 누른 후 이동할 셀의 방향(아래쪽, 오른쪽 등)을 설정할 수 있다.
② [파일] → [옵션] → [저장]에서 자동 저장(자동 복구 정보 저장) 간격을 설정할 수 있다.
③ [파일] → [옵션] → [리본 사용자 지정]에서 개발 도구 탭의 표시 여부를 설정할 수 있다.
④ [파일] → [옵션] → [일반]에서 기본 글꼴 및 글꼴 크기를 변경할 수 있으며, 이는 이미 작성된 문서의 글꼴에도 바로 적용된다.

> 엑셀 옵션에서 기본 글꼴 및 글꼴 크기를 변경하면 이후에 생성되는 새 통합 문서에 적용되고 이미 작성된 기존 문서 글꼴에는 영향을 주지 않음

38

다음 중 3차원 차트로 작성할 수 없는 것은?

① 원형 차트
② 세로 막대형 차트
③ 꺾은선형 차트
④ 분산형 차트

> 원형, 막대형, 꺾은선형, 영역형 등은 3차원 차트를 지원하나, 분산형 차트, 거품형 차트, 주식형 차트는 3차원 형태로 작성 불가

39

다음 워크시트에서 수식 '=COUNTA(A1:C3)'의 결괏값으로 옳은 것은?

	A	B	C
1	11		365!
2	apple	2025a	
3		TRUE	100

① 3
② 4
③ 5
④ 6

> - COUNTA(범위) 함수는 지정된 범위에서 비어 있지 않은 셀(데이터가 있는 셀)의 개수를 구함. 숫자, 텍스트, 논리값 등을 모두 포함
> - A1:C3 범위에서 데이터가 있는 셀은 A1, A2, B2, B3, C1, C3로 총 6개

40

다음 중 피벗 테이블의 '값 필드 설정'에서 할 수 있는 작업으로 옳지 않은 것은?

① 사용할 함수(합계, 평균, 개수 등)를 변경할 수 있다.
② 데이터의 표시 형식을 변경할 수 있다.
③ 값 표시 형식(비율, 누계 등)을 설정할 수 있다.
④ 원본 데이터의 필드 순서를 변경할 수 있다.

> '값 필드 설정'은 피벗 테이블의 값 영역에 표시되는 데이터를 어떻게 요약하고 표시할지를 설정하는 기능으로 원본 데이터의 필드 순서를 변경하고자 하는 경우 원본 데이터 자체를 수정해야 함

41

다음 중 엑셀의 메모 기능에 대한 설명으로 옳지 않은 것은?

① 셀에 대한 보충 설명을 추가하는 기능으로, 메모가 삽입된 셀은 오른쪽 상단에 빨간색 삼각형이 표시된다.
② 메모의 내용을 수정하려면 해당 셀의 바로 가기 메뉴에서 '메모 편집'을 선택한다.
③ [홈] 탭의 [지우기] → [서식 지우기]를 실행하면 셀의 서식과 함께 메모도 삭제된다.
④ [페이지 설정] 대화상자의 [시트] 탭에서 메모를 시트 끝에 모아서 인쇄하도록 설정할 수 있다.

[서식 지우기] 실행 시 셀에 적용된 서식(글꼴, 배경색 등)만 제거되며 내용이나 메모는 삭제되지 않고, [메모 지우기](또는 [모두 지우기])를 선택해야 제거됨

42

다음 중 아래 워크시트에서 D2 셀에 =IF(C2>=70, "합격", IF(C2>=60, "재시험", "재수강")) 수식을 입력했을 때의 결과로 옳은 것은?

	A	B	C	D
1	이름	기말점수	최종점수(기말점수+변환점수)	비고
2	황규원	54	65	

① 합격
② 재시험
③ 재수강
④ #N/A?

- 중첩 IF 함수는 앞에서부터 조건을 검사하여 참인 경우 해당 값을 반환하고 종료함
- C2>=70 (65>=70) → 거짓(False), C2>=60 (65>=60) → 참(True)이므로 "재시험"을 반환하고 함수가 종료됨

43

다음 중 데이터 유효성 검사 기능에 대한 설명으로 옳지 않은 것은?

① 셀에 입력할 수 있는 데이터의 종류나 값을 제한하여 데이터 입력 오류를 줄이는 기능이다.
② 유효성 조건으로 '목록'을 선택하면 드롭다운 목록에서 값을 선택하여 입력할 수 있다.
③ 잘못된 데이터를 입력했을 때 표시할 오류 메시지의 스타일(중지, 경고, 정보)과 내용을 설정할 수 있다.
④ 이미 입력되어 있는 잘못된 데이터는 유효성 검사 설정 후에 자동으로 수정되거나 삭제된다.

데이터 유효성 검사는 설정 이후에 입력되는 데이터에만 적용되므로 이미 입력되어 있는 유효하지 않은 데이터는 자동으로 수정되거나 삭제되지 않음

44

다음 중 차트의 추세선에 대한 설명으로 옳지 않은 것은?

① 데이터의 변화 추세를 파악하기 위해 사용되는 선이다.
② 선형, 로그, 다항식, 거듭제곱, 지수, 이동 평균 등 다양한 종류의 추세선을 사용할 수 있다.
③ 추세선을 차트에 추가하고 해당 수식을 차트에 표시할 수 있다.
④ 모든 차트에 추세선을 추가할 수 있다.

추세선은 3차원 차트, 방사형 차트, 원형 차트, 도넛형 차트, 표면형 차트에는 추가할 수 없고, 주로 막대형, 꺾은선형, 분산형, 영역형 차트 등에서 사용됨

45

다음 중 엑셀의 인쇄 기능에 대한 설명으로 옳지 않은 것은?

① 기본적으로 워크시트의 눈금선은 인쇄되지 않지만, '페이지 설정'에서 인쇄되도록 설정할 수 있다.
② 인쇄할 내용을 확대하거나 축소하여 인쇄할 수 있는 배율 조정 기능을 제공한다.
③ '자동 맞춤' 기능을 사용하면 인쇄할 내용의 분량에 관계없이 지정된 페이지 수에 맞춰 인쇄할 수 있다.
④ 여러 페이지 인쇄 시 시작 페이지 번호는 항상 1로 고정되며 변경할 수 없다.

'페이지 설정' 대화상자의 '페이지' 탭에서 '시작 페이지 번호'를 사용자가 원하는 번호로 지정할 수 있음

46

아래 워크시트의 B2 셀에 수식 =MID(A1, 3, 4)을 입력한 결괏값으로 옳은 것은?

	A	B
1	컴퓨터 활용능력 2급 필기	

① 터활용능
② 터 활용
③ 활용능력
④ 컴퓨터

MID(텍스트, 시작 위치, 추출할 개수) 함수는 텍스트에서 지정된 위치부터 지정된 개수만큼 문자를 추출하므로,. A1 셀의 텍스트 "컴퓨터 활용능력 2급 필기"에서 3번째 문자('터')부터 4개의 문자를 추출하므로 결과는 "터 활용"(공백 포함)

47

다음 중 매크로 저장 위치에 대한 설명으로 옳지 않은 것은?

① 새 통합 문서: 새 통합 문서에 매크로가 저장된다.
② 현재 통합 문서: 현재 작업 중인 문서에서만 매크로를 저장하고 실행할 수 있다.
③ 개인용 매크로 통합 문서: 엑셀을 사용할 때마다 매크로를 사용할 수 있다.
④ 새 통합 문서: 먼저 매크로를 현재 통합 문서에 기록한 뒤에, 새 만든 통합 문서에서 실행할 수 있다.

매크로 기록 시 기본 저장 위치는 '현재 통합 문서', '새 통합 문서', '개인용 매크로 통합 문서' 중 하나를 선택 가능하고, '새 통합 문서'를 선택하면 새로운 통합 문서가 자동으로 생성되고 그 새 통합문서에서 매크로가 기록됨

48

다음 중 피벗 테이블 보고서의 레이아웃과 디자인을 변경하는 방법에 대한 설명으로 옳지 않은 것은?

① 보고서 레이아웃을 압축 형식, 개요 형식, 테이블 형식 중 선택하여 변경할 수 있다.
② 부분합 표시 여부 및 위치(그룹 상단 또는 하단)를 설정할 수 있다.
③ 빈 행 삽입 기능을 이용하여 항목 사이에 빈 줄을 추가할 수 있다.
④ 피벗 테이블 스타일을 이용하여 색상이나 서식을 변경할 수 있으나, 사용자가 새로운 스타일을 만들 수는 없다.

엑셀에서 제공하는 기본 피벗 테이블 스타일 외에도 사용자가 직접 서식을 지정하여 '새 피벗 테이블 스타일'을 만들고 저장하여 사용 가능

49

다음 중 아래 워크시트에서 A1:C3 영역을 선택한 후 수식 =SUM(A1:B2)을 입력하고 Ctrl + Shift + Enter↵를 눌러 배열 수식을 입력했을 때, A1 셀의 결괏값으로 옳은 것은?

	A	B	C
1	1	7	13
2	3	9	15
3	5	11	17

① 20
② 81
③ {20}
④ #VALUE!

> 범위를 선택하고 수식을 입력한 후 Ctrl + Shift + Enter↵를 누르면 선택된 모든 셀(A1:C3)에 동일한 배열 수식 {=SUM(A1:B2)}이 입력되어 SUM(A1:B2) = A1(1)+A2(3)+B1(7)+B2(9) = 20
> A1 셀을 포함한 A1:C3 영역의 모든 셀에 20이 표시됨(결괏값 자체에는 중괄호({})가 표시되지 않으며, 수식 입력줄에만 표시됨)

50

다음 중 엑셀의 찾기 및 바꾸기 기능에 대한 설명으로 옳지 않은 것은?

① 찾을 내용에 와일드카드 문자(*, ?)를 사용할 수 있다.
② 대/소문자를 구분하여 찾을 수 있다.
③ 찾는 위치를 '수식', '값', '메모' 중에서 선택할 수 있다.
④ 특정 서식(글꼴색, 배경색 등)이 지정된 셀은 찾을 수 없다.

> '찾기 및 바꾸기' 대화상자의 '옵션'을 확장하면 '서식' 버튼을 이용하여 특정 서식이 지정된 셀을 찾거나, 특정 서식으로 바꿀 수 있음

51

다음 워크시트에서 C2 셀에 =IFERROR(A2/B2, "행사상품") 수식을 입력하고 C4 셀까지 채우기 핸들로 드래그했을 때, C4 셀의 결괏값으로 옳은 것은?

	A	B	C
1	매출액	단가	판매수량
2	1,500,000	2000	
3	300,000	2500	
4	0	증정품	

① 0
② #DIV/0!
③ 행사상품
④ #VALUE!

> IFERROR(수식, 오류 시 반환할 값) 함수는 수식을 계산하여 오류가 발생하면 지정된 값을 반환하고, 오류가 없으면 수식의 결과를 반환함, C4 셀의 수식은 =IFERROR(A4/B4, "행사상품")이 되고, A4/B4 결과 #VALUE! 오류가 발생하므로 IFERROR 함수는 오류 대신 "행사상품"을 반환함

52

다음 중 데이터 유효성 검사의 '설명 메시지'에 대한 설명으로 옳은 것은?

① 잘못된 데이터를 입력했을 때 표시되는 경고 메시지이다.
② 유효성 검사 조건을 만족하는 데이터를 입력했을 때 표시되는 확인 메시지이다.
③ 해당 셀을 선택했을 때 입력할 데이터에 대한 안내나 설명을 표시하는 메시지이다.
④ 데이터 유효성 검사 설정 내용을 요약하여 보여주는 메시지이다.

> '설명 메시지'는 사용자가 해당 셀을 클릭(선택)했을 때, 데이터를 입력하기 전에 미리 어떤 데이터를 입력해야 하는지 안내하는 역할
> ① '오류 메시지'에 대한 설명

53

다음 워크시트에서 수식 =VLOOKUP("2학년", A2:D4, 3, FALSE)의 결괏값으로 옳은 것은?

	A	B	C	D
1	학년	중간고사	기말고사	평균
2	1학년	82	70	76
3	2학년	95	85	90
4	3학년	88	82	85

① 90
② 85
③ #N/A
④ #NAME?

- VLOOKUP(조회 값, 범위, 열 번호, 옵션) 함수는 범위의 첫 번째 열에서 값을 검색함
- 조회 값: "2학년", 범위: A2:D4, 열 번호: 3(범위 내의 세 번째 열), 옵션: FALSE(정확히 일치) → A2:D4 범위의 첫 열(A2:A4)에서 "2학년"을 찾아 3번째 열의 값을 반환. C3셀의 값은 85

54

다음 중 시나리오 요약 보고서에 대한 설명으로 옳지 않은 것은?

① 변경 셀과 결과 셀에 이름을 정의해 두면 보고서에서 셀 주소 대신 이름이 표시되어 이해하기 쉽다.
② 시나리오 요약 보고서는 '시나리오 요약'이라는 새 워크시트에 생성된다.
③ 보고서 작성 시 '결과 셀'은 반드시 지정해야 하며, 지정하지 않으면 보고서가 생성되지 않는다.
④ 시나리오 요약 보고서 대신 시나리오 피벗 테이블 보고서를 생성할 수도 있다.

시나리오 요약 보고서 작성 시 '결과 셀'은 선택 사항이며 결과 셀을 지정하지 않아도 변경 셀의 값 변화만을 보여주는 요약 보고서 생성이 가능

55

다음 중 차트의 데이터 계열 서식 설정에 대한 설명으로 옳지 않은 것은?

① '계열 겹치기' 값을 양수로 설정하면 데이터 계열 사이가 벌어지고, 음수로 설정하면 겹쳐진다.
② '간격 너비' 값을 조정하여 데이터 막대의 너비와 막대 사이의 간격을 조절할 수 있다.
③ 데이터 계열의 색상을 변경하거나 그림, 질감 등으로 채울 수 있다.
④ 보조 축을 설정하여 값의 범위가 현저하게 차이나는 데이터 계열을 함께 표시할 수 있다.

'계열 겹치기' 값을 양수로 설정하면 데이터 계열이 겹쳐지고(가까워지고), 음수로 설정하면 계열 사이가 벌어짐(멀어짐).

56

다음 중 엑셀의 정렬 기능에서 '사용자 지정 목록'을 사용하는 경우에 대한 설명으로 옳은 것은?

① 오름차순이나 내림차순이 아닌 사용자가 정의한 특정 순서대로 정렬하고자 할 때 사용한다.
② 글꼴 색이나 셀 배경색을 기준으로 정렬하고자 할 때 사용한다.
③ 정렬 방향을 '위쪽에서 아래쪽'이 아닌 '왼쪽에서 오른쪽'으로 변경하고자 할 때 사용한다.
④ 대/소문자를 구분하여 정렬하고자 할 때 사용한다.

사용자 지정 목록은 기본 정렬 순서(오름차순/내림차순)가 아닌 사용자가 원하는 순서(예 사원, 대리, 과장, 부장...)대로 데이터를 정렬할 때 사용함

57

다음 중 '선택하여 붙여넣기' 기능에 대한 설명으로 옳지 않은 것은?

① 복사한 범위 내에 숨겨진 셀의 내용도 항상 함께 붙여 넣어진다.
② 복사한 데이터에 특정 연산(더하기, 빼기, 곱하기, 나누기)을 수행한 결과를 붙여넣을 수 있다.
③ 복사한 범위의 행과 열을 바꾸어 붙여넣을 수 있다.
④ 복사한 데이터의 값만 붙여넣고 서식이나 메모는 제외할 수 있다.

> 선택하여 붙여넣기 시 옵션 설정에 따라 달라지며, '항상 함께' 붙여 넣어지는 것은 아님

58

다음 중 매크로 실행 방법에 대한 설명으로 옳지 않은 것은?

① 매크로 기록 시 지정했던 바로 가기 키를 눌러 실행할 수 있다.
② 도형이나 단추와 같은 개체에 매크로를 지정한 후 해당 개체를 클릭하여 실행할 수 있다.
③ 셀에 매크로 이름을 함수처럼 입력(=매크로이름( ))하여 실행할 수 있다.
④ [개발 도구] 탭의 [매크로] 대화상자에서 실행할 매크로를 선택하고 [실행] 단추를 클릭하여 실행할 수 있다.

> 매크로는 일반적으로 바로 가기 키, 개체 연결, 매크로 대화상자 등을 통해 실행하며, 셀에 함수처럼 입력하여 실행하는 방식은 일반적인 매크로 실행 방법이 아니라 사용자 정의 함수(프로시저)를 호출하는 방식임

59

다음 중 엑셀의 데이터 도구 중 '중복된 항목 제거' 기능에 대한 설명으로 옳은 것은?

① 선택한 범위에서 중복된 값을 가진 셀에 경고 메시지를 표시하는 기능이다.
② 선택한 범위에서 중복된 값을 가진 행 전체를 삭제하고 고유한 값만 남기는 기능이다.
③ 선택한 범위에서 중복된 값을 다른 값으로 일괄 변경하는 기능이다.
④ 선택한 범위에서 중복된 값을 가진 셀의 서식을 자동으로 변경하는 기능이다.

> 중복된 항목 제거: 지정된 범위에서 하나 이상의 열을 기준으로 중복된 데이터를 찾아 해당 행 전체를 삭제하고 고유한 데이터만 남겨주는 기능

60

다음 워크시트에서 수식 =AVERAGEIFS(B2:B6, A2:A6, 2, B2:B6 ">=80")의 결과 값으로 옳은 것은?

	A	B
1	학년	점수
2	2	86
3	3	90
4	2	88
5	3	95
6	2	72

① 82
② 86.2
③ 87
④ 80

> - AVERAGEIFS(평균을 구할 범위, 조건 범위1, 조건1, 조건 범위2, 조건2, ...) 함수는 2개 이상의 조건을 모두 만족하는 데이터의 평균을 구함
> - 평균을 구할 범위: B2:B6(점수), 조건1: A2:A6 범위에서 2학년, 조건2: B2:B6 범위에서 80점 이상 → 두 조건을 모두 만족하는 데이터는 2행(86)과 4행(88)이므로 평균은 (86 + 88) / 2 = 87

61

다음 중 엑셀의 데이터 입력 및 편집에 대한 설명으로 옳지 않은 것은?

① 한 셀 내에서 줄을 바꾸어 입력하려면 [Alt] + [Enter↵] 키를 사용한다.
② 수식을 입력할 때, 셀 범위를 참조하면 해당 범위의 값이 계산에 사용된다.
③ 여러 셀에 동일한 내용을 한 번에 입력하려면 범위를 지정하고 내용을 입력한 후 [Shift] + [Enter↵] 키를 누른다.
④ 숫자 데이터를 입력할 때 분수 형태로 입력하려면 0을 입력하고 한 칸 띄운 후 분수를 입력한다. (예: 0 1/2)

[Shift] + [Enter↵]는 현재 셀의 위쪽 셀로 이동하는 키로 여러 셀에 동일한 내용을 한 번에 입력하려면 범위를 지정하고 내용을 입력한 후 [Ctrl] + [Enter↵]를 누름

62

다음 중 채우기 핸들 사용 시 [Ctrl] 키를 눌렀을 때의 동작에 대한 설명으로 옳은 것은?

① 숫자 데이터: 기본적으로 증가하며, [Ctrl] 키를 누르면 1씩 복사된다.
② 날짜 데이터: 기본적으로 1일씩 증가하며, [Ctrl] 키를 누르면 복사된다.
③ 문자 데이터: 기본적으로 1씩 증가하며, [Ctrl] 키를 누르면 복사된다.
④ 수식: 기본적으로 절대 참조로 복사되며, [Ctrl] 키를 누르면 상대 참조로 복사된다.

날짜 데이터는 기본적으로 증가하고, [Ctrl] 키를 누르면 복사됨
① 숫자 데이터는 기본적으로 복사되고, [Ctrl] 키를 누르면 증가, ③ 문자 데이터는 항상 복사됨, ④ 수식 복사는 [Ctrl] 키와 무관하게 참조 방식에 따라 결정됨

63

다음 중 [선택하여 붙여넣기] 대화상자의 연산 기능에 대한 설명으로 옳지 않은 것은?

① 복사한 데이터를 대상 셀의 값에 더하거나, 빼거나, 곱하거나, 나눌 수 있다.
② 연산 기능은 [붙여넣기] 옵션 중 서식을 선택했을 때 활성화하여 사용할 수 있다.
③ 빈 셀 건너뛰기 옵션을 선택하면 복사한 범위 중 빈 셀은 대상 셀의 내용을 덮어쓰지 않는다.
④ 텍스트 데이터가 포함된 셀에는 연산 기능을 적용할 수 없다.

연산 기능은 값이나 숫자 서식 모두 옵션에서만 사용할 수 있고, 서식 붙여넣기에서는 사용 불가

64

다음 중 엑셀의 수식에서 사용되는 셀 참조 방식에 대한 설명으로 옳지 않은 것은?

① [F4] 키를 사용하여 상대 참조, 절대 참조, 혼합 참조 방식을 순환하며 변경할 수 있다.
② 다른 워크시트를 참조할 경우, 시트 이름과 셀 주소 사이에 느낌표(!)를 사용한다.
③ 통합 문서 간 참조 시, 통합 문서 이름은 중괄호({ })로 묶어서 표시한다.
④ 이름이 정의된 셀을 참조하면 기본적으로 절대 참조로 동작한다.

다른 통합 문서를 참조할 경우, 통합 문서 이름은 대괄호([ ])로 묶어서 다음과 같이 표시함
[통합문서이름.xlsx]시트이름!셀주소 → [Book1.xlsx]Sheet1!A1

65

다음 중 엑셀의 오류 메시지와 그 발생 원인이 잘못 연결된 것은?

① #DIV/0!: 숫자를 0으로 나누려고 할 때
② #N/A: 함수나 수식에서 참조할 값을 찾을 수 없을 때
③ #NUM!: 수식이나 함수에 잘못된 숫자 인수를 사용했을 때
④ #VALUE!: 유효하지 않은 셀 참조를 지정했을 때

잘못된 범위를 참조하거나 참조하던 셀, 행, 열, 시트를 삭제할 때 발생하는 오류는 #REF!이고 #VALUE! 오류는 인수나 연산의 데이터 형식이 맞지 않을 때 발생함

66

다음 중 워크시트 및 통합 문서 관리에 대한 설명으로 옳지 않은 것은?

① 시트 탭을 Ctrl 키를 누른 채 다른 위치로 드래그하면 시트가 복사된다.
② 연속된 여러 시트를 선택하려면 첫 번째 시트를 선택한 후 Shift 키를 누른 채 마지막 시트를 선택한다.
③ 통합 문서를 저장할 때 백업 파일 항상 만들기 옵션을 설정하면, 저장 시 이전 버전의 파일이 자동으로 삭제된다.
④ 시트를 삭제하면 실행 취소(Ctrl + Z)를 통해 복원할 수 없으므로 주의해야 한다.

'백업 파일 항상 만들기' 옵션을 설정하면, 파일 저장 시 이전 버전은 .xlk로 보존되고, 새 내용은 현재 파일에 저장됨

67

다음 중 [창 나누기] 기능에 대한 설명으로 옳은 것은?

① 창 나누기를 실행하면 셀 포인터의 왼쪽과 위쪽을 기준으로 나누기 구분선이 생긴다.
② 화면에 표시된 창 나누기 구분선은 인쇄 시에도 그대로 출력된다.
③ 창 나누기 구분선을 마우스로 드래그하여 위치를 변경할 수 없다.
④ 창 나누기는 수직 또는 수평으로만 가능하며, 수직/수평 동시 분할은 불가능하다.

창 나누기는 셀 포인터 위치를 기준으로 왼쪽 위로 구분선이 생김
② 인쇄 시에는 적용되지 않음, ③ 창 나누기 구분선을 마우스로 드래그하여 위치 변경 가능(틀 고정선은 불가), ④ 특정행이나 열을 선택하여 수직 분할, 수평 분할, 셀을 기준으로 수직/수평 동시 분할이 모두 가능

68

다음 중 메모에 대한 설명으로 옳지 않은 것은?

① 메모가 삽입된 셀에는 오른쪽 상단에 빨간색 삼각형 표시가 나타난다.
② [홈] 탭 → [편집] 그룹 → [지우기] → [모두 지우기]를 선택하면 셀의 내용, 서식, 메모가 모두 삭제된다.
③ 메모의 내용을 수정하려면 해당 셀에서 Shift + F2 키를 누른다.
④ 셀의 내용을 삭제하기 위해 Del 키를 누르면 메모도 함께 삭제된다.

셀을 선택하고 Del 키를 누르면 셀의 내용(데이터)만 삭제되고, 서식과 메모는 그대로 유지됨

69

다음 중 [찾기 및 바꾸기] 대화상자의 옵션에 대한 설명으로 옳지 않은 것은?

① 범위: 검색 대상을 '시트' 또는 '통합 문서'로 지정할 수 있다.
② 대/소문자 구분: 영문자의 대문자와 소문자를 구분하여 검색하도록 설정하는 옵션이다.
③ 찾는 위치: '수식', '값', '메모' 중에서 선택할 수 있다.
④ 검색: 검색 방향을 '위' 또는 '아래'로 지정할 수 있다.

> 검색 방향은 '행' 또는 '열'로 지정할 수 있음

70

다음 중 데이터 유효성 검사 기능에서 설정할 수 있는 제한 대상이 아닌 것은?

① 정수: 특정 범위의 정수만 입력하도록 제한한다.
② 목록: 드롭다운 목록에 있는 항목만 입력하도록 제한한다.
③ 글꼴 색: 특정 글꼴 색이 적용된 데이터만 입력하도록 제한한다.
④ 텍스트 길이: 입력할 수 있는 텍스트의 글자 수를 제한한다.

> 데이터 유효성 검사는 셀에 입력되는 '값'의 종류나 범위를 제한하는 기능으로, '서식'(글꼴 색, 채우기 색 등)을 기준으로 입력을 제한할 수는 없음

71

다음 중 사용자 지정 표시 형식을 적용했을 때, 입력 데이터와 표시 결과가 올바르게 연결된 것은?

① 입력: 5000 / 표시 형식: #,##0, / 결과: 5
② 입력: 0.75 / 표시 형식: #% / 결과: 80%
③ 입력: 2025-09-02 / 표시 형식: yyyy년 m월 d일 aaa / 결과: 2025년 09월 02일 화
④ 입력: "엑셀" / 표시 형식: @"화이팅" / 결과: "엑셀화이팅"

> ① 표시 형식 끝의 쉼표(,)는 천 단위 이하 생략, 5000은 5로 표시, ② 0.75는 75%, #% 형식은 75%로 표시, ③ m과 d는 월과 일을 한 자리로 표시하므로 '2025년 9월 2일 화'가 됨, ④ @자리에 "엑셀" 텍스트가 들어가고 뒤에 "화이팅"이 붙어 '엑셀화이팅'이 됨

72

다음 중 셀 서식의 맞춤 탭에서 설정할 수 있는 텍스트 조정 기능이 아닌 것은?

① 자동 줄 바꿈
② 셀에 맞춤
③ 셀 병합
④ 균등 분할

> 균등 분할은 [텍스트 맞춤]의 옵션 중 하나이며, 텍스트 조정 그룹에 속하지 않음

73

다음 중 사용자 지정 표시 형식에서 양수, 음수, 0, 텍스트 순서로 서식을 지정하는 방법에 대한 설명으로 옳은 것은?

① 각 구역은 쉼표(,)로 구분한다.
② 특정 구역을 생략하려면 해당 구역의 서식 코드를 입력하지 않고 구분 기호만 입력한다.
③ 조건을 지정하려면 중괄호({ }) 안에 입력한다.
④ 색상을 지정하려면 괄호(( )) 안에 입력한다.

> 사용자 지정 표시 형식의 기본 구조: [양수 서식];[음수 서식];[0 서식];[텍스트 서식]
> 구분 기호는 세미콜론(;)으로 특정 구역을 생략하려면 양수;음수; ; 텍스트와 같이 구분 기호만 입력함, ③, ④ 대괄호([ ]) 안에 입력함

74

다음 중 조건부 서식에 대한 설명으로 옳지 않은 것은?

① 규칙에 따라 셀 값이나 수식의 결과가 참(TRUE)일 경우에만 지정된 서식이 적용된다.
② 조건부 서식으로 지정된 서식은 사용자가 직접 설정한 셀 서식보다 우선하여 적용된다.
③ 하나의 셀 범위에 여러 개의 규칙을 적용할 수 있으나, 규칙 간에 충돌이 발생하면 우선순위가 낮은 규칙이 적용된다.
④ 수식을 사용하여 서식을 지정할 셀 결정을 선택한 경우, 수식은 반드시 등호(=)로 시작해야 한다.

> 하나의 셀 범위에 여러 규칙이 적용되어 충돌이 발생하면, 우선순위가 높은 규칙(조건부 서식 [규칙 관리자] 목록에서 위에 있는 규칙)이 우선하여 적용됨

75

다음 중 아래 워크시트에서 점수가 60점 미만인 행 전체에 대해 글꼴 스타일을 '굵게', 배경색을 '노랑'으로 설정하기 위한 조건부 서식의 수식으로 옳은 것은? (A2:B5 영역에 적용)

	A	B
1	이름	점수
2	최형진	85
3	배정원	55
4	라미진	90
5	김철호	48

① =B2 < 60
② =$B2 < 60
③ =B$2 < 60
④ =$B$2 < 60

> 행 전체에 조건부 서식을 적용하려면 열(B열)은 고정하고 행(2행)은 변하도록 혼합 참조를 사용해야 하므로, 열 주소 앞에만 $를 붙인 =$B2 < 60

76

다음 중 셀 서식의 [보호] 탭에 있는 잠금과 숨김 속성에 대한 설명으로 옳지 않은 것은?

① 기본적으로 모든 셀은 잠금 속성이 설정되어 있다.
② 숨김 속성을 설정하면 해당 셀의 내용이 화면에서 보이지 않게 된다.
③ 잠금과 숨김 속성은 [검토] 탭의 [시트 보호]를 실행해야만 적용된다.
④ 숨김 속성이 설정된 셀의 수식은 시트 보호 시 수식 입력줄에 표시되지 않는다.

> 숨김 속성은 셀의 값을 숨기는 것이 아니라, 입력된 수식을 수식 입력줄에 표시하지 않도록 하는 기능으로 셀의 내용 자체를 숨기려면 사용자 지정 표시 형식에서 ;;;를 사용해야 함

77

다음 중 숫자 서식 코드인 #과 0의 차이점에 대한 설명으로 옳은 것은?

① #은 유효한 자릿수만 표시하고 유효하지 않은 0은 표시하지 않지만, 0은 유효하지 않더라도 자릿수를 채우기 위해 0을 표시한다.
② #은 소수점 이하 자릿수를 맞추기 위해 공백을 사용하지만, 0은 항상 0으로 채운다.
③ #은 양수일 때만 사용 가능하고, 0은 음수일 때도 사용이 가능하다.
④ #은 천 단위 구분 기호를 표시할 수 있지만, 0은 표시할 수 없다.

② ?지정 시 소수점 이하 자릿수를 맞추기 위해 공백을 사용
③ #과 0 모두 양수, 음수 사용 가능
④ #과 0 모두 천 단위 구분 기호 표시 가능

78

다음 중 회계 표시 형식에 대한 설명으로 옳지 않은 것은?

① 통화 기호(₩, $ 등)가 셀의 맨 왼쪽에 맞춰 표시된다.
② 소수 자릿수를 지정할 수 있다.
③ 값이 0일 경우 통화 기호만 표시된다.
④ 회계 서식을 사용하면 통화 기호와 소수점에 맞춰 열이 정렬된다.

값이 0일 경우 통화 기호와 함께 하이픈(-)으로 표시됨

79

다음 중 조건부 서식의 규칙 유형 중 데이터 막대, 색조, 아이콘 집합 등이 포함된 유형은?

① 다음을 포함하는 셀만 서식 지정
② 상위 또는 하위 값만 서식 지정
③ 셀 값을 기준으로 모든 셀의 서식 지정
④ 수식을 사용하여 서식을 지정할 셀 결정

데이터 막대, 색조, 아이콘 집합은 셀 값 크기에 따라 시각 효과를 주는 기능으로 '셀 값을 기준으로 모든 셀의 서식 지정' 규칙 유형 선택 시 스타일 지정 가능

80

다음 중 셀에 데이터를 입력한 후 [셀 서식] 대화상자의 [맞춤] 탭에서 텍스트 방향을 세로쓰기로 설정했을 때의 결과로 옳은 것은?

① 텍스트가 90도 회전하여 오른쪽에서 왼쪽으로 표시된다.
② 텍스트가 -90도 회전하여 왼쪽에서 오른쪽으로 표시된다.
③ 텍스트의 길이가 셀의 너비보다 길 경우 자동으로 줄 바꿈이 된다.
④ 텍스트가 위에서 아래 방향으로 한 글자씩 세로로 나열된다.

'세로쓰기'는 글자를 회전하는 것이 아니라 위에서 아래로 쓰는 기능이며, 회전은 방향의 '각도'로 조정함, ③은 맞춤 탭의 텍스트 조정에서 설정

81

다음 중 함수식과 그 결과가 옳지 않은 것은?

① =INT(-3.7) → -4
② =TRUNC(4.9) → 4
③ =ROUND(156.7, -2) → 100
④ =MOD(7, -3) → -2

> ROUND(숫자, 자릿수)는 숫자를 지정한 자릿수로 반올림하며, -2이면 10의 자리에서 반올림하여 100의 자리까지 표시함(결과: 200)
> ① =INT(-3.7) → -4, =INT(3.7) → 3, ② TRUNC는 자릿수를 생략하면 정수를 나타내므로 =TRUNC(4.9) → 4, ④ 공식: MOD(n, d) = n - d * INT(n / d) = 7 - (-3) * INT(7 / -3) = 7 - (-3) * -3 = 7 - 9 = -2

82

다음 중 VLOOKUP 함수에 대한 설명으로 옳지 않은 것은?

① VLOOKUP(조회 값, 참조 범위, 열 번호, 옵션) 형식으로 사용된다.
② 참조 범위의 첫 번째 열에서 조회 값을 검색한다.
③ 옵션이 FALSE이면 찾을 값과 정확히 일치하는 값을 찾으며, 없으면 #N/A 오류가 발생한다.
④ 옵션이 TRUE이면 찾을 값과 정확히 일치하거나 근사값을 찾으며, 참조 범위는 내림차순으로 정렬되어 있어야 한다.

> VLOOKUP에서 옵션을 TRUE(또는 생략)로 하면 첫 번째 열이 반드시 오름차순 정렬되어야 함

83

다음 중 아래 워크시트에서 D2 셀에 국어 점수가 80점 이상이면서 영어 점수도 90점 이상인 학생 수를 구하려고 할 때, 올바른 수식은?

	A	B	C	D
1	이름	국어	영어	학생 수
2	박지영	80	98	
3	최보은	78	92	
4	박성민	85	95	
5	정우석	98	85	

① =COUNTIF(B2:B5, ">=80", C2:C5, ">=90")
② =COUNTIFS(B2:B5, ">=80", C2:C5, ">=90")
③ =SUMIF(B2:B5, ">=80", C2:C5, ">=90")
④ =DCOUNT(A1:C5, 1, {"국어";">=80", "영어";">=90"})

> 여러 조건의 셀 개수는 COUNTIFS로 구하며, COUNTIF는 단일 조건만 가능

84

다음 중 INDEX와 MATCH 함수를 조합하여 사용하는 경우에 대한 설명으로 옳지 않은 것은?

① VLOOKUP 함수와 달리 찾을 값이 참조 범위의 첫 번째 열이 아닌 다른 열에 있어도 값을 찾을 수 있다.
② MATCH 함수는 지정된 범위에서 특정 값의 위치(숫자)를 반환한다.
③ MATCH 함수의 마지막 인수(match_type)가 0이면 정확히 일치하는 값을 찾는다.
④ INDEX 함수는 찾을 값의 행 번호와 열 번호를 이용하여 실제 값을 반환하며, 주로 배열 수식으로만 사용한다.

> INDEX 함수는 지정한 행, 열 위치의 값을 반환하며 배열 수식이 필요하지 않고, INDEX와 MATCH를 함께 쓰면 VLOOKUP의 첫 열 검색 제한을 극복할 수 있음

85

다음 중 날짜 및 시간 함수에 대한 설명으로 옳은 것은?

① EOMONTH(날짜, 0)은 해당 날짜가 속한 달의 첫 번째 날짜를 반환한다.
② WEEKDAY(날짜, 1)은 월요일을 1로 시작하여 요일 번호를 반환한다.
③ TODAY() 함수는 현재 날짜를 반환하고, NOW() 함수는 현재 날짜와 시간을 반환한다.
④ YEAR(날짜) 함수는 1900년을 기준으로 경과된 일련 번호를 반환한다.

> ① EOMONTH(날짜, 0)은 해당 달의 마지막 날짜를 반환, ② WEEKDAY 함수에서 반환 형식이 1이면 일요일을 1로 시작하고 2이면 월요일을 1로 시작, ④ YEAR() 함수는 날짜에서 연도(숫자)만 반환

86

다음 중 아래 워크시트에서 주민등록번호의 8번째 자리가 '1' 또는 '3'이면 "남성", '2' 또는 '4'이면 "여성"으로 B2 셀에 표시하기 위한 수식으로 적절한 것은?

	A	B
1	주민등록번호	성별
2	951225-1******	

① =IF(MID(A2, 8, 1)="1" OR "3", "남성", "여성")
② =IF(OR(MID(A2, 8, 1)=1, MID(A2, 8, 1)=3), "남성", "여성")
③ =CHOOSE(MID(A2, 8, 1), "남성", "여성", "남성", "여성")
④ =HLOOKUP(MID(A2, 8, 1), {"1","2","3","4";"남성","여성","남성","여성"}, 2, FALSE)

> =MID(A2, 8, 1)은 주민등록번호의 8번째 문자를 1개 추출하고, CHOOSE 함수는 이 숫자를 인덱스로 사용하여 1이면 "남성", 2이면 "여성", 3이면 "남성", 4이면 "여성"을 반환

87

다음 중 텍스트 함수의 결과가 옳지 않은 것은?

① =LOWER("Hello World") → hello world
② =PROPER("hello world") → Hello World
③ =REPLACE("Hello World", 7, 5, "Excel") → Hello Excel World
④ =TRIM(" Hello World ") → Hello World

> - REPLACE 함수는 문자열의 일부를 지정한 위치에서 다른 문자열로 바꿀 때 사용하는 함수 형식: REPLACE(원본 문자열, 시작 위치, 바꿀 문자수, 새 문자열)
> - "Hello World"의 7번째 위치부터 5글자("World")를 "Excel"로 바꾸면 결과는 "Hello Excel"

88

다음 중 데이터베이스 함수의 특징으로 옳지 않은 것은?

① 데이터베이스 범위(전체 목록)를 지정할 때는 반드시 필드명(열 이름표)을 포함해야 한다.
② 반드시 조건 범위를 별도의 영역에 작성해야 하며, 원본 데이터의 필드명과 일치해야 한다.
③ 고급 필터의 조건 지정 방식과 동일하게 AND 및 OR 조건을 조합하여 사용할 수 있다.
④ 조건을 만족하는 데이터의 합계(DSUM), 평균(DAVERAGE), 개수(DCOUNT), 최대값(DMAX), 최소값(DMIN)을 계산할 수 있다.

> 조건 범위는 원본 데이터 범위 내에서도 지정 가능하다. 데이터베이스 함수는 DSUM, DAVERAGE, DCOUNT, DCOUNTA 외에도 DMAX(최대값), DMIN(최소값), DGET(특정 값 추출) 등 다양한 함수가 존재함

89

다음 중 배열 수식에 대한 설명으로 옳지 않은 것은?

① 수식 입력 후 Ctrl + Shift + Enter 키를 눌러 입력해야 한다.
② 배열 수식이 입력된 셀의 수식 앞뒤에는 중괄호({})가 자동으로 표시된다.
③ 배열 수식으로 계산된 범위의 일부만 수정하거나 삭제할 수 있다.
④ 여러 개의 값을 계산하여 하나의 셀 또는 여러 셀에 결과를 반환할 수 있다.

> 배열 수식 범위는 하나의 단위로 취급되므로, 일부 셀만 수정·삭제할 수 없으며, 전체 범위를 선택하거나 수식을 수정해야 함

90

B5 셀에 코드에 해당하는 제품명을 찾으려고 한다. 다음 중 C3 셀에 입력할 수식으로 옳은 것은?

	A	B	C
1	코드	K110	K220
2	제품명	수박	바나나
3	수량	100	150
4			
5	코드	K220	

① =VLOOKUP(B5, A1:C3, 2, FALSE)
② =HLOOKUP(B5, A1:C3, 2, FALSE)
③ =INDEX(A1:C3, 2, MATCH(B5, A1:C1, 0))
④ =LOOKUP(B5, A1:C3)

> 참조 범위가 행 방향으로 나열되어 있으면 HLOOKUP 함수를 사용하며, B5(K200)를 B1:C3의 첫 행에서 조회하여 정확히 일치하는 값을 찾아 2행에 있는 '바나나'를 반환

91

다음 중 IF 함수의 중첩 사용에 대한 설명으로 옳지 않은 것은?

① 여러 조건을 순차적으로 비교하여 다양한 결과를 처리할 때 사용한다.
② 중첩 IF 함수에서 모든 조건이 거짓일 경우, #N/A 오류가 발생한다.
③ 중첩된 IF 함수는 복잡해질 수 있으므로, 조건이 많으면 IFS 함수를 사용하는 것이 더 효율적일 수 있다.
④ IF 함수는 최대 64번까지 중첩하여 사용할 수 있다.

> IF 함수에서 모든 조건이 거짓이면 마지막 '거짓일 때 값'이 반환되며, 이를 생략하면 false가 반환되어 #N/A 오류가 발생하지는 않음

92

다음 중 아래 워크시트에서 C2 셀에 =COUNT(A2:B5) 수식을 입력했을 때의 결과로 옳은 것은?

	A	B	C
1	성명	점수	결과
2	최형진	75	
3	배정원	TRUE	
4	김철호	공백	
5	임효원	"98"	

① 1
② 2
③ 3
④ 4

> COUNT 함수는 숫자가 있는 셀만 세며, 예시 범위에서는 B2 셀만 숫자가 입력되어 있음

93

다음 중 찾기/참조 영역 함수에 대한 설명으로 옳지 않은 것은?

① CHOOSE: 인덱스 번호에 해당하는 값을 목록에서 선택하여 반환한다.
② MATCH: 지정된 범위에서 특정 값의 위치(순서)를 숫자로 반환한다.
③ TRANSPOSE: 행과 열의 값을 서로 바꾸어 반환한다.
④ OFFSET: 텍스트 문자열로 지정한 셀 주소를 반환한다.

OFFSET 함수는 지정된 셀 또는 범위에서 지정한 행과 열만큼 떨어진 위치의 참조 영역을 반환한다.

94

다음 중 논리 함수에 대한 설명으로 옳은 것은?

① AND 함수는 모든 조건이 TRUE일 때만 TRUE를 반환한다.
② OR 함수는 모든 조건이 FALSE일 때만 TRUE를 반환한다.
③ NOT 함수는 조건이 TRUE이면 0을, FALSE이면 1을 반환한다.
④ IF 함수는 조건식의 결과에 따라 최대 3가지 값을 반환할 수 있다.

② OR 함수는 인수 중 하나라도 TRUE이면 TRUE를 반환, ③ NOT 함수는 조건이 TRUE이면 FALSE를 조건이 FALSE이면 TRUE를 반환, ④ IF 함수는 조건식의 결과에 따라 참 값 또는 거짓 값의 2가지 값 중 하나를 반환

95

다음 중 아래 워크시트에서 C1 셀에 =SUM(A1:B1) * $D$1 수식을 입력한 후, C1 셀을 복사하여 C2 셀에 붙여넣었을 때 C2 셀에 입력되는 수식으로 옳은 것은?

	A	B	C	D
1	10	20		100
2	20	30		

① =SUM(A2:B2) * $D$1
② =SUM(A1:B1) * $D$2
③ =SUM(A2:B2) * D2
④ =SUM($A$2:$B$2) * $D$1

수식을 아래로 복사하면 상대 참조(A1:B1)는 A2:B2로 바뀌고, 절대 참조($D$1)는 그대로 유지되어 결과는 =SUM(A2:B2) * $D$1

96

다음 중 데이터 정렬 기능에 대한 설명으로 옳지 않은 것은?

① 정렬 기준은 셀 값, 셀 색, 글꼴 색, 조건부 서식 아이콘 등으로 설정할 수 있다.
② 오름차순 정렬 시 빈 셀은 항상 가장 처음에 위치한다.
③ 정렬 옵션에서 대/소문자를 구분하여 정렬할 수 있다.
④ 최대 64개까지 정렬 기준을 추가하여 다중 기준으로 정렬할 수 있다.

데이터 정렬 시 오름차순, 내림차순 모두 빈 셀(공백)은 항상 맨 마지막에 위치

97

다음 중 자동 필터와 고급 필터의 차이점에 대한 설명으로 옳지 않은 것은?

① 자동 필터는 항상 원본 데이터 위치에서 필터링 결과를 표시하지만, 고급 필터는 결과를 다른 위치에 복사할 수 있다.
② 자동 필터는 여러 필드에 조건을 설정할 때 항상 AND 조건으로만 결합되지만, 고급 필터는 AND와 OR 조건을 조합할 수 있다.
③ 자동 필터는 상위 N개 항목을 추출하는 기능(상위 10)이 있지만, 고급 필터에는 이러한 기능이 없다.
④ 고급 필터는 복잡한 조건을 수식으로 작성할 수 있지만, 자동 필터는 목록에서 선택하는 방식만 가능하다.

자동 필터는 목록 선택뿐만 아니라 '숫자 필터'나 '텍스트 필터'에서 비교 연산자와 사용자 지정 조건도 설정 가능

98

다음 중 고급 필터에서 조건을 지정할 때 사용되는 와일드 카드 문자에 대한 설명으로 옳은 것은?

① * (별표): 한 글자만을 대신한다.
② ? (물음표): 여러 글자를 대신한다.
③ ~ (물결표): 와일드카드 문자 자체(*, ?)를 검색할 때 사용한다.
④ $ (달러): 특정 문자로 시작하는 텍스트를 찾을 때 사용한다.

'*'는 여러 글자, '?'는 한 글자를 대신함

99

다음 중 아래와 같은 고급 필터 조건을 설정했을 때의 의미로 옳은 것은?

부서	급여
영업부	>=5000000
기획부	

① 부서가 '영업부'이면서 급여가 5,000,000 이상인 데이터
② 부서가 '영업부'이거나 급여가 5,000,000 이상인 데이터
③ 부서가 '영업부'이면서 급여가 5,000,000 이상이거나, 부서가 '기획부'인 모든 데이터
④ 부서가 '영업부' 또는 '기획부'이고, 급여가 5,000,000 이상인 데이터

첫 번째 행(영업부 AND >= 5000000)과 두 번째 행(기획부)은 OR로 연결되며, 두 번째 행은 급여 조건이 없으므로 모든 급여가 포함됨

100

다음 중 데이터 통합 기능에 대한 설명으로 옳지 않은 것은?

① 여러 범위의 데이터를 합계, 평균, 최대값 등의 함수를 사용하여 하나로 통합할 수 있다.
② 통합할 데이터의 레이블(첫 행, 왼쪽 열)을 기준으로 통합을 수행할 수 있다.
③ 원본 데이터에 연결을 선택하면 원본 데이터 변경 시 통합 결과도 자동으로 업데이트된다.
④ 통합은 통합할 데이터가 있는 워크시트와 통합 결과가 작성될 워크시트가 동일한 경우에만 가능하다.

데이터 통합은 동일한 워크시트뿐만 아니라 다른 워크시트나 다른 통합 문서에 있는 데이터도 참조하여 통합 가능

101

다음 중 부분합 기능에 대한 설명으로 옳지 않은 것은?

① 부분합을 실행하기 위해서는 그룹화할 항목을 기준으로 반드시 정렬이 선행되어야 한다.
② 부분합을 실행하면 자동으로 윤곽(개요)이 설정되어 각 수준별 데이터를 요약해서 볼 수 있다.
③ 여러 개의 함수를 중첩하여 사용하려면 '새로운 값으로 대치' 옵션을 반드시 선택해야 한다.
④ 부분합 계산에 사용할 수 있는 함수에는 합계, 개수, 평균, 최대, 최소 등이 있다.

> 여러 함수를 함께 사용하려면(예: 합계와 평균을 동시 표시) 두 번째 부분합 실행 시 '새로운 값으로 대치' 옵션을 해제해야 함. 이 옵션을 선택하는 경우 기존 부분합이 새로운 부분합으로 대체됨

102

다음 중 피벗 테이블에 대한 설명으로 옳지 않은 것은?

① 피벗 테이블은 많은 양의 데이터를 요약하고 분석하기 위한 강력한 도구이다.
② 피벗 테이블에서 값 영역에 표시된 데이터는 자유롭게 수정하거나 삭제할 수 있다.
③ 원본 데이터가 변경되었을 경우, [새로 고침]을 수행해야 피벗 테이블에 반영된다.
④ 피벗 테이블의 레이아웃(행, 열, 값, 필터)을 변경하여 다양한 분석 보고서를 작성할 수 있다.

> 피벗 테이블의 값 영역에 표시된 데이터는 원본 데이터를 기반으로 계산된 요약 값이므로, 사용자가 직접 수정 및 삭제가 불가함

103

다음 중 피벗 테이블의 데이터 '그룹화' 기능에 대한 설명으로 옳지 않은 것은?

① 날짜 데이터를 월, 분기, 연도 단위로 그룹화할 수 있다.
② 숫자 데이터를 사용자가 지정한 단위(간격)로 그룹화할 수 있다.
③ 텍스트 데이터는 그룹화할 수 없으며, 항상 개별 항목으로만 표시된다.
④ 그룹화된 필드의 일부를 선택하여 하위 그룹을 만들 수 있다.

> 피벗 테이블의 날짜·숫자는 단위별 자동 그룹화가 가능하고, 텍스트 데이터는 사용자가 선택하여 수동으로 그룹화할 수 있음

104

다음 중 목표값 찾기 기능에 대한 설명으로 옳은 것은?

① 여러 개의 변숫값을 조절하여 원하는 목푯값을 찾는 기능이다.
② 수식에서 원하는 결괏값을 얻기 위해 필요한 단 하나의 입력값을 찾는 기능이다.
③ 가상의 상황을 설정하여 결괏값의 변화를 예측하고 분석하는 기능이다.
④ 입력값의 변화에 따른 결괏값의 변화를 표 형태로 보여주는 기능이다.

③ 시나리오 ④ 데이터 표

105

다음 중 데이터 표 기능에 대한 설명으로 옳지 않은 것은?

① 특정 값의 변화에 따른 결괏값의 변화 과정을 표 형태로 표시하는 기능이다.
② 변수의 개수에 따라 1 변수 데이터 표와 2 변수 데이터 표를 만들 수 있다.
③ 데이터 표로 계산된 결괏값은 원본 데이터가 변경되어도 자동으로 업데이트되지 않는다.
④ 데이터 표의 결과 범위에 입력된 데이터는 부분적으로 수정하거나 삭제할 수 없다.

> 데이터 표는 수식과 연결되어 원본 데이터 값이 바뀌면 자동 갱신되며, 배열 수식 형태로 부분 수정 불가

106

다음 중 차트의 종류 선택에 대한 설명으로 적절하지 않은 것은?

① 꺾은선형 차트: 일정기간 동안의 데이터 변화 추세를 확인하고자 할 때
② 원형 차트: 전체에 대한 각 항목의 구성 비율을 비교하고자 할 때
③ 분산형 차트: 두 개의 숫자 그룹 간의 상관관계를 분석하고자 할 때
④ 방사형 차트: 각 항목 간의 값을 비교하고 시간의 흐름에 따른 변화도 함께 보고자 할 때

> 방사형 차트는 항목 간 상대적 크기 비교에는 유용하지만 시간 변화 추세에는 적합하지 않으며, 항목과 시간 변화를 함께 보려면 세로 막대형이나 꺾은선형 차트가 적합함

107

다음 중 차트의 구성 요소에 대한 설명으로 옳지 않은 것은?

① 데이터 레이블: 데이터 계열의 각 요소에 값이나 정보를 표시한다.
② 범례: 데이터 계열을 구분하기 위한 색상이나 무늬 계열 이름을 표시한다.
③ 추세선: 데이터의 흐름을 선으로 나타내며, 원형 및 도넛형 차트에도 추가할 수 있다.
④ 눈금선: 축의 눈금을 연장하여 데이터 값을 읽기 쉽게 도와주는 선이다.

> 추세선은 데이터의 변화 추세(흐름)를 직선, 곡선 등으로 나타낸 선으로 원형, 도넛형, 방사형, 표면형, 3차원 차트에는 추가 불가

108

다음 중 차트 편집 및 서식 설정에 대한 설명으로 옳지 않은 것은?

① Ctrl 키를 누른 채 차트를 드래그하면 차트가 복사된다.
② 차트가 선택된 상태에서 Del 키를 누르면 차트 내의 데이터 계열만 삭제되고 차트 영역은 유지된다.
③ 데이터 계열의 순서를 변경하려면 [데이터 원본 선택] 대화상자에서 계열의 순서를 조정할 수 있다.
④ 차트 제목, 축 제목, 범례 등의 위치를 변경하거나 표시 여부를 설정할 수 있다.

> 차트 전체를 선택하고 Del 키를 누르면 차트가 삭제되며 차트 내의 특정 계열만 삭제하려면 해당 데이터 계열을 직접 선택한 뒤 Del 키를 눌러야 함

109

다음 중 혼합형(콤보) 차트 및 보조 축에 대한 설명으로 옳지 않은 것은?

① 특정 데이터 계열의 값이 다른 계열과 현저하게 차이가 나거나 데이터 단위가 다를 때 유용하다.
② 두 가지 이상의 차트 종류를 혼합하여 표시할 수 있다.
③ 보조 축을 사용하려면 반드시 혼합형 차트로 설정해야 한다.
④ 기본 세로 축과 보조 세로 축의 눈금 단위나 최대/최소값을 다르게 설정할 수 있다.

보조 축은 혼합형 차트가 아니더라도 특정 계열에 지정할 수 있으며, 주로 혼합형 차트에서 효과적으로 활용됨

110

다음 중 세로 막대형 차트의 데이터 계열 서식에서 '계열 겹치기'와 '간격 너비'에 대한 설명으로 옳은 것은?

① '계열 겹치기' 값을 양수로 설정하면 계열 사이가 벌어진다.
② '계열 겹치기' 값을 음수로 설정하면 계열이 서로 겹쳐진다.
③ '간격 너비' 값을 크게 설정하면 막대의 너비가 넓어진다.
④ '간격 너비' 값을 작게 설정하면 막대의 너비가 넓어진다.

- '계열 겹치기'는 막대의 겹침 정도를 조절하며 양수는 겹치고 음수는 벌어짐
- '간격 너비'는 막대간 간격을 조절하는 기능으로, 값이 작을수록 간격이 좁아져 막대가 두꺼워지고 클수록 간격이 넓어져 막대가 가늘어짐

111

다음 중 도넛형 차트에 대한 설명으로 옳지 않은 것은?

① 원형 차트와 달리 여러 개의 데이터 계열을 표현할 수 있다.
② 전체에 대한 각 부분의 비율을 나타내는 데 적합하다.
③ 데이터 계열 서식에서 '도넛 구멍 크기'를 조절할 수 있다.
④ 추세선을 추가하여 데이터의 변화 경향을 분석할 수 있다.

도넛형 차트는 추세선을 추가할 수 없으며, 다중 계열을 지원한다는 점이 가장 큰 특징임

112

다음 중 차트에서 특정 데이터 계열만 선택하여 차트 종류를 변경하는 방법에 대한 설명으로 옳은 것은?

① 차트 전체를 선택하고 차트 디자인 탭에서 차트 종류 변경을 클릭하여 변경한다.
② 변경하려는 데이터 계열을 선택하고 마우스 오른쪽 버튼을 클릭하여 계열 차트 종류 변경을 선택한다.
③ 데이터 원본 선택 대화상자에서 해당 계열을 삭제한 후 새로운 차트 종류로 다시 추가한다.
④ 차트 종류 변경은 모든 계열에 일괄 적용되며, 특정 계열만 변경하는 것은 불가능하다.

특정 계열의 차트 종류를 변경하면 혼합형(콤보) 차트가 만들어짐

113

다음 중 차트의 축 서식 설정에 대한 설명으로 옳지 않은 것은?

① 세로(값) 축의 최소값, 최대값, 주 단위를 고정된 값으로 설정할 수 있다.
② 데이터에 음수 값이 포함된 경우에도 로그 눈금 간격을 사용할 수 있다.
③ 가로(항목) 축과 세로(값) 축이 교차하는 위치를 변경할 수 있다.
④ '값을 거꾸로' 옵션을 선택하면 축의 값 표시 순서가 반대로 변경된다.

축 서식을 로그 눈금으로 설정할 때는 데이터 값이 양수일 때만 가능하며, 0이나 음수 값이 포함되면 로그 눈금 적용 불가

114

다음 중 차트의 데이터 레이블에 대한 설명으로 옳지 않은 것은?

① 데이터 레이블로 표시된 값은 원본 데이터가 변경되어도 자동으로 업데이트되지 않는다.
② 데이터 레이블의 위치(가운데, 안쪽 끝에, 바깥쪽 끝에 등)를 변경할 수 있다.
③ 데이터 레이블의 텍스트 서식(글꼴, 크기, 색상)을 변경할 수 있다.
④ 데이터 계열의 각 요소에 값, 항목 이름, 계열 이름 등을 표시할 수 있다.

데이터 레이블은 원본 데이터와 연결되어 있어, 원본 데이터 값이 변경되면 차트와 데이터 레이블의 값도 자동으로 업데이트 됨

115

다음 중 3차원 차트에 대한 설명으로 옳지 않은 것은?

① 데이터 계열 간의 비교를 입체적으로 표현할 수 있다.
② 3차원 회전 옵션을 통해 차트의 X, Y축 회전 각도를 조절할 수 있다.
③ 모든 종류의 차트는 3차원 형태로 변환할 수 있다.
④ 원근감을 조절하여 차트의 깊이감을 다르게 표현할 수 있다.

분산형, 거품형 차트 등 일부 차트 종류는 3차원 형태로 제공되지 않음

116

다음 중 매크로 기록 시 설정할 수 있는 항목으로 옳지 않은 것은?

① 매크로 이름: 매크로를 식별하기 위한 이름을 지정한다.
② 바로 가기 키: 매크로를 빠르게 실행하기 위한 단축키를 지정한다.
③ 매크로 저장 위치: 매크로를 저장할 대상(현재 통합 문서, 개인용 매크로 통합 문서 등)을 지정한다.
④ 매크로 실행 조건: 특정 조건(셀 값 변경, 특정 시간 도달 등)을 만족할 때만 매크로가 실행되도록 설정한다.

'매크로 기록' 대화상자에서는 매크로 이름, 바로 가기 키, 매크로 저장 위치, 설명을 설정할 수 있으며, 특정 조건에 따라 매크로를 실행하는 것은 VBA 코드를 추가해야 가능

117

다음 중 매크로 저장 위치 중 개인용 매크로 통합 문서(Personal.xlsb)에 대한 설명으로 옳은 것은?

① 현재 작업 중인 통합 문서에만 매크로가 저장되어 해당 파일에서만 사용할 수 있다.
② 네트워크 드라이브에 저장되어 여러 사용자가 공유하여 사용할 수 있다.
③ 엑셀을 실행할 때마다 자동으로 열리는 숨겨진 통합 문서로, 모든 통합 문서에서 해당 매크로를 실행할 수 있다.
④ 매크로 기록 시 기본적으로 선택되는 저장 위치이다.

처음 매크로 저장 시 '개인용 매크로 통합 문서'에 저장하면 엑셀 실행 시 자동으로 열리며, 모든 파일에서 사용 불가

118

다음 중 Visual Basic Editor(VBE)에 대한 설명으로 옳지 않은 것은?

① VBE를 실행하는 단축키는 [Alt] + [F11]이다.
② 기록된 매크로는 모듈(Module) 시트에 VBA 코드로 저장된다.
③ VBE에서 매크로 코드를 수정하면 해당 매크로의 동작을 변경할 수 있다.
④ VBE에서는 매크로를 실행할 수 없으며, 반드시 엑셀 워크시트 화면으로 돌아와야 실행할 수 있다.

VBE 창에서도 [F5]를 누르거나 도구 모음의 실행 버튼을 클릭하여 매크로(프로시저)를 실행 가능

119

다음 중 페이지 설정 대화상자의 페이지 탭에서 설정할 수 있는 항목은?

① 인쇄 제목(반복할 행/열)
② 용지 방향 가로·세로 및 확대/축소 배율
③ 페이지 가운데 맞춤(가로/세로)
④ 짝수와 홀수 페이지를 다르게 지정

'페이지' 탭에서는 용지 방향, 배율(확대/축소, 자동 맞춤), 용지 크기, 인쇄 품질 등을 설정
① '시트' 탭 ③ '여백' 탭 ④ '머리글/바닥글' 탭

120

다음 중 엑셀의 인쇄 기능에 대한 설명으로 옳지 않은 것은?

① 워크시트의 특정 부분만 인쇄하려면 해당 영역을 선택하고 인쇄 영역 설정을 하거나, 인쇄 시 선택 영역 인쇄를 선택한다.
② 페이지 나누기 미리 보기에서 페이지 구분선을 마우스로 드래그하여 페이지 영역을 조정할 수 있다.
③ 여러 시트를 동시에 인쇄할 경우, 각 시트마다 인쇄 매수를 다르게 설정할 수 있다.
④ 차트만 선택하여 인쇄하면 차트가 용지에 맞게 확대되어 인쇄된다.

여러 시트를 한 번에 인쇄하면 지정한 매수가 모든 시트에 동일하게 적용되어 시트별로 다르게 설정할 수 없음

121

다음 중 엑셀의 데이터 입력 및 편집에 대한 설명으로 옳지 않은 것은?

① 한 셀에 여러 줄의 데이터를 입력하려면 Alt + Enter↵ 키를 사용한다.
② 여러 셀에 동일한 데이터를 한 번에 입력하려면 범위를 지정한 후 데이터를 입력하고 Ctrl + Enter↵ 키를 누른다.
③ 숫자 데이터를 문자열로 입력하려면 숫자 앞에 작은따옴표(')를 붙여 입력한다.
④ 셀에 입력된 수식을 결괏값이 아닌 수식 그대로 표시하려면 셀 서식의 표시 형식을 '수식'으로 지정한다.

> 셀에 입력된 수식을 그대로 표시하려면 수식 앞에 작은따옴표(')를 붙이면 됨

122

다음 중 입력 데이터에 주어진 사용자 지정 표시 형식을 적용했을 때, 그 결과가 옳지 않은 것은?

① 입력 데이터: 2025-09-03, 표시 형식: yyyy년m월d일ddd, 결과: 2025년9월3일Wed
② 입력 데이터: 0.5, 표시 형식: #.##, 결과: .5
③ 입력 데이터: 1500000, 표시 형식: [Blue]#,##0, 결과: 1,500,000 (글꼴 색 파랑으로 표시)
④ 입력 데이터: 홍길동, 표시 형식: @*님, 결과: 홍길동님

> - 별표(*) 기호는 바로 뒤의 문자 1개를 셀 너비만큼 반복하여 채움
> - 여기서 문자 1개란 1바이트 문자(영문자, 숫자 등)여야 함
> - 님은 유니코드(2바이트 문자)이므로 @*님 지정 시 오류 발생

123

다음 중 피벗 테이블에 대한 설명으로 옳지 않은 것은?

① 원본 데이터가 변경되면 피벗 테이블 보고서의 데이터도 자동으로 변경된다.
② 피벗 테이블을 삭제해도 함께 작성한 피벗 차트는 일반 차트로 변경되어 유지된다.
③ 피벗 테이블의 값 영역에는 합계, 평균, 개수, 최댓값, 최솟값 등의 함수를 사용할 수 있다.
④ 피벗 테이블의 삽입 위치는 새 워크시트 또는 기존 워크시트 중 선택할 수 있다.

> 피벗 테이블은 원본 데이터가 변경되어도 자동으로 갱신되지 않고 원본 데이터의 변경 사항을 반영하려면 피벗 테이블을 선택하고 피벗 테이블 분석 탭에서 새로 고침을 클릭해야 함

124

다음 중 고급 필터의 조건 지정 방법에 대한 설명으로 옳지 않은 것은?

① 조건을 같은 행에 입력하면 AND 조건으로 연결된다.
② 조건을 다른 행에 입력하면 OR 조건으로 연결된다.
③ 함수나 수식을 사용하여 조건을 지정할 경우, 조건 범위의 첫 행(필드명)은 원본 데이터의 필드명과 동일하게 입력해야 한다.
④ 와일드카드 문자(*, ?)를 사용하여 텍스트 데이터를 비교할 수 있다.

> 고급 필터에서 함수나 수식을 조건으로 쓸 때는 필드명을 원본 필드명과 다르게 하거나 비워야 함

125

다음 중 엑셀의 데이터 분석 도구인 시나리오 관리자에 대한 설명으로 옳지 않은 것은?

① 하나의 시나리오에 최대 32개까지 변경 셀을 지정할 수 있다.
② 다양한 상황과 변수에 따른 여러 가지 결괏값 변화를 가상의 상황을 통해 예측하고 분석할 수 있다.
③ 시나리오 결과를 요약 보고서나 피벗 테이블 보고서로 작성할 수 있다.
④ 특정 결괏값을 얻기 위해 하나의 입력값이 어떻게 변해야 하는지 예측할 때 유용하다.

> 시나리오는 다수 입력값 변화 → 결괏값 예측, 목표값 찾기는 목표 결괏값 → 단일 입력값 탐색이라는 차이가 있음

126

다음 중 차트 작성 및 편집에 대한 설명으로 옳지 않은 것은?

① 데이터 계열의 순서는 변경할 수 있지만, 데이터 계열의 이름은 변경할 수 없다.
② 추세선은 데이터의 경향을 예측하기 위해 사용되며, 꺾은선형, 막대형, 분산형 차트 등에서 사용할 수 있다.
③ 원형 차트는 항상 한 개의 데이터 계열만 가질 수 있으며, 전체에 대한 각 부분의 비율을 나타낼 때 적합하다.
④ 차트 제목, 축 제목, 범례, 데이터 레이블 등의 차트 구성 요소는 추가하거나 제거할 수 있다.

> 차트를 선택하고 차트 디자인 탭 → 데이터 선택을 클릭하면 데이터 계열의 순서를 바꾸거나 편집으로 이름을 변경할 수 있음

127

다음 중 아래 워크시트에서 C2 셀에 수식 = VLOOKUP(A2, $E$2:$F$5, 2, FALSE)를 입력하고 C4 셀까지 채우기 핸들을 드래그했을 때, C4 셀의 결괏값으로 옳은 것은?

	A	B	C	D	E	F
1	코드	제품명	단가		코드	단가
2	A01	연필			A01	1500
3	A04	형광펜			A02	1800
4	A03	지우개			A03	800
5	A02	볼펜			A04	2300

① 1500
② 800
③ 500
④ #N/A

> [C4] 셀의 수식 =VLOOKUP(A4, $E$2:$F$5, 2, FALSE)은 A4 셀의 값 'A03'을 참조 범위 E2:F5의 첫 번째 열(E열)에서 정확히 일치(FALSE)하는 값을 찾아, 같은 행의 두 번째 열(F열) 값인 800을 반환

128

다음 중 엑셀의 페이지 설정 대화상자의 각 탭에서 설정할 수 있는 내용으로 옳지 않은 것은?

① 페이지 탭: 자동 맞춤 기능을 이용하여 여러 페이지의 내용을 한 장에 모아서 인쇄할 수 있다.
② 여백 탭: 용지 방향을 가로 또는 세로로 설정할 수 있다.
③ 머리글/바닥글 탭: 머리글이나 바닥글에 페이지 번호, 날짜, 파일 이름 등을 삽입할 수 있다.
④ 시트 탭: 워크시트에 포함된 메모를 시트 끝에 인쇄 또는 시트에 표시된 대로 인쇄할지 선택할 수 있다.

> 용지 방향(가로/세로) 설정은 여백 탭이 아니라 페이지 탭에서 설정하고, 여백 탭에서는 상하좌우 여백 크기 조절 및 페이지 가운데 맞춤 등을 설정

129

다음 중 매크로 기록 및 실행에 대한 설명으로 옳지 않은 것은?

① 매크로 이름의 첫 글자는 반드시 문자여야 하며, 공백이나 특수문자는 사용할 수 없다.
② 매크로 바로 가기 키를 지정할 때 영문 대문자를 사용하면 조합 키가 Ctrl + Shift 로 자동 변경된다.
③ 매크로 저장 위치를 개인용 매크로 통합 문서로 지정하면 해당 매크로를 모든 엑셀 파일에서 사용할 수 있다.
④ 엑셀에서 기본적으로 사용하는 바로 가기 키와 동일한 키를 매크로 바로 가기 키로 지정하면, 엑셀의 기본 바로 가기 키가 우선 실행된다.

엑셀의 매크로 바로 가기 키를 기본 키(Ctrl + C 등)와 동일하게 지정하면 매크로 바로 가기 키가 기본 키보다 우선이므로 기본 기능은 무시됨(예 Ctrl + C에 매크로 할당 시 복사 기능이 손실됨)

130

다음 중 데이터 유효성 검사에 대한 설명으로 옳지 않은 것은?

① 셀에 입력할 수 있는 데이터의 종류나 값을 제한하여 데이터 입력 오류를 줄일 수 있다.
② 유효성 조건의 제한 대상으로 정수, 소수점, 목록, 날짜, 시간 등을 설정할 수 있다.
③ [설명 메시지] 탭에서 셀을 선택했을 때 표시될 메시지를 설정할 수 있다.
④ 이미 입력되어 있는 잘못된 데이터는 유효성 검사 설정 후 즉시 오류 메시지가 표시되어 수정된다.

데이터 유효성 검사는 설정 후 입력되는 데이터에만 적용되며, 기존의 잘못된 입력값에는 자동으로 적용되지 않음

131

다음 중 아래 워크시트에서 수식 = INDEX(B2:D5, 3, 2)의 실행 결과로 옳은 것은?

	A	B	C	D
1	이름	국어	영어	수학
2	김철수	85	90	75
3	이혜진	70	95	88
4	박민준	92	80	95
5	최지우	88	75	90

① 95
② 80
③ 92
④ 이혜진

INDEX(범위, 행 번호, 열 번호) 함수는 지정된 범위에서 해당 행과 열이 만나는 값을 반환함

132

다음 중 조건부 서식의 새 서식 규칙 설정에 대한 설명으로 옳지 않은 것은?

① 다음을 포함하는 셀만 서식 지정을 선택하면 셀 값, 특정 텍스트, 날짜 등에 따라 서식을 지정할 수 있다.
② 상위 또는 하위값만 서식 지정을 선택하면 지정한 범위에서 상위/하위 백분율 또는 개수에 해당하는 값에 서식을 지정할 수 있다.
③ 수식을 사용하여 서식을 지정할 셀 결정을 선택할 경우, 수식은 반드시 등호(=)로 시작해야 한다.
④ 조건부 서식 규칙이 여러 개 설정된 경우, 충돌이 발생하면 가장 나중에 설정된 규칙의 서식이 먼저 적용된다.

조건부 서식 규칙이 여러 개 설정되어 충돌하면, 목록의 위쪽 규칙이 적용되며, 규칙 관리 대화상자에서 순서를 바꿔 우선순위 조절 가능함

133

다음 중 엑셀의 틀 고정 기능에 대한 설명으로 옳지 않은 것은?

① 화면을 스크롤할 때 특정 행이나 열을 항상 화면에 표시되도록 설정하는 기능이다.
② 틀 고정은 [보기] 탭의 [창] 그룹에서 설정할 수 있다.
③ 현재 선택한 셀을 기준으로 틀 고정을 실행하면 셀 포인터의 왼쪽과 위쪽을 기준으로 틀 고정선이 생긴다.
④ 화면에 표시되는 틀 고정 형태는 인쇄 시에도 그대로 적용되어 출력된다.

> 틀 고정은 화면에서만 적용되며 인쇄에는 반영되지 않으며 인쇄 시 반복할 행·열은 페이지 레이아웃 → 페이지 설정 → 인쇄 제목에서 지정해야 함

134

다음 중 부분합 기능에 대한 설명으로 옳지 않은 것은?

① 부분합을 실행하기 전에 반드시 그룹화할 항목을 기준으로 데이터를 정렬해야 올바른 결과를 얻을 수 있다.
② 부분합을 실행하면 자동으로 윤곽(개요)이 설정되어 각 수준의 데이터를 숨기거나 표시할 수 있다.
③ 그룹화할 항목으로 선택된 필드는 자동으로 오름차순 정렬된 후 부분합이 계산된다.
④ 새로운 값으로 대치 옵션을 해제하면 기존 부분합은 유지되어 새로운 부분합 추가 시 중첩 부분합을 작성할 수 있다.

> 부분합 기능에는 자동 정렬이 없으므로 실행 전에 사용자가 데이터를 먼저 정렬해야 하고 부분합의 전제 조건은 정렬임을 기억해야 함

135

다음 중 아래 워크시트에서 D2 셀에 수식=IF(B2>=90, "A", IF(B2>=80, "B", "C"))를 입력하고 채우기 핸들을 이용하여 D5 셀까지 복사했을 때, D4 셀의 결과로 옳은 것은?

	A	B	C	D
1	이름	점수	순위	판정
2	남보라	94	2	
3	김태영	88	3	
4	노민우	79	4	
5	김세민	98	1	

① A
② B
③ C
④ #VALUE!

> [D4] 셀의 수식 =IF(B4>=90, "A", IF(B4>=80, "B", "C"))에서 B4 → 79이므로 첫 번째 조건(>=90)과 두 번째 조건(>=80)이 모두 거짓으로 최종 결과는 C

136

다음 중 엑셀에서 발생하는 오류 메시지와 그 발생 원인에 대한 연결로 옳지 않은 것은?

① #REF!: 유효하지 않은 셀 참조를 지정했을 때
② #VALUE!: 잘못된 인수나 피연산자를 사용했을 때
③ #DIV/0!: 특정 값을 0이나 빈 셀로 나누었을 때
④ #NAME?: 표현할 수 있는 숫자의 범위를 벗어났을 때

> 숫자 범위를 벗어나면 #NUM! 오류가 발생하고, 정의되지 않은 이름이나 함수 이름 오타처럼 인식 불가한 텍스트를 쓰면 #NAME? 오류가 발생

137

다음 중 데이터 통합 기능에 대한 설명으로 옳지 않은 것은?

① 여러 범위에 흩어져 있는 데이터를 지정한 위치에 합계, 평균 등으로 요약하여 통합할 수 있다.
② 통합 결과는 항상 값만 표시되고, 수식은 포함되지 않는다.
③ 원본 데이터 연결 기능은 통합할 데이터가 같은 통합 문서에 있거나, 서로 다른 통합문서에 있더라도 사용할 수 있다.
④ 다른 시트 문서에 입력된 데이터도 통합할 수 있다.

데이터 통합을 실시하면 기본적으로 계산된 값만 표시되지만, 원본 데이터 연결 옵션을 선택할 경우에는 결과가 수식 형태로 표시된다.

138

다음 중 차트의 구성 요소에 대한 설명으로 옳지 않은 것은?

① 데이터 레이블: 데이터 계열이나 요소의 값을 차트에 표시한다.
② 범례: 데이터 계열의 무늬나 색상 및 계열 이름을 표시한다.
③ 추세선: 데이터의 경향을 선으로 표시하며, 모든 종류의 차트에 추가할 수 있다.
④ 축 제목: 가로(항목) 축이나 세로(값) 축의 제목을 표시한다.

추세선은 데이터 분석과 예측에 쓰이지만, 3차원, 방사형, 원형, 도넛형, 표면형 차트에는 추가 불가

139

다음 중 엑셀의 옵션 설정에 대한 설명으로 옳지 않은 것은?

① 일반 탭에서 새 통합 문서를 만들 때 기본 글꼴, 글꼴 크기, 포함할 시트 수 등을 설정할 수 있다.
② 수식 탭에서 자동 계산, 수동 계산 등의 계산 옵션을 설정할 수 있다.
③ 저장 탭에서 자동 복구 정보 저장 간격 및 기본 파일 위치를 설정할 수 있다.
④ 고급 탭에서 리본 사용자 지정 및 빠른 실행 도구 모음을 설정할 수 있다.

리본 사용자 지정과 빠른 실행 도구 모음은 Excel 옵션의 리본 사용자 지정, 빠른 실행 도구 모음에서 각각 설정하며, 고급 탭은 편집, 표시 등의 세부 환경을 설정

140

다음 중 아래 워크시트에서 A1 셀을 선택하고 채우기 핸들을 아래로 드래그했을 때, A3 셀에 입력되는 값으로 옳은 것은?

	A
1	12월 1일
2	
3	

① 12월 1일
② 12월 2일
③ 12월 3일
④ 12월 4일

날짜 데이터로 일(day)이 1씩 증가함

141

다음 중 셀 참조 방식에 대한 설명으로 옳지 않은 것은?

① 상대 참조(예: A1): 수식을 복사하거나 채울 때 참조하는 셀의 위치가 상대적으로 변한다.
② 절대 참조(예: $A$1): 수식을 복사하거나 채울 때 참조하는 셀의 위치가 항상 고정된다.
③ 혼합 참조(예: $A1 또는 A$1): 행이나 열 중 하나만 고정하고 다른 하나는 상대적으로 변하게 하는 방식이다.
④ 수식 입력 중 셀 주소를 클릭하면 기본적으로 절대 참조로 입력되며, F4 키를 눌러 상대 참조로 변경할 수 있다.

수식 입력 시 셀 주소는 기본적으로 상대 참조로 입력되며, F4 키를 누를 때마다 절대 참조(&A$1) → 혼합 참조(A$1) → 혼합 참조($A1) → 상대 참조(A1) 순서로 변경됨

142

다음 중 데이터 정렬에 대한 설명으로 옳지 않은 것은?

① 정렬 기준은 최대 64개까지 설정할 수 있다.
② 오름차순 정렬 시 공백(빈 셀)은 항상 목록의 가장 마지막에 위치한다.
③ 영문자는 대소문자를 구분하여 정렬할 수 있는 옵션을 제공한다.
④ 숨겨진 행이나 열에 있는 데이터도 정렬에 포함되어 함께 이동한다.

데이터 정렬 시 숨겨진 행, 열은 제외되고, 화면에 보이는 데이터만 정렬됨

143

다음 중 창 나누기 기능에 대한 설명으로 옳은 것은?

① 창 나누기를 수행하면 현재 셀 포인터의 위치에 따라 최대 2개 부분으로만 나눌 수 있다.
② 창 나누기 구분 선은 마우스로 드래그하여 위치를 이동할 수 없다.
③ 현재 선택한 셀을 기준으로 창 나누기를 실행하면 셀 포인터의 왼쪽과 위쪽에 창 구분선이 생긴다.
④ 화면에 표시되는 창 나누기 형태는 인쇄 시 그대로 적용된다.

보기 탭 → 창 그룹 → 나누기를 실행하면 현재 셀 포인터의 왼쪽 상단을 기준으로 창이 분할됨
① 최대 4개 부분으로 나눌 수 있음, ② 창 나누기 구분 선은 마우스로 드래그하여 위치 이동이 가능, ④ 창 나누기는 화면 보기용 기능으로 인쇄 시 적용되지 않음

144

다음 중 함수식에 대한 결과가 옳지 않은 것은?

① =MOD(10, 3) → 1
② =INT(-5.2) → -5
③ =TRUNC(8.7) → 8
④ =POWER(2, 4) → 16

INT(숫자) 함수는 음수의 경우 0에서 먼 방향으로 내림함으로 -6이 반환됨

145

다음 중 매크로 보안 설정에 대한 설명으로 옳지 않은 것은?

① [개발 도구] 탭 → [코드] 그룹 → 매크로 보안에서 설정할 수 있다.
② 알림이 없는 매크로 사용 안 함은 선택하면 보안이 가장 강하지만 매크로 파일을 실행하기 어렵다.
③ 알림이 포함된 VBA 매크로 사용 안 함은 일반 사용자에게 보편적으로 권장되는 방식이다.
④ VBA 매크로 사용(권장 안 함, 위험한 코드가 실행될 수 있음)을 선택하면 신뢰된 게시자의 디지털 서명이 있는 매크로만 자동 실행된다.

VBA 매크로 사용(권장 안 함, 위험한 코드가 실행될 수 있음)을 선택하면 모든 매크로가 경고 없이 실행됨

146

다음 중 엑셀의 시트 보호 기능에 대한 설명으로 옳지 않은 것은?

① 시트 보호를 설정하기 전에 보호할 셀의 셀 서식 → 보호 탭에서 잠금 속성이 설정되어 있어야 한다.
② 시트 보호가 설정되면 사용자가 지정한 암호를 입력해도 행 삽입이나 열 삭제는 절대로 수행할 수 없다.
③ 기본적으로 모든 셀은 잠금 속성이 설정되어 있다.
④ 시트 보호를 설정하면 기본적으로 셀의 데이터 입력 및 수정이 제한된다.

시트 보호 설정 시 워크시트에서 허용할 내용 목록에서 사용자가 수행할 수 있는 작업(예 행 삽입, 열 삭제, 정렬 등)을 선택적으로 허용할 수 있고 암호와는 상관없이 보호 설정 시 해당 작업이 허용되어 있다면 수행이 가능함

147

다음 중 아래 워크시트에서 A7 셀에 =SUMIFS(D2:D6, A2:A6, "연필", B2:B6, "서울") 수식을 입력했을 때의 결괏값으로 옳은 것은?

	A	B	C	D
1	품목	대리점	판매계획	판매실적
2	연필	경기	150	100
3	볼펜	서울	150	200
4	연필	서울	300	300
5	볼펜	경기	300	400
6	연필	서울	300	200
7				

① 100
② 300
③ 500
④ 600

SUMIFS(합계 범위, 조건 범위1, 조건1, 조건 범위2, 조건2, ...) 함수는 여러 조건을 모두 만족하는 데이터의 합계를 구하므로, SUMIFS(D2:D6, A2:A6, "연필", B2:B6, "서울")은 두 조건(연필, 서울)을 모두 만족하는 값만 합산. 해당 행은 4행(300)과 6행(200)으로, 결과로 500이 반환

148

다음 중 데이터 입력 및 표시에 대한 설명으로 옳지 않은 것은?

① 날짜 데이터를 입력할 때 연도와 월만 입력하면 일자는 자동으로 해당 월의 1일로 입력된다.
② 숫자 데이터는 기본적으로 셀의 오른쪽에 정렬되고, 문자 데이터는 왼쪽에 정렬된다.
③ 셀에 4/9를 입력하면 기본적으로 04월09일 형태로 표시된다.
④ 날짜 및 시간 데이터는 기본적으로 왼쪽에 정렬되어 표시된다.

• 날짜 및 시간 데이터는 숫자 데이터로 취급되므로, 기본적으로 셀의 오른쪽에 정렬됨
• 숫자/날짜/시간: 오른쪽, 문자: 왼쪽, 논리값: 가운데 정렬

149

다음 중 워크시트 관리에 대한 설명으로 옳지 않은 것은?

① 시트 이름은 공백을 포함하여 최대 31자까지 지정할 수 있다.
② 여러 개의 워크시트를 선택한 상태에서 데이터를 입력하면 선택된 모든 시트의 동일한 셀에 데이터가 입력된다.
③ **시트 삭제 작업은 실행 취소를 통해 되돌릴 수 있다.**
④ Ctrl 키를 누른 채 시트 탭을 드래그하면 해당 시트가 복사된다.

> 시트 삭제 작업은 영구적으로 데이터를 삭제하는 것이므로, 실행 취소(Ctrl + Z)를 통해 되돌릴 수 없고, 삭제 전 경고 메시지가 표시됨

150

다음 중 아래 워크시트와 같이 특정 값의 변화에 따른 결괏값의 변화 과정을 표 형태로 보여주는 가상 분석 도구로 옳은 것은?

	A	B
1	판매단가	1000
2	판매수량	50
3	매출액	50000
4		
5	수량	매출액
6	50	50000
7	60	60000
8	70	70000

① 목표값 찾기
② 시나리오 관리자
③ **데이터 표**
④ 데이터 통합

> 데이터 표는 특정 값 변화(판매수량 50, 60, 70)에 따른 결괏값(매출액) 변화를 표로 보여주는 도구

151

다음 중 셀에 메모를 삽입하는 방법에 대한 설명으로 옳지 않은 것은?

① 바로 가기 키 Shift + F2를 눌러 메모를 삽입할 수 있다.
② 메모가 삽입된 셀은 오른쪽 상단에 빨간색 삼각형 표시가 나타난다.
③ **메모의 내용은 서식을 변경할 수 없으며, 항상 기본 글꼴로 표시된다.**
④ [검토] 탭의 [메모] 그룹에서 메모를 삽입, 삭제, 편집할 수 있다.

> 메모는 단순 텍스트 입력뿐만 아니라 글꼴, 크기, 색상 등 서식 지정도 가능함. 메모 선택 → 마우스 오른쪽 버튼 → 메모 서식을 선택하여 적용

152

다음 중 엑셀의 정렬 기능에서 사용자 지정 목록을 사용할 때 설명으로 옳은 것은?

① **오름차순이나 내림차순이 아닌 사용자가 정의한 특정 순서대로 데이터를 정렬할 때 사용한다.**
② 글꼴 색이나 셀 배경색을 기준으로 데이터를 정렬할 때 사용한다.
③ 데이터를 행 방향이 아닌 열 방향으로 정렬할 때 사용한다.
④ 조건부 서식 아이콘을 기준으로 데이터를 정렬할 때 사용한다.

> 사용자 지정 목록은 기본 정렬 순서(오름차순, 내림차순) 대신 부장 → 차장 → 과장 → 대리 → 사원처럼 특정 순서로 정렬할 때 사용됨

153

다음 중 아래 워크시트에서 출석일수가 15일 이상이면서 점수가 80점 이상인 학생 수를 구하기 위한 수식으로 옳은 것은?

	A	B	C
1	이름	출석 일수	점수
2	김유정	22	86
3	이재성	14	92
4	문보영	18	77
5	김도현	16	89

① =COUNTIF(B2:C5, ">=15", ">=80")
② =COUNTIFS(B2:B5, ">=15", C2:C5, ">=80")
③ =DSUM(A1:C5, 1, B2:C5>=15, C2:C5>=80)
④ =SUMPRODUCT((B2:B5>=15)*(C2:C5>=80))

- 여러 조건을 만족하는 데이터의 개수를 구할 때는 COUNTIFS 함수를 사용
- 첫 번째 조건 범위(B2:B5)에서 출석 일수가 15 이상이고, 두 번째 조건 범위 (C2:C5)에서 점수가 80 이상인 데이터의 개수를 구함

154

다음 중 피벗 차트에 대한 설명으로 옳지 않은 것은?

① 피벗 차트를 만들면 일반적으로 먼저 연결된 피벗 테이블이 생성된다.
② 피벗 차트에서 필터링을 수행하면 연결된 피벗 테이블의 데이터도 함께 필터링된다.
③ 피벗 테이블을 삭제하면 연결된 피벗 차트도 자동으로 삭제된다.
④ 피벗 차트는 피벗 테이블의 데이터를 시각적으로 표현한 것으로, 다양한 차트 종류로 변경이 가능하다.

피벗 테이블을 삭제하면 연결된 피벗 차트는 자동 삭제되지 않고 일반 차트로 변경되어 남는다.

155

다음 중 엑셀의 인쇄 기능에 대한 설명으로 옳지 않은 것은?

① 인쇄 미리 보기 상태에서 여백 표시 기능을 이용하여 열 너비를 조절할 수 있다.
② 워크시트의 특정 부분만 인쇄하려면 범위를 지정한 후 페이지 레이아웃 탭에서 인쇄 영역 설정을 클릭한다.
③ 인쇄 배율을 수동으로 설정하거나, 자동 맞춤(용지 너비/높이)을 이용하여 한 페이지에 인쇄할 수 있다.
④ 페이지 설정 대화 상자의 시트 탭에서 간단하게 인쇄를 선택하면 셀 테두리, 도형, 차트 등이 흑백으로 인쇄된다.

간단하게 인쇄 옵션은 셀 테두리, 도형, 차트, 그림 등 그래픽 요소를 제외하고 텍스트 데이터만 인쇄해 인쇄 속도를 높이고 잉크/토너를 절약하는 기능으로 인쇄 품질 향상과는 관련이 없음

156

다음 중 셀에 데이터를 입력하거나 편집할 때 사용하는 바로 가기 키에 대한 설명으로 옳지 않은 것은?

① F2: 셀 편집 모드로 전환
② Esc: 데이터 입력 또는 편집 취소
③ Shift + Tab: 오른쪽 셀로 이동
④ Shift + Enter↵: 위쪽 셀로 이동

Shift + Tab 키를 누르면 왼쪽 셀로 이동됨

157

다음 중 선택하여 붙여넣기 기능에 대한 설명으로 옳지 않은 것은?

① 복사한 데이터를 다양한 옵션(값, 서식, 수식 등)을 적용하여 붙여 넣을 수 있다.
② 잘라내기를 실행한 상태에서도 선택하여 붙여넣기의 모든 옵션을 사용할 수 있다.
③ 행/열 바꿈 옵션을 선택하면 복사한 데이터의 가로 방향과 세로 방향을 바꾸어 붙여 넣을 수 있다.
④ 연산 옵션을 사용하여 복사한 값과 붙여 넣을 위치의 값을 더하기, 빼기, 곱하기, 나누기 계산을 할 수 있다.

> 선택하여 붙여넣기는 복사하기(Ctrl + C)를 실행한 후에만 사용할 수 있으며 잘라내기(Ctrl + X)를 실행한 상태에서는 사용 불가

158

다음 중 고급 필터 실행 결과에 대한 설명으로 옳은 것은?

〈조건 범위〉

부서명	실적
영업부	>=5000
	< 3000

① 부서명이 영업부이면서 실적이 5000 이상이거나 3000 미만인 데이터
② 부서명이 영업부이거나 실적이 5000 이상 또는 3000 미만인 데이터
③ 부서명이 영업부이면서 실적이 5000 이상 또는 모든 부서의 실적이 3000 미만인 데이터
④ 부서명이 영업부가 아니면서 실적이 5000 이상이고 3000 미만인 데이터

> 첫 번째 행은 부서명이 영업부이고 실적이 5000 이상이라는 AND 조건이고, 두 번째 행은 부서명이 빈 셀이므로 모든 부서를 의미하고, 실적이 3000 미만이라는 조건으로 이 두 조건은 OR로 연결됨

159

다음 중 데이터 유효성 검사의 [오류 메시지] 탭에서 설정할 수 있는 스타일로 옳지 않은 것은?

① 중지
② 경고
③ 정보
④ 확인

> 데이터 유효성 검사 오류 메시지는 중지, 경고, 정보 세 가지가 있는데, 중지는 잘못된 입력을 차단하고, 경고/정보는 메시지를 표시하지만 입력은 허용함

160

다음 중 3차원 차트로 작성할 수 없는 차트 종류는?

① 세로 막대형 차트
② 꺾은선형 차트
③ 원형 차트
④ 분산형 차트

> 분산형 차트는 X, Y 좌표로 데이터 계열 간의 관계를 나타내며, 3차원 차트로 작성할 수 없음

161

다음 중 매크로 기록 대화상자에서 설정할 수 있는 항목이 아닌 것은?

① 매크로 이름
② 바로 가기 키
③ 매크로 저장 위치
④ 매크로 실행 속도

> [매크로 기록] 대화상자에서는 매크로 이름, 바로 가기 키, 저장 위치, 설명을 설정할 수 있고 매크로 실행 속도를 조절하는 옵션은 제공되지 않음

162

다음 중 아래 워크시트에서 A1:C4 영역을 선택하고 수식 =COUNTA(A1:C4)를 실행했을 때의 결과로 옳은 것은?

	A	B	C
1	날짜	제품명	수량
2	9/3	사고	10
3		배	5
4	9/5		8

① 3
② 8
③ 10
④ 12

- COUNTA 함수는 범위 내에서 비어 있지 않은 셀(데이터가 입력된 셀)의 개수를 구함
- A1:C4 범위에서 데이터가 입력된 셀의 개수는 10개이고, 비어 있는 셀은 [A3], [B4] 2개. COUNT 함수는 숫자 데이터가 입력된 셀의 개수를 셈

163

다음 중 피벗 테이블의 피벗 테이블 옵션에서 설정할 수 있는 내용으로 옳지 않은 것은?

① 레이블이 있는 셀 병합 및 가운데 맞춤
② 오류 값 표시
③ 빈 셀 표시
④ 원본 데이터 변경 시 자동으로 피벗 테이블 새로 고침 설정

새로 고침은 피벗 테이블 옵션 → 데이터 탭에서 설정할 수 있으나, 원본 변경 시 즉시 자동 새로 고침은 지원되지 않음(파일 열기 또는 수동 새로 고침만 가능)

164

다음 중 엑셀의 통합 문서 보호와 시트 보호에 대한 설명으로 옳지 않은 것은?

① 시트 보호는 특정 워크시트의 셀 내용을 수정하거나 삭제하지 못하도록 보호하는 기능이다.
② 통합 문서 보호가 설정되면 시트 내의 모든 셀 내용도 자동으로 보호되어 수정할 수 없다.
③ 시트 보호 설정 시 암호를 지정할 수 있으며, 암호를 모르면 보호를 해제할 수 없다.
④ 통합 문서 보호는 통합 문서의 구조(시트 삽입, 삭제, 이동, 숨기기 등)를 변경하지 못하도록 보호하는 기능이다.

통합 문서 보호는 주로 문서의 구조를 보호하는 것으로 시트 내의 셀 내용을 보호하려면 별도로 시트 보호를 설정해야 하고 두 기능은 독립적으로 동작함

165

다음 중 아래 워크시트에서 점수 A2:A5를 이용하여 순위를 B2:B5 영역에 구하고자 할 때, B2 셀에 입력할 수식으로 옳은 것은? (단, 점수가 높을수록 1등)

	A	B
1	점수	순위
2	85	
3	92	
4	78	
5	92	

① =RANK.EQ(A2, A2:A5, 0)
② =RANK.EQ(A2, $A$2:$A$5, 0)
③ =RANK.EQ($A$2, $A$2:$A$5, 1)
④ =RANK.AVG(A2, A2:A5, 0)

RANK.EQ(숫자, 범위, 옵션)은 순위를 구할 때 순위를 구한 값 A2는 상대 참조로 두고, 범위 A2:A5는 절대 참조($)로 지정해야 함 (높은 점수가 1등이므로 내림차순 옵션은 0(또는 생략)을 사용)

166

다음 중 엑셀의 찾기 및 바꾸기 기능에 대한 설명으로 옳지 않은 것은?

① 찾을 내용에 와일드카드 문자(*, ?)를 사용하여 검색할 수 있다.
② 특정 서식이 지정된 셀이나 텍스트를 찾을 수 있다.
③ 검색 범위를 현재 시트뿐만 아니라 통합 문서 전체로 확장할 수 있다.
④ 대소문자를 구분하여 찾을 수 있지만, 전자/반자 문자는 구분할 수 없다.

> 찾기 및 바꾸기 대화 상자의 옵션에서 대소문자 구분뿐만 아니라 전자/반자 문자 구분 옵션도 제공하여 설정할 수 있음

167

다음 중 셀에 입력된 데이터 중 일부를 선택하여 서식을 변경할 수 없는 것은?

① 텍스트 데이터
② 숫자 데이터
③ 날짜 데이터
④ 윗주

> 윗주는 셀 데이터에 보조 설명을 추가하는 기능으로 전체 서식 변경은 가능하지만 일부만 따로 서식 지정할 수는 없고 셀의 텍스트, 숫자, 결괏값 일부만 선택해서 서식 변경 가능

168

다음 중 고급 필터 실행 결과에 대한 설명으로 옳은 것은?

〈조건 범위〉

학과	학년
컴퓨터공학과	3
경영학과	

① 학과가 컴퓨터공학과이면서 학년이 3학년인 데이터
② 학과가 컴퓨터공학과이거나 학년이 3학년인 데이터, 그리고 학과가 경영학과인 데이터
③ 학과가 컴퓨터공학과이면서 학년이 3학년 또는 학과가 경영학과인 모든 학년의 데이터
④ 학과가 컴퓨터공학과 또는 경영학과이면서 학년이 3학년인 데이터

> 첫 번째 행 조건은 학과가 컴퓨터공학과이고 학년이 3학년으로 AND 조건, 두 번째 행의 조건은 학과가 경영학과이고 학년은 모든 학년이며, 이 두 행은 OR 조건으로 연결됨

169

다음 중 [데이터 표] 기능에 대한 설명으로 옳지 않은 것은?

① 테스트할 변수의 수에 따라 1 변수 데이터 표와 2 변수 데이터 표를 만들 수 있다.
② 데이터 표를 이용하여 입력된 결괏값은 부분적으로 수정하거나 삭제할 수 있다.
③ 데이터 표의 결괏값은 반드시 변화하는 변수를 포함한 수식으로 계산되어야 한다.
④ 워크시트가 다시 계산될 때마다 데이터 표도 함께 다시 계산된다.

> 데이터 표의 결괏값은 배열 수식으로 입력되므로, 결과 범위 전체를 선택하여 삭제할 수는 있지만 일부분만 수정하거나 삭제가 불가

170

다음 중 아래 워크시트에서 총점을 이용하여 순위에 따른 수상 내역을 E2 셀부터 표시하고자 할 때, E2 셀에 입력할 수식으로 옳은 것은? (단, 1등은 "대상", 2등은 "금상", 3등은 "은상", 나머지는 공백으로 표시한다.)

	A	B	C	D	E
1	이름	필기	실기	총점	수상
2	김나경	85	90	175	
3	전소영	90	95	185	
4	박수민	80	85	165	
5	최금주	95	90	185	

① =CHOOSE(D2, "대상", "금상", "은상", "")
② =VLOOKUP(D2, $D$2:$D$5, 1, TRUE)
③ =CHOOSE(RANK.EQ(D2, $D$2:$D$5), "대상", "금상", "은상", "")
④ =IF(RANK.AVG(D2, $D$2:$D$5)<=3, "수상", "")

=RANK.EQ(D2, $D$2:$D$5)로 총점에 대해 순위를 구하고(옵션: 0 또는 생략 시 내림차순), CHOOSE 함수로 순위에 맞는 수상 내역을 반환한다. 1이면 "대상", 2이면 "금상", 3이면 "은상", 4이면 공백

171

다음 중 셀 서식 대화상자의 맞춤 탭에서 설정할 수 있는 항목이 아닌 것은?

① 글꼴 스타일
② 셀 병합
③ 균등 분할
④ 텍스트 방향

글꼴 스타일, 글꼴 종류, 크기 등은 글꼴 탭에서 설정하고 맞춤 탭에서는 텍스트 맞춤, 텍스트 조정, 텍스트 방향 등을 설정

172

다음 중 엑셀의 공유 통합 문서(레거시 기능)에 대한 설명으로 옳지 않은 것은?

① 여러 사용자가 네트워크를 통해 동시에 동일한 통합 문서를 열고 수정할 수 있다.
② 공유 통합 문서 상태에서는 셀 병합, 조건부 서식, 차트 삽입 등의 기능이 제한된다.
③ 변경 내용을 추적하여 누가, 언제, 무엇을 수정했는지 확인할 수 있다.
④ 공유 통합 문서는 로컬 드라이브(C:)에 저장된 파일에 대해서만 설정할 수 있다.

공유 통합 문서는 여러 사용자가 접근할 수 있도록 네트워크 드라이브에 저장되어야 함. 로컬 드라이브(C:)에만 있으면 다른 사용자가 접근할 수 없음

173

다음 중 아래 워크시트에서 C1 셀에 =A1&B1 수식을 입력했을 때의 결과로 옳은 것은?

	A	B	C
1	2025	1225	

① 20251225
② 2025+1225
③ 3250
④ #VALUE!

&(ampersand, 앰퍼샌드) 연산자는 텍스트 연결 연산자로, 여러 텍스트나 셀 값을 하나로 합침(예를 들어 숫자 + 숫자, 2025 + 1225를 & 연산자로 연결하면 자동으로 텍스트(문자열) "20251225"로 변환됨)

174

다음 중 데이터 정렬 시 오름차순 정렬 순서로 옳은 것은? (단, 대소문자를 구분하지 않는 경우)

① 숫자 → 기호 문자 → 영문자 → 한글 → 빈 셀
② 빈 셀 → 한글 → 영문자 → 기호 문자 → 숫자
③ 기호 문자 → 영문자 → 한글 → 숫자 → 빈 셀
④ 한글 → 영문자 → 기호 문자 → 숫자 → 빈 셀

> 엑셀의 기본 오름차순 정렬은 숫자 → 기호 → 영문자 → 한글 순이며 빈 셀은 항상 마지막에 정렬됨

175

다음 중 엑셀의 틀 고정과 창 나누기 기능의 공통점으로 옳은 것은?

① 화면을 분할하는 구분 선을 마우스로 드래그하여 위치를 이동할 수 있다.
② 실행 시 셀 포인터의 왼쪽 상단을 기준으로 분할선이 생긴다.
③ 설정된 내용은 인쇄 시에도 그대로 적용된다.
④ [보기] 탭의 [표시] 그룹에서 설정할 수 있다.

> 틀 고정과 창 나누기는 선택한 셀의 왼쪽 상단을 기준으로 화면 분할 ① 창 나누기는 이동 가능하지만, 틀 고정은 이동 불가 ③ 두 기능 모두 인쇄 시 적용되지 않음 ④ 두 기능 모두 보기 탭의 창 그룹에서 설정

176

다음 중 아래 워크시트에서 총점이 160점 이상인 학생들의 수를 B8 셀에 구하고자 할 때, 데이터베이스 함수를 이용한 수식으로 옳은 것은? (단, 조건 범위는 A7:A8 영역을 사용한다.)

	A	B	C
1	이름	중간	총점
2	김민주	80	170
3	최정민	75	155
4	원동호	90	180
5	이재수	85	165
6			
7	총점	비고	
8	>=160		

① =DCOUNT(A1:C5, "이름", A7:A8)
② =DCOUNTA(A1:C5, 3, A7:A8)
③ =DSUM(A1:C5, "총점", A7:A8)
④ =DAVERAGE(A1:C5, 3, A7:A8)

> 학생 수를 구하므로 DCOUNT 또는 DCOUNTA 함수를 사용 ① DCOUNT는 숫자가 있는 셀의 개수를 구하므로, 이름을 지정하면 결과는 0이고, ② DCOUNTA는 비어 있지 않은 셀의 개수를 구하므로, '총점 >=160' 조건에 맞는 데이터의 개수는 총 3개임

177

다음 중 차트 편집에 대한 설명으로 옳지 않은 것은?

① 데이터 계열 서식에서 계열 겹치기 값을 양수로 설정하면 데이터 계열 사이가 겹치고, 음수로 설정하면 벌어진다.
② 세로(값) 축 서식에서 축의 최댓값, 최솟값, 주 단위 등을 변경할 수 있다.
③ 범례는 기본적으로 차트의 오른쪽에 표시되지만, 위치를 변경하거나 삭제할 수 있다.
④ 데이터 테이블은 차트 아래에 원본 데이터를 표 형태로 표시하는 기능으로, 모든 차트 종류에서 사용할 수 있다.

> 데이터 테이블은 대부분의 차트에서 사용할 수 있지만, 원형, 도넛형, 방사형, 표면형 차트 등에서는 사용할 수 없음

178

다음 중 [시나리오 요약 보고서]에 대한 설명으로 옳지 않은 것은?

① 시나리오 요약 보고서는 새 워크시트에 자동으로 생성된다.
② 보고서 종류로 '시나리오 요약'과 '시나리오 피벗 테이블 보고서' 중 선택할 수 있다.
③ 시나리오 요약 보고서를 생성하기 위해서는 변경 셀과 결과 셀을 반드시 지정해야 한다.
④ 시나리오 요약 보고서가 생성된 후 원본 데이터나 시나리오를 수정하면 보고서 내용도 자동으로 업데이트된다.

> 시나리오 요약 보고서는 생성 시점의 결과만 보여주며, 원본이나 시나리오를 수정해도 자동 갱신되지 않으며 변경 사항을 반영하려면 새 보고서를 다시 만들어야 함

179

다음 중 엑셀의 배열 수식에 대한 설명으로 옳은 것은?

① 배열 수식은 수식 입력 후 Enter 키 대신 Ctrl + Shift + Enter 키만 눌러 입력한다.
② 배열 수식을 입력하면 수식 앞뒤에 중괄호({ })가 자동으로 표시되며, 이 중괄호는 사용자가 직접 입력해야 한다.
③ 배열 수식을 사용하면 여러 개의 계산을 수행하여 단일 결과를 반환할 수 있지만, 여러 결과를 반환할 수는 없다.
④ 배열 상수는 숫자, 텍스트, 논리값 등을 포함할 수 없으며, 오직 숫자만 사용할 수 있다.

> ② 중괄호({ })는 자동으로 표시되므로 사용자가 직접 입력하면 안 되고, ③ 배열 수식은 단일 결과 또는 여러 결과(배열)를 반환할 수 있으며, ④ 배열 상수는 숫자, 텍스트, 논리값 등을 포함할 수 있음

180

다음 중 아래 워크시트에서 C2 셀에 수식을 입력하고 나머지 셀은 자동 채우기를 이용하여 C2:F5 영역의 값을 계산하고자 할 때, C2 셀에 입력해야 할 수식으로 옳은 것은? (단, 결괏값은 원금 C1:F1과 이율 B2:B5를 곱하여 계산한다.)

	A	B	C	D	E	F
1		원금	1000	2000	3000	4000
2	이율	5%				
3		6%				
4		7%				
5		8%				

① =C1*B2
② =$C$1*$B$2
③ =C$1*$B2
④ =$C1*B$2

> [C2] 셀의 결괏값은 원금(C1) * 이율(B2)로 계산되어 수식을 아래로 채울 때 원금 행(1행)을 고정하고, 오른쪽으로 채울 때는 이율 열(B열)을 고정해야 함 → 혼합 참조 C$1과 $B2를 사용하며, 수식은 =C$1*$B2

181

아래 그림과 같이 A1 셀에 1분기, 셀에 10을 입력한 후, 두 셀을 블록으로 지정하고 채우기 핸들을 셀까지 드래그하였다. 이때 A2 셀과 B2 셀에 표시되는 값으로 옳은 것은?

	A	B
1	1분기	10
2		

① A2: 1분기, B2: 10
② A2: 2분기, B2: 11
③ A2: 2분기, B2: 10
④ A2: 1분기, B2: 11

> 채우기 핸들은 셀의 데이터 유형에 따라 다르게 동작하여 1분기와 같이 숫자+문자가 결합된 데이터는 숫자가 1씩 증가하고, 10처럼 숫자 데이터를 단독으로 드래그하면 동일한 값으로 복사되지만, A1과 B1을 함께 블록 지정하면 하나의 패턴으로 인식되어 숫자도 증가

182

다음 중 셀 서식의 사용자 지정 표시 형식을 이용한 결과가 옳지 않은 것은?

	원본 데이터	표시 형식	결과
①	1234567	#,##0,,	1,235
②	0.5	0.0%	50.0%
③	홍길동	@"님"	홍길동님
④	0	#,##0;[빨강]-#,##0;"영";	영

① 쉼표(,)는 천 단위 구분 기호로, 쉼표 하나 입력 시 1,000으로 나누는 것을 의미하여 쉼표 2개는 백만 단위(1,000,000)로 나누는 것으로 결괏값은 1,235가 아니라 1
② 0.5는 백분율로 나타내므로 50% → 50.0%
③ @는 텍스트 자리 표시로 @"님" → 홍길동님
④ 사용자 지정 코드는 양수;음수;0;텍스트 순서로 0 입력 시 세 번째 구역이 적용되어 "영"이 표시

183

다음 중 페이지 나누기 미리 보기 상태에 대한 설명으로 옳지 않은 것은?

① 용지 방향, 여백 등 페이지 레이아웃 관련 설정을 변경할 수 있다.
② 데이터의 입력 및 편집이 가능하다.
③ 자동으로 생성된 페이지 구분선은 파선으로, 사용자가 수동으로 추가한 페이지 구분선은 실선으로 표시된다.
④ 페이지 구분선을 마우스로 드래그하여 인쇄 영역을 수동으로 조정할 수 있다.

페이지 나누기 미리 보기는 인쇄 시 페이지가 어디에서 나누어지는지를 시각적으로 확인하고 파란색 점선 또는 실선을 드래그하여 직접 조정할 수 있는 보기 모드로 용지 방향, 여백 설정은 페이지 레이아웃에서 변경 가능

184

아래 워크시트에서 직위가 '과장'이거나 급여가 4,000,000 이상인 직원의 데이터를 추출하려고 한다. '고급 필터'를 사용하기 위한 조건 지정 방법으로 옳은 것은? (조건은 A7:B9 범위에 입력)

	A	B	C
1	성명	직위	급여
2	최정민	부장	5,000,000
3	김민호	과장	4,200,000
4	원동호	대리	3,500,000
5	이재수	과장	3,800,000

①
	A	B
7	직위	급여
8	과장	>=4000000

②
	A	B
7	직위	급여
8	과장	
9		>=4000000

③
	A	B
7	직위	과장
8	급여	>=4000000

④
	A
7	직위
8	=OR(B2="과장", C2>=4000000)

① 직위가 과장이면서 급여가 4,000,000 이상인 직원 데이터 추출
③ 고급 필터 잘못된 조건 범위
④ 수식을 이용한 조건 작성 시에는 필드명을 생략하거나 원본 데이터 필드명과 다른 필드명으로 작성해야 하며 수식은 올바르게 사용되었지만, 필드명이 원본 데이터 필드명과 동일하므로 오류가 발생

185

다음 수식의 실행 결과로 옳은 것은?

=ROUND(-2545.16, -2)

① -2500
② -2545
③ -2600
④ -2545.17

=ROUND(숫자, 자릿수)에서 자릿수가 -2이면 십의 자리에서 반올림해 백의 자리까지 표시하므로, -2545.16은 십의 자리 4는 반올림되지 않아 -2500이 됨

186

아래 워크시트에서 셀에 제품코드의 첫 번째 문자와 가격표를 이용하여 판매가를 계산하고자 한다. 셀에 입력할 수식으로 옳은 것은? (단, 제품코드가 가격표에 없는 경우 "코드오류"라고 표시)

	A	B	C	D	E	F
1	제품명	제품코드	판매가		〈제품 가격표〉	
2	노트북	A-101			코드	금액
3	모니터	B-203			A	1,200,000
4	키보드	C-305			B	350,000
5	마우스	D-407			C	150,000
6	프린터	A-102				

① =VLOOKUP(LEFT(B2,1), $E$3:$F$5, 2, FALSE)
② =IFERROR(HLOOKUP(LEFT(B2,1), $E$3:$F$5, 2, FALSE), "코드오류")
③ =IFERROR(VLOOKUP(LEFT(B2,1), $E$3:$F$5, 2, FALSE), "코드오류")
④ =IFERROR(VLOOKUP(LEFT(B2,1), E3:F5, 2, FALSE), "코드오류")

① IFERROR 함수가 없어 #N/A 오류가 그대로 표시
③ HLOOKUP 함수는 수평(행) 방향으로 값을 찾는 함수이므로, 수직(열)로 구성된 제품 가격표에는 맞지 않음
④ 참조 범위가 절대 참조($)가 아닌 상대 참조로 되어 있어, E3:F5 → $E$3:$F$5

187

아래 워크시트에서 각 학생의 평균 점수가 전체 학생의 평균 점수 이상이면 합격, 그렇지 않으면 불합격을 평가에 표시하려고 한다. C2 셀에 입력할 수식으로 옳은 것은?

	A	B	C
1	이름	평균 점수	결과
2	김아영	85	
3	김주완	90	
4	김지호	65	

① =IF(B2>=AVERAGE($B$2:$B$4), "합격", "불합격")
② =IF(B2>=AVERAGE(B2:B4), "합격", "불합격")
③ =IF(AVERAGE(B2)>AVERAGE($B$2:$B$4), "합격", "불합격")
④ =IF($B$2>=AVERAGE($B$2:$B$4), "합격", "불합격")

각 학생의 평균 점수(B2)을 전체 평균(AVERAGE(B2:B4))과 비교할 때, 전체 평균 범위는 변하지 않아야 하므로 절대 참조($B$2:$B$4)를 사용, =IF(B2>=AVERAGE($B$2:$B$4), "합격", "불합격")이 올바른 수식임

188

다음 중 데이터 정렬 기능에 대한 설명으로 옳지 않은 것은?

① 정렬 기준은 최대 64개까지 지정할 수 있다.
② 필터로 숨겨진 행이나 열에 있는 데이터도 정렬 작업에 포함된다.
③ 영문자 정렬 시 기본적으로 대소문자를 구분하지 않으나, 옵션을 통해 구분하도록 설정할 수 있다.
④ 정렬 방향을 위쪽에서 아래쪽 또는 왼쪽에서 오른쪽으로 선택하여 설정할 수 있다.

정렬은 필터로 걸러진 데이터만 대상으로 수행하기에 필터로 숨겨진 행의 데이터는 정렬 대상에서 제외된다.

189

아래 워크시트에서 C7 셀에 부서가 영업부인 사원들의 판매실적 합계를 계산하려고 한다. 다음 중 C7 셀에 입력할 수식으로 옳지 않은 것은?

	A	B	C
1	사원명	부서	판매실적
2	김지호	영업부	150
3	이재원	기획부	120
4	임우진	영업부	200
5	윤민수	인사부	100
6	정호진	영업부	180
7	영업부 실적 합계		

① =SUMIF(B2:B6, "영업부", C2:C6)
② =DSUM(A1:C6, C1, B1:B2)
③ =SUM(IF(B2:B6="영업부", C2:C6))
④ =COUNTIF(B2:B6, "영업부")

> COUNTIF 함수는 조건에 맞는 셀의 개수를 세는 함수로 C7 셀의 결괏값은 판매실적의 합계를 요구하므로 조건에 맞는 셀의 개수를 COUNTIF는 적합하지 않음

190

다음 중 수식 작성 시 발생할 수 있는 오류값에 대한 설명으로 옳지 않은 것은?

① #N/A: 함수나 수식에 사용할 수 없는 값을 지정했을 때 발생한다.
② #REF!: 셀 참조가 유효하지 않을 때 발생한다.
③ #VALUE!: 잘못된 인수나 피연산자를 사용했을 때 발생한다.
④ #DIV/0!: 숫자를 0으로 나누려고 했을 때 발생하며, 빈 셀로 나누는 경우에도 동일하게 발생한다.

> #N/A는 찾는 값이 없을 때 발생하며, 주로 찾기/참조 함수인 HLOOKUP/VLOOKUP에서 발생한다. 사용할 수 없는 값을 지정했을 때 발생하는 것은 #VALUE! 오류에 해당

191

다음 중 사원 번호를 이용하여 성별을 표시하기 위해 D2 셀에 입력할 수식으로 옳지 않은 것은? (단, 사원 번호의 4번째 문자가 M이면 남자, F이면 여자)

	A	B	C	D
1	번호	이름	사원 번호	성별
2	1	최보석	05-M001	
3	2	강민승	08-F003	
4	3	김상원	07-M112	
5	4	배정원	03-F3101	
6				
7	코드	성별		
8	M	남자		
9	F	여자		

① =IFERROR(IF(SEARCH(C2, "M"), "남자"), "여자")
② =INDEX($A$8:$B$9, MATCH(MID(C2, 4, 1), $A$8:$B$9, 0), 2)
③ =VLOOKUP(MID(C2, 4, 1), $A$8:$B$9,2, FALSE
④ =IF(MID(C2, 4, 1)="M", "남자", "여자")

> ① 올바른 수식: =IFERROR(IF(SEARCH("M", C2), "남자"), "여자") "M"의 값을 C2에서 찾아 맞으면 "남자", 오류이면 "여자"를 반환

192

다음 중 매크로 이름 작성 규칙으로 올바르지 않은 것은?

① 첫 글자는 반드시 문자로 시작해야 한다.
② 이름 중간에 공백을 포함할 수 없다.
③ 밑줄(_)이나 마침표(.)와 같은 특수 문자를 사용할 수 있다.
④ 기존에 정의된 셀 주소 형식과 동일한 이름은 사용할 수 없다.

> 매크로 이름은 문자로 시작해야 하며, 공백이나 셀 주소 형식(예 A1, C2)은 사용할 수 없고 밑줄(_)은 허용되지만 마침표(.)는 사용 불가

193

매크로를 실행하는 방법에 대한 설명으로 옳지 않은 것은?

① [개발 도구] 탭의 [매크로]를 클릭하여 매크로 대화상자에서 원하는 매크로를 선택하고 실행한다.
② 매크로 지정 시 설정한 바로 가기 키를 눌러 실행한다.
③ 도형이나 클립 아트 같은 그래픽 개체에 매크로를 지정한 후 해당 개체를 클릭하여 실행한다.
④ 워크시트 셀에 매크로 이름을 직접 입력하고 [Enter↵] 키를 눌러 실행한다.

함수처럼 '='로 시작해 매크로 이름을 입력하는 기능도 제공되지 않음

194

다음 중 A1:D1 영역을 선택한 후 채우기 핸들을 이용하여 아래쪽으로 드래그했을 때, 데이터가 변하지 않고 같은 데이터로 채워지는 것은?

	A	B	C	D
1	가	갑	월	자
2				
3				
4				

① 가
② 갑
③ 월
④ 자

	A	B	C	D
1	가	갑	월	자
2	가	을	화	축
3	가	병	수	인
4	가	정	목	묘

엑셀은 기본적으로 내장된 사용자 지정 목록을 자동 채우기에 활용함

195

다음 중 차트의 추세선에 대한 설명으로 옳지 않은 것은?

① 데이터 계열의 변화 추세를 파악하거나 예측하기 위해 사용된다.
② 하나의 데이터 계열에 하나의 추세선만 추가할 수 있다.
③ 3차원 차트, 방사형 차트, 원형 차트, 표면형 차트에는 추세선을 추가할 수 없다.
④ 추세선은 선형, 로그, 다항식, 거듭제곱, 지수, 이동평균 등 다양한 종류 중에서 선택할 수 있다.

하나의 데이터 계열에 두 개 이상의 추세선을 표시할 수 있다.
예) 계열 막대 선택 → 차트 디자인 → 차트 요소 추가 → 추세선

196

부분합 기능에 대한 설명으로 옳지 않은 것은?

① 부분합을 실행하기 위해서는 기준이 되는 필드를 반드시 먼저 정렬해야 한다.
② 그룹화할 항목에 대해 합계, 평균, 개수 등 다양한 요약 함수를 적용할 수 있다.
③ 부분합의 결과는 그룹별로 요약된 행과 총합계 행으로 구성된다.
④ 한 번에 여러 개의 필드를 기준으로 그룹화하여 부분합을 계산할 수 있다.

부분합은 한 번에 하나의 필드를 '그룹화할 항목'으로 지정할 수 있음

197

다음 중 '데이터 유효성 검사' 기능에 대한 설명으로 옳은 것은?

① 셀에 입력되는 데이터의 종류나 범위를 제한하여 데이터의 정확성을 높이는 기능이다.
② 여러 셀에 입력된 데이터를 하나의 셀로 통합하여 표시하는 기능이다.
③ 특정 조건에 맞는 데이터가 입력된 셀에만 특정 서식을 적용하는 기능이다.
④ 데이터 목록에서 중복된 항목을 찾아 제거하는 기능이다.

> 데이터 유효성 검사는 특정 셀이나 범위에 입력될 데이터의 유형(정수, 날짜, 텍스트 길이 등)이나 값의 범위(예 1에서 100 사이)를 미리 지정하여, 유효하지 않은 데이터의 입력을 막고 오류 메시지나 설명 메시지를 표시하는 기능

198

시나리오 관리자에 대한 설명으로 옳지 않은 것은?

① 다양한 상황과 변수에 따른 결괏값의 변화를 가상으로 분석하는 도구이다.
② 시나리오 요약 보고서는 현재 워크시트의 앞에 새로운 시트로 생성된다.
③ 변경 셀과 결과 셀은 먼저 이름이 정의되어 있어야만 시나리오를 만들 수 있다.
④ 여러 시나리오의 결과를 비교 분석하기 위해 시나리오 요약 보고서나 피벗 테이블 보고서를 만들 수 있다.

> 이름 정의가 되어 있지 않더라도 시나리오를 생성하고 분석할 수 있다.

199

아래 워크시트에서 창 나누기를 실행하려고 한다. C3 셀을 선택한 상태에서 보기 탭의 나누기를 클릭했을 때, 화면에 표시되는 창 구분 선의 형태로 옳은 것은?

	A	B	C	D
1				
2				
3				
4				

① C3 셀 위쪽과 왼쪽에 수평/수직 구분 선이 각각 생성되어 4개의 창으로 분할된다.
② C3 셀 아래쪽과 오른쪽에 수평/수직 구분 선이 각각 생성되어 4개의 창으로 분할된다.
③ C3 셀 위쪽에만 수평 구분 선이 생성되어 2개의 창으로 분할된다.
④ C3 셀 왼쪽에만 수직 구분 선이 생성되어 2개의 창으로 분할된다.

> 창 나누기는 현재 선택된 셀 포인터를 기준으로 위쪽과 왼쪽에 창 구분 선이 생성되므로 C3 셀을 선택하고 나누기를 실행하면, 2행과 3행 사이, 그리고 B 열과 C 열 사이에 각각 수평선과 수직선이 생겨 화면이 4개의 창으로 분할됨

200

다음 중 조건부 서식에 대한 설명으로 옳지 않은 것은?

① 규칙을 만족하는 셀에 특정 서식을 적용하며, 셀 값이 변경되어 규칙을 만족하지 않게 되면 적용된 서식이 자동으로 해제된다.
② 두 개 이상의 규칙이 모두 참일 때만 서식을 적용하려면 AND 함수를 사용한 수식을 기반으로 규칙을 만들어야 한다.
③ 다른 워크시트나 다른 통합 문서에 있는 데이터를 참조하여 조건부 서식의 규칙을 설정할 수 있다.
④ 데이터 막대, 색조, 아이콘 집합 등을 이용하여 데이터의 분포를 시각적으로 표현할 수 있다.

> 조건부 서식의 규칙을 수식으로 작성할 때, 해당 수식은 현재 통합 문서 내의 데이터만 참조할 수 있고, 다른 통합 문서나 외부 데이터를 직접 참조하여 규칙을 설정하는 것은 지원되지 않음

성공의 커다란 비결은
결코 지치지 않는 인간으로 인생을 살아가는 것이다.
(A great secret of success is to go through life as a man who never gets used up.)

알버트 슈바이처(Albert Schweitzer)

PART 03

파이널 CBT 실전모의고사

CHAPTER 01 파이널 CBT 실전모의고사 1회
CHAPTER 02 파이널 CBT 실전모의고사 2회
CHAPTER 03 파이널 CBT 실전모의고사 정답 및 해설

CHAPTER 01 | 파이널 CBT 실전모의고사 1회

자격종목	시험시간	문항수	점수
컴퓨터활용능력 2급	40분	40문항	

제1과목: 컴퓨터 일반

01 다음 중 OSI 7계층에서 데이터를 주고 받을 때 사용되는 단위(PDU, Protocol Data Unit)가 잘못된 것은

① 1계층: 비트(Bit)
② 2계층: 레코드(Record)
③ 3계층: 패킷(Packet)
④ 4계층: 세그먼트(Segment)

02 다음 중 인터넷 주소 체계인 IPv6에 대한 설명으로 옳지 않은 것은?

① IPv4의 주소 부족 문제를 해결하기 위해 개발되었으며, 총 128비트로 구성된다.
② 16비트씩 8부분으로 나누어 각 부분을 콜론(:)으로 구분하고 16진수로 표현한다.
③ 주소 할당 방식에 따라 A, B, C 클래스 등으로 구분되어 주소의 낭비를 줄였다.
④ IPv4에 비해 보안성이 강화되었고, 데이터 전송 품질 보장(QoS)이 용이하다.

03 다음 중 컴퓨터 바이러스나 악성코드 감염을 예방하기 위한 방법으로 가장 적절하지 않은 것은?

① 백신 프로그램을 설치하고 최신 엔진으로 자동 업데이트를 설정한다.
② 운영체제(Windows) 및 응용 프로그램의 최신 보안 패치를 설치한다.
③ 출처가 불분명한 이메일의 첨부 파일은 실행하지 않고 삭제한다.
④ 중요한 자료는 공유 폴더에 백업하고, 모든 사용자에게 읽기/쓰기 권한을 부여한다.

04 다음 중 소프트웨어의 사용권(라이선스)에 따른 분류에 대한 설명으로 옳은 것은?

① 셰어웨어(Shareware)는 개발자가 소스를 공개하여 누구나 자유롭게 수정하고 재배포할 수 있는 소프트웨어이다.
② 프리웨어(Freeware)는 일정 기간 동안 일부 기능을 제한하여 사용해 본 후 구매를 유도하는 소프트웨어이다.
③ 애드웨어(Adware)는 소프트웨어 자체는 무료로 사용 가능하지만, 사용 중 광고가 표시되는 소프트웨어이다.
④ 번들 소프트웨어(Bundle Software)는 정식 출시 전에 일반 사용자에게 배포하여 기능을 테스트하는 버전이다.

05 다음 중 웹 브라우저 사용과 관련된 용어에 대한 설명으로 옳지 않은 것은?

① 캐시(Cache): 자주 사용하는 웹 페이지의 일부 데이터(이미지, 스크립트 등)를 사용자 컴퓨터에 저장해 두어 다음에 접속할 때 더 빠르게 페이지를 표시할 수 있도록 하는 기능이다.
② 쿠키(Cookie): 웹 사이트 접속 시 사용자 컴퓨터에 저장되는 작은 텍스트 파일로, 사용자의 로그인 상태, 환경 설정, 방문 기록 등을 저장한다.
③ 북마크(Bookmark)/즐겨찾기: 자주 방문하는 웹 사이트의 주소를 저장해 두고 쉽게 이동할 수 있도록 하는 기능이다.
④ 플러그인(Plug-in): 웹 브라우저의 방문 기록을 자동으로 삭제하여 개인정보를 보호하는 보안 강화 프로그램이다.

06 다음 수의 표현에 있어 진법에 대한 설명으로 옳지 않은 것은?

① 16진수는 0~9까지의 숫자와 A~F까지 문자로 표현하는 진법으로 한 자리수를 표현하는데 4개의 비트가 필요하다.
② 8진수는 0~7까지의 숫자로 표현하는 진법으로 한 자리수를 표현하는데 3개의 비트가 필요하다.
③ 10진수(Decimal) 정수를 2진수, 8진수, 16진수로 변환하려면 10진수 값을 변환할 진수로 나누어 더 이상 나눠지지 않을 때까지 나누고, 몫을 제외한 나머지를 역순으로 표시한다.
④ 8진수를 16진수로 변환하려면 8진수를 뒤에서부터 2자리씩 자른 후 각각 16진수를 1자리로 계산한다.

07 다음 중 컴퓨터 부팅 시 문제가 발생했을 때의 대처 방법으로 적절하지 않은 것은?

① 안전 모드(Safe Mode)로 부팅하여 문제를 일으키는 드라이버나 프로그램을 확인하고 제거한다.
② CMOS/UEFI 설정 화면으로 진입하여 부팅 순서가 올바르게 설정되어 있는지 확인한다.
③ 하드 디스크나 SSD를 즉시 포맷하고 운영체제를 새로 설치한다.
④ 시스템 복원 기능을 사용하여 문제가 발생하기 이전 시점으로 시스템을 되돌린다.

08 다음 중 컴퓨터 통신에서 사용하는 OSI 7 계층 모델에 대한 설명으로 옳지 않은 것은?

① 이기종 시스템 간의 원활한 통신을 위해 제정된 국제 표준 모델이다.
② 물리 계층(1계층)은 전기적, 기계적인 신호를 전송하는 역할을 담당한다.
③ 전송 계층(4계층)은 데이터의 암호화 및 압축을 담당하며, 응용 프로그램 간의 연결을 지원한다.
④ 네트워크 계층(3계층)은 데이터의 최적 경로를 설정하며, 대표적인 장비로 라우터가 있다.

09 다음 중 개인정보보호법에서 따른 개인 정보에 해당하지 않는 것은?

① 고유식별정보
② 익명정보
③ 다른 정보와 결합해서 특정인을 식별 가능한 정보
④ 가명정보

10 다음 중 휴대폰 문자(SMS)를 이용해 악성 앱 설치나 개인 정보 탈취를 유도하는 인터넷 사기 수법은 무엇인가?

① 파밍(Pharming)
② 스미싱(Smishing)
③ 큐싱(Qshing)
④ 비싱(Vishing)

11 다음 중 Windows에서 시스템 유지 보수를 위해 사용하는 도구에 대한 설명으로 옳지 않은 것은?

① 디스크 정리: 불필요한 파일(임시 파일, 휴지통 파일 등)을 삭제하여 디스크 공간을 확보한다.
② 드라이브 조각 모음 및 최적화: 분산 저장된 파일을 재정렬하여 디스크 접근 속도를 향상시킨다. (HDD 해당)
③ 디스크 검사: HDD나 SSD 등 저장장치의 논리적·물리적 오류를 점검하고, 손상된 파일을 복구하는 기능이다.
④ 시스템 복원: 삭제되거나 손상된 개인 파일(문서, 사진 등)을 이전 시점으로 복구하는 기능이다.

12 다음 중 Windows에서 프린터 관리에 대한 설명으로 옳지 않은 것은?

① 기본 프린터는 하나만 지정할 수 있으며, 인쇄 명령 시 자동으로 선택되는 프린터이다.
② 인쇄 대기열(인쇄 작업 목록)에서 대기 중인 문서의 인쇄를 취소하거나 일시 중지할 수 있다.
③ 네트워크로 공유된 프린터를 사용하려면 해당 프린터의 드라이버가 사용자의 컴퓨터에 설치되어야 한다.
④ 인쇄 대기 중인 문서의 인쇄 매수나 용지 방향 설정은 인쇄 대기열에서 자유롭게 변경할 수 있다.

13 다음 중 Windows에서 시스템 유지 보수를 위해 사용하는 도구에 대한 설명으로 옳지 않은 것은?

① 디스크 정리: 불필요한 파일(임시 파일, 휴지통 파일 등)을 삭제하여 디스크 공간을 확보한다.
② 드라이브 조각 모음 및 최적화: 분산 저장된 파일을 재정렬하여 디스크 접근 속도를 향상시킨다(HDD 해당).
③ 디스크 검사: 디스크의 논리적, 물리적 오류(불량 섹터)를 검사하고 복구를 시도한다.
④ 시스템 복원: 삭제되거나 손상된 개인 파일(문서, 사진 등)을 이전 시점으로 복구하는 기능이다.

14 다음 중 Windows에서 사용하는 바로 가기 키(단축키)에 대한 설명으로 옳지 않은 것은?

① Ctrl + Esc : 시작 메뉴를 표시한다.
② Alt + Tab : 실행 중인 앱 간에 작업을 전환한다.
③ ■ + E : 컴퓨터를 잠그거나 사용자를 전환한다.
④ F2 : 선택한 파일이나 폴더의 이름을 변경한다.

15 다음 중 IPv4에서 제공되지 않으나 IPv6에서 제공되는 캐스팅은 어느 것인가?

① 브로드캐스트(Broadcast)
② 유니캐스트(Unicast)
③ 애니캐스트(Anycast)
④ 멀티캐스트(Multicast)

16 다음 중 Windows 10/11에서 시스템 관리를 위해 사용하는 작업 관리자에서 수행할 수 있는 작업으로 옳지 않은 것은?

① 설치된 하드웨어 장치의 드라이버 업데이트 및 롤백
② 응답하지 않는 응용 프로그램 강제 종료
③ Windows 시작 시 자동으로 실행되는 시작 프로그램 관리
④ 현재 실행 중인 프로세스 및 앱의 CPU, 메모리 사용 현황 확인

17 다음 중 컴퓨터의 펌웨어(Firmware)에 대한 설명으로 옳은 것은?

① 하드웨어의 동작을 제어하는 소프트웨어로, 주로 RAM에 저장되어 실행 속도가 빠르다.
② 운영체제 업데이트 시에만 수정이 가능하며, 사용자가 임의로 변경할 수 없다.
③ 하드웨어와 소프트웨어의 중간적인 성격을 가지며, 기본적인 입출력 및 제어 기능을 수행한다.
④ 컴퓨터의 주기억장치에 상주하면서 프로그램의 실행을 관리하고 시스템 자원을 할당하는 소프트웨어이다.

18 TCP/IP에 관한 설명 중 옳지 않은 것은?

① TCP/IP 프로토콜은 인터넷 프로토콜로도 불리운다.
② IP는 데이터의 전달을 위해 연결성 방식을 사용한다.
③ TCP는 데이터 전달의 신뢰성을 위해 연결성 방식을 사용한다.
④ UDP는 데이터의 전달을 위해 비연결성 방식을 사용한다.

19 다음 중 최신 정보 통신 기술 용어에 대한 설명으로 옳지 않은 것은?

① 클라우드 컴퓨팅(Cloud Computing)은 인터넷 서버에 IT 자원(소프트웨어, 스토리지 등)을 저장해 두고 필요할 때마다 접속하여 사용하는 환경이다.
② NFC(Near Field Communication)는 수십 미터 거리에서 고속의 데이터 전송을 가능하게 하는 무선 LAN 기술이다.
③ 생성형 AI(Generative AI)는 기존의 데이터를 학습하여 새로운 데이터(콘텐츠)를 생성하는 기술이다.
④ 빅 데이터(Big Data)는 방대한 양의 정형 및 비정형 데이터를 수집, 저장, 분석하여 가치 있는 정보를 추출하는 기술이다.

20 다음 중 컴퓨터에서 사용하는 압축 기술에 대한 설명으로 옳지 않은 것은?

① 압축(Compression)은 파일의 크기를 줄여 저장 공간을 절약하고 전송 시간을 단축하기 위해 사용된다.
② 손실 압축(Lossy Compression)은 압축 과정에서 일부 데이터 손실이 발생하지만 압축률이 높으며, 주로 이미지, 오디오, 비디오 파일에 사용된다.
③ 비손실 압축(Lossless Compression)은 압축된 파일을 원래 상태로 완벽하게 복원할 수 있으며, 주로 텍스트 파일이나 실행 파일 압축에 사용된다.
④ 대표적인 손실 압축(Lossy Compression) 방식으로는 MP3, MPEG, JPEG, ZIP, PNG 등이 있다.

제2과목: 스프레드시트 일반

01 다음 중 워크시트 관리에 대한 설명으로 옳지 않은 것은?

① 시트 이름은 최대 31자까지 지정할 수 있으며, 공백을 포함할 수 있다.
② 시트를 삭제하면 실행 취소(Ctrl + Z) 명령으로 복구할 수 없으므로 신중해야 한다.
③ 여러 시트를 그룹으로 선택한 상태에서 데이터를 입력하면 선택된 모든 시트의 동일한 위치에 데이터가 입력된다.
④ 현재 워크시트 뒤에 새로운 워크시트를 삽입하려면 Shift + F11 키를 누른다.

02 다음 중 엑셀의 화면 제어 기능인 '틀 고정'과 '창 나누기'에 대한 설명으로 옳은 것은?

① 틀 고정은 화면을 최대 4개까지 분할할 수 있지만, 창 나누기는 2개까지만 분할할 수 있다.
② 틀 고정과 창 나누기는 모두 화면 보기에만 적용되며 인쇄 시에는 적용되지 않는다.
③ 틀 고정을 실행하면 셀 포인터의 위치와 상관없이 항상 첫 행과 첫 열이 고정된다.
④ A1셀에서 창 나누기를 실행하면 분할되지 않는다.

03 다음 중 찾기/참조 함수인 VLOOKUP 함수에 대한 설명으로 옳지 않은 것은?

① 조회 값이 참조 범위의 첫 번째 열에 있어야 한다.
② 참조 범위에서 값을 찾을 때 기본적으로 대/소문자를 구분한다.
③ 네 번째 인수(Range_Lookup)를 FALSE로 설정하면 정확하게 일치하는 값을 찾는다.
④ 네 번째 인수를 TRUE로 설정하거나 생략하면 근사값을 찾으며, 이때 참조 범위의 첫 번째 열은 오름차순으로 정렬되어 있어야 한다.

04 다음 중 텍스트 함수에 대한 결과가 옳지 않은 것은?

① =LOWER("Computer") → computer
② =RIGHT("Excel 2025", 4) → 2025
③ =MID("Database", 3, 4) → taba
④ =SEARCH("A", "Database") → 1

05 다음 중 찾기/참조 함수인 VLOOKUP 함수에 대한 설명으로 옳지 않은 것은?

① 찾으려는 값이 참조 범위의 첫 번째 열에 있어야 한다.
② 참조 범위에서 값을 찾을 때 기본적으로 대/소문자를 구분한다.
③ 네 번째 인수(Range_Lookup)를 FALSE로 설정하면 정확하게 일치하는 값을 찾는다.
④ 네 번째 인수를 TRUE로 설정하거나 생략하면 근사값을 찾으며, 이때 참조 범위의 첫 번째 열은 오름차순으로 정렬되어 있어야 한다.

06 아래 워크시트에서 점수가 80점 이상인 학생들의 수를 D8 셀에 구하려고 한다. 이때 사용할 수식으로 옳은 것은?

	A	B	C
1	학번	성명	점수
2	101	남재현	85
3	102	박상원	92
4	103	최유미	78
5	104	김희재	80

① =COUNTIF(C2:C5, ">=80")
② =COUNTIF(C2:C5, >80)
③ =SUMIF(C2:C5, ">=80")
④ =DCOUNT(A1:C5, 3, ">=80")

07 다음 중 '고급 필터' 기능에 대한 설명으로 옳지 않은 것은?

① 자동 필터보다 복잡한 조건(AND와 OR 조합)을 사용하여 데이터를 추출할 수 있다.
② 조건을 워크시트의 다른 영역에 별도로 입력해야 한다.
③ 필터링 결과를 현재 위치에 표시하거나 다른 장소(다른 시트)에 복사할 수 있다.
④ 필터결과에서 중복된 항목을 제어할 수 없다.

08 아래 그림과 같이 고급 필터 조건을 설정하였다. 이에 대한 설명으로 옳은 것은?

	A	B
1	부서명	직급
2	영업부	
3		과장

① 부서명이 '영업부'이면서 직급이 '과장'인 데이터
② 부서명이 '영업부'이거나 직급이 '과장'인 데이터
③ 부서명이 '영업부'인 데이터와 직급이 '과장'이 아닌 데이터
④ 부서명이 '영업부'가 아니거나 직급이 '과장'인 데이터

09 다음 중 '부분합' 기능에 대한 설명으로 옳지 않은 것은?

① 부분합을 실행하기 전에 반드시 그룹화할 항목을 기준으로 데이터를 정렬해야 한다.
② 부분합은 그룹별로 합계, 평균, 개수 등 다양한 요약 함수를 계산할 수 있다.
③ 부분합을 실행하면 자동으로 윤곽 기호가 설정되어 각 수준별 데이터를 요약하여 볼 수 있다.
④ 중첩 부분합을 작성하려면 '그룹화할 항목'을 변경한 후 반드시 '새로운 값으로 대치' 옵션을 선택해야 한다.

10 다음 중 '피벗 테이블'에 대한 설명으로 옳지 않은 것은?

① 원본 데이터를 기반으로 데이터를 요약하고 분석할 수 있다.
② 피벗 테이블 작성 후 원본 데이터가 변경되면 [새로 고침]을 실행해야 변경 내용이 반영된다.
③ 필드를 행, 열, 값, 필터 영역으로 배치하여 다양한 보고서를 작성할 수 있다.
④ 피벗 테이블을 삭제하면 연결된 피벗 차트도 자동으로 함께 삭제된다.

11 다음 중 차트 종류별 특징에 대한 설명으로 적절하지 않은 것은?

① 꺾은선형 차트: 시간의 흐름에 따른 데이터의 변화 추세를 나타내는 데 적합하다.
② 원형 차트: 전체에 대한 각 부분의 비율(구성비)을 나타내는 데 적합하며, 하나의 데이터 계열만 표시할 수 있다.
③ 분산형(XY) 차트: 여러 데이터 계열 간의 항목 비교에 사용되며, 각 항목의 값을 막대로 나타낸다.
④ 방사형 차트: 여러 항목의 값을 중심점에서 뻗어 나가는 형태로 비교하는 데 사용된다.

12 다음 표에서 C2 셀에 수식을 입력하여 사원번호의 네 번째 문자가 A이면 생산, B이면 관리, C이면 영업으로 부서를 배정하려고 할 때의 수식으로 올바른 것은?

	A	B	C
1	이름	사원번호	부서명
2	김유정	K1-A01	
3	최보영	M2-B02	
4	박지수	Q3-C03	

① =SWITCH(B2, 4, 1, "A", "생산", "B", "관리", "C", "영업")
② =CHOOSE(MID(B2, 4, 1), "생산", "관리", "영업")
③ =SWITCH(MID(B2, 4, 1), "A", "생산", "B", "관리", "C", "영업")
④ =IFS(MID(B2, 4, 1)="A", "생산", "B", "관리", "C", "영업")

13 다음 중 각 함수식에 대한 결과가 옳지 않은 것은?

① =MOD(11, 4) → 3
② =ROUNDUP(123.45,0) → 124
③ =POWER(3, 3) → 9
④ =TRUNC(7.89) → 7

14 다음 중 엑셀에서 데이터 입력 및 편집에 대한 설명으로 옳지 않은 것은?

① 셀에 숫자를 입력하면 기본적으로 셀의 오른쪽에, 문자를 입력하면 왼쪽에 정렬된다.
② 한 셀에 여러 줄의 데이터를 입력하려면 Alt + Enter↵ 키를 사용한다.
③ 여러 셀을 범위로 지정한 후 데이터를 입력하고 Ctrl + Enter↵ 키를 누르면 선택된 범위에 동일한 데이터가 입력된다.
④ BackSpace 키를 누르면 셀에 입력된 내용과 서식이 함께 삭제된다.

15 다음 중 날짜 및 시간 함수에 대한 설명으로 옳은 것은?

① TODAY() 함수는 시스템의 현재 날짜와 시간을 반환한다.
② WEEKDAY() 함수는 특정 날짜의 요일을 텍스트(예: 월요일)로 반환한다.
③ DAYS() 함수는 두 날짜 사이의 일수를 계산한다.
④ TIME() 함수는 시간 데이터에서 시를 추출한다.

16 다음 중 수식 입력 시 발생하는 오류 메시지와 그 원인에 대한 연결이 옳은 것은?

① #DIV/0!: 셀 참조가 유효하지 않을 때
② #VALUE!: 숫자를 0으로 나누었을 때
③ #NAME?: 수식에서 인식할 수 없는 텍스트(함수 이름 오타 등)를 사용했을 때
④ #REF!: 함수나 수식에서 찾으려는 값을 찾지 못했을 때

17 다음 중 셀 서식의 [맞춤] 탭에 대한 설명으로 옳지 않은 것은?

① '텍스트 줄 바꿈'은 셀 너비보다 긴 텍스트를 여러 줄로 나누어 표시한다.
② '셀에 맞춤'은 셀 너비에 맞춰 글자 크기를 자동으로 조절하여 표시한다.
③ '셀 병합'을 실행할 때 병합할 영역에 여러 데이터가 있으면 첫 번째 셀(왼쪽 위)의 내용만 남고 나머지는 삭제된다.
④ '방향' 설정을 통해 텍스트를 세로로 쓰거나 회전시킬 수 있으며, 글꼴 크기도 자동으로 조절된다.

18 다음 중 시트 보호 및 통합 문서 보호에 대한 설명으로 옳지 않은 것은?

① 셀의 '잠금' 속성은 시트 보호를 설정하기 전까지는 아무런 효과가 없다.
② 시트 보호 설정 시 암호를 지정할 수 있으며, 사용자가 허용할 작업(예: 셀 서식, 행 삽입 등)을 선택할 수 있다.
③ 통합 문서 보호에서 '구조'를 보호하면 시트의 삽입, 삭제, 이동, 이름 바꾸기 등의 작업을 할 수 없다.
④ 시트 보호를 설정하면 모든 셀의 내용 수정이 불가능하며, 특정 셀만 수정 가능하도록 설정할 수 없다.

19 다음 중 매크로 기록 시 상대 참조로 기록에 대한 설명으로 옳은 것은?

① 매크로 기록 시 선택한 셀의 절대 주소를 기준으로 동작이 기록된다.
② 매크로를 실행하면 현재 셀 포인터의 위치와 상관없이 항상 지정된 셀에서 실행된다.
③ 매크로를 기록하는 동안 수행한 모든 마우스 클릭과 키보드 입력이 기록되지 않는다.
④ 현재 셀 포인터의 위치를 기준으로 이동하는 과정이 기록되므로, 실행 시 현재 위치에 따라 실행되는 위치가 달라진다.

20 다음 중 [페이지 설정] 대화상자의 [머리글/바닥글] 탭에서 설정할 수 있는 항목이 아닌 것은?

① 짝수와 홀수 페이지 다르게 지정
② 첫 페이지 다르게 지정
③ 문서에 맞게 배율 조정
④ 행/열 머리글 인쇄

CHAPTER 02 | 파이널 CBT 실전모의고사 2회

자격종목	시험시간	문항수	점수
컴퓨터활용능력 2급	40분	40문항	

제1과목: 컴퓨터 일반

01 다음 중 RAID 구성의 주요 목적과 가장 거리가 먼 것은?

① 데이터 접근 속도 향상
② 장애 발생 시 데이터 복구
③ CPU 연산 속도 향상
④ 데이터의 신뢰성 확보

02 다음 중 컴퓨터에서 사용하는 자료의 표현 방식에 대한 설명으로 옳지 않은 것은?

① 고정 소수점 방식은 주로 정수를 표현하는 데 사용되며, 연산 속도가 빠르다.
② 부동 소수점 방식은 지수부와 가수부로 나누어 실수를 표현하며, 매우 큰 수나 작은 수를 표현하는 데 유리하다.
③ 보수(Complement)는 컴퓨터에서 뺄셈 연산을 덧셈 회로를 이용하여 처리하기 위해 사용된다.
④ 10진 연산 방식은 컴퓨터 내부에서 2진수를 사용하지 않고 10진수를 직접 처리하므로 속도가 가장 빠르다.

03 다음 중 컴퓨터 프로그래밍 언어 번역 방식인 컴파일러(Compiler)와 인터프리터(Interpreter)의 차이점으로 옳지 않은 것은?

① 컴파일러는 프로그램 전체를 번역하고, 인터프리터는 한 줄씩 번역하여 실행한다.
② 컴파일러는 오류 발견 및 수정이 용이하지만, 인터프리터는 오류 수정이 어렵다.
③ 컴파일러 방식이 인터프리터 방식보다 일반적으로 실행 속도가 빠르다.
④ 컴파일러는 목적 프로그램(실행 파일)을 생성하지만, 인터프리터는 생성하지 않는다.

04 다음 중 네트워크 장비에 대한 설명으로 옳지 않은 것은?

① 라우터(Router): 네트워크 상에서 데이터 전송을 위한 최적의 경로를 찾아주는 장치이다.
② 허브(Hub): 여러 대의 컴퓨터를 연결하여 네트워크를 구성하는 장치로, 회선을 통합 관리한다.
③ 게이트웨이(Gateway): 서로 다른 프로토콜을 사용하는 네트워크를 연결해주는 출입구 역할을 한다.
④ 브리지(Bridge): 디지털 신호를 아날로그 신호로 변환하고, 수신된 아날로그 신호를 다시 디지털로 변환하는 장치이다.

05 다음 중 정보 보안을 위협하는 행위 유형에 대한 설명으로 옳은 것은?

① 피싱(Phishing): 네트워크를 통해 연속적으로 자기 자신을 복제하여 시스템 부하를 높이는 행위이다.
② 스니핑(Sniffing): 금융기관 등으로 속인 가짜 웹 사이트나 이메일로 개인 정보를 입력하도록 유도하는 사기 수법이다.
③ 분산 서비스 거부 공격(DDoS): 여러 대의 감염된 컴퓨터를 이용하여 특정 서버에 대량의 트래픽을 유발하여 서비스를 마비시키는 행위이다.
④ 트로이 목마(Trojan Horse): 정상적인 데이터 전송을 방해하여 수신 측으로 정보가 전달되지 못하게 하는 행위이다.

06 음 중 RISC(Reduced Instruction Set Computer)의 특징이 아닌 것은?

① 명령어 수가 적고 단순하다.
② 고정 길이 명령어 구조를 사용한다.
③ 하드웨어 설계가 단순하다.
④ 실행속도가 CISC보다 느리다.

07 다음 중 정보 사회의 특징 및 문제점으로 적절하지 않은 것은?

① 정보 통신 기술의 발달로 재택근무, 원격 교육 등 시공간의 제약이 감소하였다.
② 익명성을 이용한 사이버 범죄, 허위 정보 유포, 사생활 침해 등의 문제가 발생할 수 있다.
③ 정보 접근 기회와 활용 능력의 차이로 인한 정보 격차(Digital Divide)가 발생할 수 있다.
④ 정보 처리 기술의 고도화로 중앙 집중적인 사회 구조가 강화되고 개인의 개성과 자유가 경시된다.

08 다음 중 컴퓨터에서 사용하는 자료의 구성 단위가 작은 것에서 큰 순서로 올바르게 나열된 것은?

① 비트(Bit) - 바이트(Byte) - 니블(Nibble) - 워드(Word) - 필드(Field) - 레코드(Record)
② 비트(Bit) - 니블(Nibble) - 바이트(Byte) - 워드(Word) - 필드(Field) - 레코드(Record)
③ 비트(Bit) - 니블(Nibble) - 워드(Word) - 바이트(Byte) - 레코드(Record) - 필드(Field)
④ 비트(Bit) - 바이트(Byte) - 워드(Word) - 니블(Nibble) - 필드(Field) - 레코드(Record)

09 다음 중 스마트폰의 보안위협에 해당하지 않는 것은?

① 스미싱(Smishing)
② 스파이웨어(Spyware)
③ 스니핑(Sniffing)
④ 랜섬웨어(Ransomware)

10 다음 중 그래픽 파일 형식에 대한 설명으로 옳은 것은?

① BMP는 압축을 사용하지 않아 파일 크기가 크지만 이미지 손상이 없다.
② GIF는 24비트 트루 컬러를 지원하여 사진과 같은 사실적인 이미지 표현에 적합하다.
③ PNG는 손실 압축 방식을 사용하여 파일 크기가 작지만, 투명 배경을 지원하지 않는다.
④ JPEG는 벡터 방식으로 이미지를 표현하여 확대해도 계단 현상이 발생하지 않는다.

11 다음 중 컴퓨터 그래픽 기법에 대한 설명으로 옳지 않은 것은?

① 디더링(Dithering): 한 이미지가 다른 이미지로 서서히 변화하는 과정을 나타내는 기법이다.
② 안티앨리어싱(Anti-Aliasing): 이미지의 경계선이 거칠게 나타나는 계단 현상을 부드럽게 처리하는 기법이다.
③ 렌더링(Rendering): 3차원 모델에 명암, 색상, 질감 등을 적용하여 사실적인 이미지를 만드는 과정이다.
④ 모델링(Modeling): 컴퓨터 그래픽에서 물체의 형태나 모양을 3차원 공간에 만드는 과정이다.

12 다음 중 컴퓨터 메모리 관리에 대한 설명으로 옳은 것은?

① 캐시 메모리(Cache Memory)는 보조기억장치의 일부를 주기억장치처럼 사용하여 메모리 공간을 확대하는 기술이다.
② 가상 메모리(Virtual Memory)는 CPU와 주기억장치 사이에 위치하여 두 장치 간의 속도 차이를 줄여주는 고속 메모리이다.
③ 주기억장치(RAM)는 현재 실행 중인 프로그램과 데이터를 저장하며, 일반적으로 전원이 꺼지면 내용이 사라지는 휘발성 메모리이다.
④ ROM(Read Only Memory)은 사용자가 자유롭게 읽고 쓸 수 있으며, 주로 응용 프로그램을 설치하는 데 사용된다.

13 다음 중 컴퓨터의 중앙처리장치(CPU) 내부에 있는 레지스터(Register)에 대한 설명으로 옳지 않은 것은?

① 레지스터는 메모리 계층 구조상 접근 속도가 가장 빠르다.
② 프로그램 카운터(PC)는 다음에 실행할 명령어의 주소(번지)를 기억한다.
③ 누산기(Accumulator)는 연산 결과를 일시적으로 저장한다.
④ 명령 해독기(Instruction Decoder)는 연산 장치에서 발생한 오버플로 상태를 기억한다.

14 다음 중 컴퓨터 시스템의 성능을 평가할 때 사용되는 단위에 대한 설명으로 옳지 않은 것은?

① MIPS(Million Instructions Per Second)는 1초 동안 실행하는 명령의 수를 백만 단위로 나타내며, CPU 성능 측정에 사용된다.
② RAM의 접근 속도(Access Time)는 주로 ns(나노초) 단위로 표시하며, 수치가 클수록 성능이 좋다.
③ Hz(Hertz)는 CPU의 클럭 속도를 나타내는 단위로, 수치가 클수록 처리 속도가 빠르다.
④ RPM(Revolutions Per Minute)은 하드 디스크 드라이브(HDD)의 플래터 회전 속도를 나타내며, 수치가 클수록 데이터 접근 속도가 빠르다.

15 다음 중 인터넷에서 사용되는 프로토콜(Protocol)과 그 기능이 올바르게 연결되지 않은 것은?

① HTTP - 웹 페이지(하이퍼텍스트 문서)를 전송하기 위한 프로토콜
② FTP - 파일을 송수신하기 위한 프로토콜
③ POP3 - 전자우편을 송신(보낼 때)하기 위한 프로토콜
④ TCP/IP - 인터넷에 연결된 컴퓨터들이 데이터를 주고받을 수 있도록 하는 표준 프로토콜

16 다음 중 컴퓨터에서 문자를 표현하는 코드 체계에 대한 설명으로 옳지 않은 것은?

① 확장 ASCII 코드는 기존 7비트 아스키코드를 8비트로 확장하여 총 256개의 문자를 표현할 수 있다.
② EBCDIC 코드는 8비트 코드로, 주로 IBM 대형 컴퓨터에서 사용된다.
③ 유니코드(Unicode)는 전 세계의 모든 문자를 하나의 통합된 표준 코드 체계로 표현하기 위해 만들어진 것이다.
④ 해밍 코드(Hamming Code)는 에러 검출만 가능하고 교정은 불가능한 코드이다.

17 다음 중 컴퓨터 하드웨어 인터페이스 방식에 대한 설명으로 옳지 않은 것은?

① USB(Universal Serial Bus)는 범용 직렬 버스로, 핫 플러그인(Hot Plug-in)을 지원하여 컴퓨터 전원이 켜진 상태에서도 장치를 연결하고 분리할 수 있다.
② USB 3.0(USB 3.2 Gen 1)은 파란색 포트를 사용하는 경우가 많으며, USB 2.0보다 데이터 전송 속도가 빠르다.
③ HDMI(High-Definition Multimedia Interface)는 영상 신호와 음향 신호를 통합하여 전송하는 디지털 인터페이스이다.
④ SATA(Serial ATA)는 병렬 인터페이스 방식으로, 여러 데이터 선을 사용하여 한 번에 많은 데이터를 전송하여 속도가 빠르다.

18 다음 중 차세대 보조기억장치인 SSD(Solid State Drive)에 대한 설명으로 옳지 않은 것은?

① 데이터 접근 속도 향상을 위해 주기적으로 디스크 조각 모음을 수행해야 한다.
② 물리적인 구동 부품이 없어 작동 소음이 없고 외부 충격에 강하다.
③ HDD에 비해 데이터 읽기/쓰기 속도가 빠르고 전력 소모가 적다.
④ 반도체 메모리(주로 플래시 메모리)를 사용하여 데이터를 저장한다.

19 다음 중 컴퓨터 하드웨어 업그레이드 시 고려해야 할 사항으로 적절하지 않은 것은?

① RAM을 업그레이드할 때는 메인보드가 지원하는 메모리 종류(DDR4, DDR5 등), 최대 용량, 슬롯 수를 확인해야 한다.
② CPU를 업그레이드할 때는 메인보드의 소켓 규격과 칩셋이 호환되는지 확인해야 한다.
③ 저장 장치를 SSD로 교체하면 부팅 속도 및 프로그램 실행 속도를 크게 향상시킬 수 있다.
④ 그래픽 카드를 업그레이드할 때는 모니터의 해상도와 관계없이 가장 최신 제품을 선택하면 된다.

20 다음 중 컴퓨터 시스템 보호를 위한 방화벽(Firewall)의 기능에 대한 설명으로 옳은 것은?

① 컴퓨터 바이러스를 검사하고 치료하는 기능을 수행한다.
② 외부로부터의 불법적인 침입을 막고 내부 정보의 외부 유출을 방지하는 역할을 한다.
③ 디스크의 단편화를 제거하여 시스템의 속도를 향상시킨다.
④ 시스템에 문제가 발생했을 때 이전 상태로 복구하는 기능을 제공한다.

제2과목: 스프레드시트 일반

01 다음 중 채우기 핸들을 이용한 데이터 채우기에 대한 설명으로 옳지 않은 것은?

① 숫자가 입력된 셀의 채우기 핸들을 드래그하면 기본적으로 동일한 숫자가 복사된다.
② 숫자가 입력된 셀의 채우기 핸들을 Ctrl 키를 누른 채 드래그하면 숫자가 1씩 증가한다.
③ '갑', '을', '병'과 같이 사용자 지정 목록에 등록된 문자열은 채우기 핸들을 드래그하여 자동으로 입력할 수 있다.
④ 날짜 데이터가 입력된 셀의 채우기 핸들을 드래그하면 기본적으로 1개월 단위로 증가한다.

02 아래 워크시트에서 부서가 '영업부'인 직원들의 급여 평균을 구하기 위한 수식으로 옳은 것은?

	A	B	C
1	성명	부서	급여
2	배선우	영업부	3,500,000
3	김민준	기획부	2,800,000
4	김미화	영업부	2,500,000

① =SUMIF(B2:B4, "영업부", C2:C4)
② =AVERAGEIF(B2:B4, "영업부", C2:C4)
③ =DAVERAGE(A1:C4, "부서", "영업부")
④ =AVERAGE(B2:B4="영업부", C2:C4)

03 다음 중 데이터 분석 도구인 '목표값 찾기'에 대한 설명으로 옳은 것은?

① 여러 변수의 변화에 따른 결과 값의 변화를 예측하여 보고서 형태로 요약하는 기능이다.
② 특정 결과 값(목표값)을 얻기 위해 필요한 하나의 입력 값을 찾는 기능이다.
③ 제약 조건을 설정하여 최적의 해(최대값 또는 최소값)를 찾는 기능이다.
④ 특정 입력 값의 변화에 따른 결과 값의 변화 과정을 표 형태로 보여주는 기능이다.

04 다음 중 매크로에 대한 설명으로 옳지 않은 것은?

① 반복적인 작업을 자동화하기 위해 사용하며, VBA 언어로 기록된다.
② 매크로 이름은 공백을 포함할 수 없으며, 첫 글자는 반드시 문자로 시작해야 한다.
③ 매크로 기록 시 지정한 바로 가기 키는 엑셀의 기본 바로 가기 키보다 우선한다.
④ 매크로가 포함된 통합 문서는 반드시 .xlsx 확장자로 저장해야 매크로를 실행할 수 있다.

05 다음 중 차트의 구성 요소에 대한 설명으로 옳지 않은 것은?

① 데이터 계열: 차트로 표현되는 값들의 집합으로, 막대나 선 등으로 표시된다.
② 범례: 데이터 계열의 종류와 색상 또는 무늬를 표시하여 계열을 구분할 수 있게 한다.
③ 데이터 표: 차트 아래쪽에 원본 데이터를 표 형태로 표시하는 기능이다.
④ 추세선: 데이터의 변화 추세를 예측하기 위해 사용되며, 모든 종류의 차트에 추가할 수 있다.

06 다음 중 [페이지 설정] 대화상자의 [시트] 탭에 대한 설명으로 옳지 않은 것은?

① 인쇄 영역: 워크시트의 특정 부분만 인쇄하도록 범위를 지정한다.
② 눈금선: 워크시트의 셀 구분선(눈금선)을 인쇄할지 여부를 설정한다.
③ 간단하게 인쇄: 테두리, 색상, 그래픽 개체 등을 제외하고 흑백 텍스트 위주로 빠르게 인쇄한다.
④ 배율: 페이지 확대/축소 배율을 조정하거나 자동 맞춤을 설정할 수 있다.

07 다음 중 인쇄 기능에 대한 설명으로 옳지 않은 것은?

① 작성된 차트만 인쇄하려면 차트를 선택한 후 [파일] → [인쇄]를 클릭한다.
② 인쇄 옵션에서 '전체 통합 문서 인쇄'를 선택하면 통합 문서 내의 모든 워크시트가 인쇄된다.
③ 인쇄 영역을 설정한 경우, 숨겨진 행이나 열이 인쇄 영역에 포함되어 있어도 함께 인쇄된다.
④ 페이지 레이아웃 보기에서 마우스로 여백을 조정할 수 있다.

08 다음 중 아래 워크시트에서 D2 셀에 수식을 입력한 후 나머지 셀에 자동 채우기를 이용하여 성적 평가를 계산하려고 한다. D2 셀에 입력할 수식으로 옳은 것은? (단, 점수가 90점 이상이면 "A", 80점 이상이면 "B", 70점 이상이면 "C", 그 외는 "F"로 평가한다.)

	A	B	C	D
1	이름	과목	점수	평가
2	김호성	영어	95	
3	임우진	수학	88	
4	박지현	과학	72	
5	김제호	국어	65	

① =IF(C2>=90, "A", C2>=80, "B", C2>=70, "C", "F")
② =IF(C2>=90, "A", IF(C2>=80, "B", IF(C2>=70, "C", "F")))
③ =CHOOSE(C2>=90, "A", "B", "C", "F")
④ =IF(C2>=70, "C", IF(C2>=80, "B", IF(C2>=90, "A", "F")))

09 다음 중 데이터베이스 함수(DSUM, DAVERAGE 등)에 대한 설명으로 옳지 않은 것은?

① 데이터 목록에서 지정된 조건에 맞는 데이터들의 통계를 계산할 때 사용한다.
② 함수의 형식은 D함수명(데이터베이스 범위, 필드, 조건 범위)으로 동일하다.
③ 데이터베이스 범위는 필드명(제목 행)을 반드시 포함해야 한다.
④ 조건 범위는 데이터베이스 범위 내에 반드시 포함되어야 하며, 별도의 영역에 작성할 수 없다.

10 다음 중 찾기 및 바꾸기 대화상자에 대한 설명으로 옳지 않은 것은?

① 수식이나 값에서는 찾을 수 있지만, 메모 안에 있는 텍스트는 찾을 수 없다.
② 특정 서식이 지정된 셀을 찾거나 특정 서식으로 바꿀 수 있다.
③ '범위'를 '통합 문서'로 지정하면 현재 통합 문서의 모든 시트에서 검색할 수 있다.
④ 찾을 내용에 와일드카드 문자(*, ?)를 사용할 수 있다.

11 다음 중 엑셀의 보안 및 보호 기능에 대한 설명으로 옳지 않은 것은?

① 시트 보호: 워크시트의 특정 셀이나 요소를 수정할 수 없도록 보호하는 기능이다.
② 통합 문서 보호: 통합 문서의 구조(시트 삽입, 삭제 등)를 변경할 수 없도록 보호하는 기능이다.
③ 셀 잠금: 셀 서식의 '보호' 탭에서 '잠금' 속성을 설정하면 즉시 해당 셀의 내용 수정이 불가능해진다.
④ 매크로 보안 설정: 매크로가 포함된 파일을 열 때 매크로 실행 여부를 제어할 수 있다.

12 다음 중 페이지 나누기 미리 보기 상태에 대한 설명으로 옳지 않은 것은?

① 인쇄될 영역과 페이지 구분을 시각적으로 확인하고 조정할 수 있다.
② 자동으로 추가된 페이지 나누기는 파선으로, 수동으로 삽입한 페이지 나누기는 실선으로 표시된다.
③ 페이지 나누기 구분선을 마우스로 드래그하여 페이지 영역을 변경할 수 있다.
④ 이 상태에서는 데이터를 입력하거나 편집할 수 없으며, 오직 인쇄 설정만 가능하다.

13 다음 중 조건부 서식에 대한 설명으로 옳지 않은 것은?

① 특정 조건을 만족하는 셀에만 서식을 자동으로 적용하는 기능이다.
② 규칙 유형으로 셀 강조 규칙, 상위/하위 규칙, 데이터 막대, 색조, 아이콘 집합 등이 있다.
③ 수식을 사용하여 서식을 지정할 경우, 수식은 등호(=)로 시작해야 하며 결과는 논리값(TRUE/FALSE)이어야 한다.
④ 동일한 범위에 여러 규칙이 적용되어 충돌할 경우, 가장 나중에 설정한 규칙의 서식이 우선 적용된다.

14 다음 중 특정 데이터 계열의 값이 다른 계열과 현저하게 차이가 나거나 데이터 단위가 다른 경우에 유용하게 사용되는 차트 형태는?

① 누적 세로 막대형 차트
② 혼합 차트
③ 100% 기준 누적 막대형 차트
④ 영역형 차트

15 다음 중 차트 편집 및 서식 설정에 대한 설명으로 옳지 않은 것은?

① 차트의 크기를 조절할 때 [Alt] 키를 누른 채 드래그하면 셀 눈금선에 맞춰 크기가 조절된다.
② 차트를 선택한 상태에서 [Del] 키를 누르면 차트의 제목만 삭제된다.
③ 데이터 계열의 순서는 [데이터 선택] 대화상자에서 변경할 수 있다.
④ 차트 제목이나 범례 등의 위치는 마우스로 드래그하여 이동할 수 있다.

16 다음 중 데이터 통합 기능에 대한 설명으로 옳지 않은 것은?

① 여러 시트나 다른 통합 문서에 있는 데이터를 하나로 합쳐서 요약할 수 있다.
② 통합 시 사용할 함수로 합계, 평균, 개수, 최대, 최소 등을 지정할 수 있다.
③ 위치 기준 통합은 데이터의 레이블(이름)이 다르더라도 위치가 같으면 통합할 수 없다.
④ 원본 데이터에 연결 옵션을 선택하면 통합할 데이터가 다른 통합 문서에 있는 경우에는 적용할 수 없다.

17 다음 중 데이터 유효성 검사 기능에 대한 설명으로 옳지 않은 것은?

① 셀에 입력할 수 있는 데이터의 종류나 값을 제한하여 입력 오류를 방지한다.
② 유효성 조건으로 제한 대상의 '목록'을 선택하면 드롭다운 목록에서 데이터를 선택하여 입력할 수 있다.
③ 유효하지 않은 데이터를 입력했을 때 표시되는 오류 메시지의 스타일(중지, 경고, 정보)을 설정할 수 있다.
④ 유효성 검사는 반드시 데이터를 입력하기 전에 설정해야 하며, 이미 입력된 데이터에는 적용되지 않는다.

18 다음 중 데이터 정렬에 대한 설명으로 옳지 않은 것은?

① 정렬 기준은 최대 64개까지 지정할 수 있으며, 여러 기준으로 정렬할 수 있다.
② 사용자가 정의한 순서대로 정렬할 수 있는 '사용자 지정 목록' 기능을 제공한다.
③ 글꼴 색이나 셀 배경색, 아이콘 등을 기준으로 정렬할 수 있다.
④ 오름차순 정렬 시 빈 셀은 항상 데이터의 맨 처음에 위치한다.

19 다음 표는 직급 코드에 따라 직급명을 나타낸다. C2 셀에 수식을 작성한 후, 자동 채우기 기능을 이용하여 결과를 얻으려고 할 때, 가장 알맞은 수식은? (직급코드 A: 부장, B: 과장, C: 대리, D: 사원, 그 외에는 코드 오류로 표기)

	A	B	C
1	이름	직급코드	직급명
2	김유정	C	
3	최보영	B	
4	박지수	A	
5	김희경	P	
6	박문국	D	

① =CHOOSE(B2, "부장", "과장", "대리", "사원", "코드오류")
② =SWITCH(B2, "A", "부장", "B", "과장", "C", "대리", "D", "사원" "코드오류")
③ =IFS(B2="A", "부장", B2="B", "과장", B2="C", "대리", "사원")
④ =IF(B2="A", B2="B", B2="C", B2="D", SWITCH(B2, "A", "부장", "B", "과장", "C", "대리", "D", "사원"), "코드오류")

20 다음 중 날짜 데이터 "2025-12-25"가 A1 셀에 입력되어 있다고 가정할 때, 다음 수식 중 결과가 다른 하나는 어느 것인가?

① =MONTH(A1)
② =DAY(EDATE(A1, -5))
③ =TEXT(A1, "m")
④ =MID("2024-12-20", 6, 2)

CHAPTER 03 | 파이널 CBT 실전모의고사 정답 및 해설

실전모의고사 1회

제1과목: 컴퓨터 일반

01	02	03	04	05	06	07	08	09	10	11	12	13	14	15	16	17	18	19	20
②	③	④	③	④	④	③	③	②	②	④	④	④	③	③	①	③	②	②	④

제2과목: 스프레드시트 일반

01	02	03	04	05	06	07	08	09	10	11	12	13	14	15	16	17	18	19	20
④	②	②	④	②	①	③	②	④	④	③	③	③	④	③	③	④	④	④	④

제1과목: 컴퓨터 일반

01 ▶ ②

OSI 7계층과 PDU 단위
- 1계층: 비트
- 2계층: 프레임
- 3계층: 패킷
- 4계층: 세그먼트
- 5~7계층: 데이터

02 ▶ ③

A, B, C 클래스 등의 구분은 IPv4의 주소 클래스로 OSI 7계층의 3계층(네트워크)에서 동작한다. 주소 부족 문제로 128비트 주소 체계인 IPv6가 등장하였고, IPv6는 유니캐스트(Unicast), 멀티캐스트(Multicast), 애니캐스트(Anycast) 방식으로 주소를 할당한다.

03 ▶ ④

공유 폴더에 모든 사용자에게 읽기/쓰기 권한을 부여하면 악성코드(특히 랜섬웨어)가 네트워크를 통해 쉽게 전파될 수 있어 매우 위험하다. 중요한 자료는 시스템과 분리된 외부 저장 장치에 백업하는 것이 안전하다.

04 ▶ ③

애드웨어(Adware)는 광고 시청을 조건으로 무료로 사용할 수 있는 소프트웨어이다.
① 오픈 소스 소프트웨어 ② 셰어웨어 ④ 베타 버전

05 ▶ ④

플러그인(Plug-in)은 웹 브라우저 자체 기능으로는 처리할 수 없는 멀티미디어 재생, 문서 보기 등을 할 수 있도록 추가로 설치하는 확장 프로그램이다. 웹 브라우저의 방문 기록을 자동으로 삭제하여 개인 정보를 보호하는 보안 강화 프로그램은 개인 정보 보호 브라우저/클리너 프로그램으로 익스플로러의 InPrivate, 크롬의 시크릿 모드 등이 있다.

06 ▶ ④

8진수를 16진수로 변환할 때는 먼저 각 자리를 3비트 이진수로 바꾼 뒤, 이를 4비트씩 묶어 16진수 한 자리로 변환한다.

07 ▶ ③

포맷은 디스크의 모든 데이터를 삭제하는 작업이므로, 다른 문제 해결 방법을 시도해 본 후 최후의 수단으로 선택해야 한다.

08 ▶ ③

데이터의 암호화 및 압축을 담당하는 계층은 표현 계층인 6계층이다. 전송 계층인 4계층은 시스템 종단 간(end-to-end) 신뢰성 있는 데이터 전송(오류 제어, 흐름 제어)을 담당한다.

09 ▶ ②

익명정보는 다른 정보와 결합해도 특정 개인을 식별할 수 없으므로 개인정보가 아니다.
① 고유식별정보는 주민등록번호, 운전면허번호, 외국인등록번호 등을 말함
③ 개인 정보는 특정 개인을 직접 또는 다른 정보와 결합해서 식별할 수 있는 정보
④ 가명정보는 단독으로는 식별할 수 없지만, 다른 정보와 결합하면 특정 개인을 알 수 있는 개인 정보의 한 유형

10 ▶ ②

① 파밍(Pharming)은 사용자가 정상 사이트로 착각하도록 속여 가짜 사이트로 유도해 개인 정보를 빼내는 수법이다.
③ 큐싱(Qshing)은 QR코드와 Phishing의 합성어로, QR코드를 스캔하게 유도해 악성 사이트로 접속이나 유포를 노리는 수법이다.
④ 비싱(Vishing)은 Voice와 Phishing의 합성어로, 음성 통화를 이용한 피싱, 즉 보이스피싱을 뜻한다.

11 ▶ ④

시스템 복원은 컴퓨터의 시스템 파일 및 설정을 이전 시점(복원 지점)으로 되돌리는 기능으로 개인 파일에는 영향을 주지 않으므로, 삭제된 개인 파일을 복구할 수는 없다.

12 ▶ ④

인쇄 대기열에서는 문서의 인쇄 설정을 변경할 수 없습니다. 설정을 변경하려면 인쇄를 취소하고, 원본 프로그램에서 설정을 바꾼 후 다시 인쇄해야 한다.

13 ▶ ④

시스템 복원은 컴퓨터의 시스템 파일 및 설정을 이전 시점(복원 지점)으로 되돌리는 기능으로 개인 파일에는 영향을 주지 않으므로, 삭제된 개인 파일을 복구할 수는 없다.

14 ▶ ③

■ + E는 파일 탐색기를 실행하는 단축키로, 컴퓨터를 잠그거나 사용자를 전환하는 단축키는 ■ + L이다.

15 ▶ ③

IPv4와 IPv6의 캐스팅 방식
- IPv4: 유니캐스트, 멀티캐스트, 브로드캐스트
- IPv6: 유니캐스트, 멀티캐스트, 애니캐스트

16 ▶ ①

작업 관리자는 시스템 관리와 성능 모니터링을 위해 사용되는 도구로 하드웨어 장치의 드라이버 관리(업데이트, 롤백, 제거 등)는 장치 관리자에서 수행한다.

17 ▶ ③

펌웨어는 하드웨어 장치 내의 비휘발성 메모리(주로 ROM 또는 플래시 메모리)에 저장된 소프트웨어로, 하드웨어와 소프트웨어의 중간적인 특성을 가지며, 해당 장치의 기본적인 제어 및 초기화 기능을 수행한다.

18 ▶ ②

TCP/IP 프로토콜(= 인터넷 프로토콜)
- TCP: 데이터 전달의 신뢰성을 위해 연결성 방식을 사용한다.
- IP: 네트워크 계층의 프로토콜로 신뢰성이 부족한 비연결성 방식이다.
- UDP: 데이터의 전달을 위해 비연결성 방식을 사용한다.

19 ▶ ②

NFC는 약 10cm 이내의 아주 가까운 거리에서 기기 간 데이터를 전송하는 근거리 무선 통신 기술이다. (예: 교통카드) 수십 미터 거리에서 고속 데이터 전송을 지원하는 무선 LAN 기술은 Wi-Fi이다.

20 ▶ ④

- 손실압축: JPG(JPEG), MP3, MPEG/MP4, AAC 등(이미지, 음악, 동영상 등)
- 비손실압축: ZIP, GIF, TIFF, PNG 등(문서, 데이터파일, 프로그램 등)

제2과목: 스프레드시트 일반

01 ▶ ④

`Shift` + `F11` 키를 누르면 현재 워크시트 앞(왼쪽)에 새로운 워크시트가 삽입된다.

02 ▶ ②

틀 고정과 창 나누기는 데이터가 많은 경우 화면 스크롤 시 특정 부분을 계속 보거나 서로 다른 부분을 동시에 보기 위한 화면 제어 기능으로, 인쇄 결과에는 영향을 주지 않는다.

03 ▶ ②

VLOOKUP 함수는 텍스트를 찾을 때 기본적으로 대/소문자를 구분하지 않는다.

04 ▶ ④

④ 수식 =SEARCH("A", "Database")는 "Database" 문자열에서 "A"가 처음 나타나는 위치를 찾는다. 텍스트의 순서는 D(1), a(2), t(3)... 으로 올바른 결과는 2이다. 보기에는 1로 되어 있으므로 옳지 않다.

05 ▶ ②

VLOOKUP 함수는 텍스트를 찾을 때 기본적으로 대/소문자를 구분하지 않는다.

06 ▶ ①

COUNTIF(조건 범위, 조건) 함수는 조건에 맞는 셀의 개수를 구합니다. 조건에 비교 연산자가 포함될 경우 반드시 큰따옴표로 묶어야 한다.

07 ▶ ③

고급 필터의 결과는 동일한 워크시트 내의 다른 장소에 복사할 수는 있지만, 다른 워크시트나 다른 통합 문서로 바로 복사할 수는 없다.

08 ▶ ②

고급 필터에서 조건을 다른 행에 입력하면 OR 조건이 되어 부서명이 '영업부'이거나 직급이 '과장'인 데이터를 추출한다.

09 ▶ ④

중첩 부분합(기존 부분합을 유지하면서 새로운 부분합 추가)을 작성하려면 '새로운 값으로 대치' 옵션의 선택을 해제해야 한다.

10 ▶ ④

피벗 테이블을 삭제하면 연결된 피벗 차트는 일반 차트로 변경되어 남는다.

11 ▶ ③

여러 데이터 계열 간의 항목 비교에 사용되며 값을 막대로 나타내는 것은 막대형 차트이다. 분산형 차트는 두 개의 숫자 그룹 간의 관계(상관관계)를 보여주거나 데이터의 분포를 분석하는 데 사용된다.

12 ▶ ③

① =SWITCH(MID(B2, 4, 1), "A", "생산", "B", "관리", "C", "영업")
② CHOOSE 함수의 색인 번호가 숫자가 아닌 문자로 #VALUE 오류 발생
④ =IFS(MID(B2, 4, 1)="A", "생산", MID(B2, 4, 1)="B", "관리", MID(B2, 4, 1)="C", "영업")

13 ▶ ③

=POWER(밑, 지수) 함수는 거듭제곱을 구한다. =POWER(3, 3)은 3의 3승(3^3)이므로 결과는 3 × 3 × 3 = 27이다.

14 ▶ ④

`Back Space` 키를 누르면 셀 내용이 지워지고 동시에 셀 편집 상태(커서가 깜박이는 상태)로 전환된다. 내용만 지우고 편집 상태로 전환하지 않으려면 `Del` 키를 눌러야 합니다. `Del` 키는 내용만 지우고 서식은 유지한다.

15 ▶ ③

DAYS(종료 일자, 시작 일자) 함수는 두 날짜 사이의 차이(일수)를 숫자로 반환한다.
① TODAY() 함수는 날짜만, NOW() 함수는 날짜와 시간을 반환한다.
② WEEKDAY() 함수는 날짜에 해당하는 요일을 1~7까지의 숫자로 반환한다.
④ TIME() 함수는 시, 분, 초를 조합하여 특정 시간을 반환한다.

16 ▶ ③

#NAME? 오류는 수식의 텍스트를 인식하지 못할 때 발생한다.
① #DIV/0!는 0으로 나누었을 때, ② #VALUE!는 잘못된 인수나 피연산자 사용 시 ④ #NAME? 오류는 인식할 수 없는 이름이나 함수가 수식에 포함되어 있을 때 발생한다.

17 ▶ ④
'방향' 설정을 통해 텍스트의 방향(세로 쓰기, 회전)을 변경할 수 있지만, 글꼴 크기가 자동으로 조절되지는 않는다.

18 ▶ ④
특정 셀만 수정 가능하도록 하려면, 해당 셀의 [셀 서식] - [보호] 탭에서 '잠금' 속성을 해제한 후 시트 보호를 설정하면 된다.

19 ▶ ④
상대 참조로 기록은 특정 셀 주소가 아니라 현재 위치로부터의 상대적인 움직임을 기록하는 방식이다.

20 ▶ ④
행/열 머리글 인쇄 설정은 [페이지 설정] 대화상자의 [시트] 탭에서 설정한다.

실전모의고사 2회

제1과목: 컴퓨터 일반

01	02	03	04	05	06	07	08	09	10	11	12	13	14	15	16	17	18	19	20
③	④	②	④	③	④	③	②	③	①	①	③	④	②	③	④	④	①	④	②

제2과목: 스프레드시트 일반

01	02	03	04	05	06	07	08	09	10	11	12	13	14	15	16	17	18	19	20
④	②	②	④	④	④	③	②	④	①	③	④	④	②	②	③	④	④	②	②

제1과목: 컴퓨터 일반

01 ▶ ③
RAID(Redundant Array of Independent Disks)는 여러 디스크를 하나로 묶어 데이터를 분산 저장함으로써 처리 속도를 높이고, 장애 시에도 데이터를 보호하는 기술이다.

02 ▶ ④
컴퓨터는 기본적으로 모든 데이터를 2진수로 처리합니다. 10진 연산 방식(예: BCD 코드 활용)도 내부적으로는 2진수 기반의 회로를 사용하며, 일반적인 2진 연산보다 속도가 느릴 수 있다.

03 ▶ ②
인터프리터(Interpreter) 방식은 한 줄씩 번역·실행해 오류가 발생하면 즉시 수정이 가능하지만 목적 프로그램을 생성하지는 않는다. 컴파일러(Compiler) 방식은 프로그램 전체를 번역한 뒤 실행하므로 오류 수정이 번거롭고, 0과 1로 구성된 목적 프로그램이 생성되지만, 인터프리터는 목적 프로그램이 생성되지 않는다.

04 ▶ ④
디지털 신호와 아날로그 신호를 상호 변환하는 장치는 모뎀(Modem)입니다. 브리지(Bridge)는 동일한 프로토콜을 사용하는 두 개의 근거리 통신망(LAN)을 연결하는 장치이다.

05 ▶ ③
① 웜(Worm), ② 피싱(Phishing)이다. 스니핑은 데이터를 엿보는 행위이다.
④ 데이터 전송을 방해하는 DoS(Denial of Service)에 대한 설명이다. 트로이목마는 정상적인 프로그램으로 위장해 있다가 사용자가 실행하면 악의적 행위를 수행하는 프로그램이다.

06 ▶ ④
RISC는 명령어 구조가 단순하여 CISC보다 실행속도가 빠르다.

07 ▶ ③
정보 사회는 네트워크를 기반으로 한 분산형 사회 구조를 촉진하며, 다양한 정보 교류를 통해 개인의 개성과 자유가 중시되는 경향이 있다.

08 ▶ ②
자료의 구성단위: Bit(정보 표현 최소 단위) → Nibble(4비트 묶음) → Byte(8비트, 문자 표현 기본 단위) → Word(명령어 처리 단위) → Field(항목) → Record(레코드) → File(파일) → 데이터베이스(Database)

09 ▶ ③
스니핑이란 네트워크 상에서 데이터 패킷을 가로채어 도청하는 행위로 스마트폰 자체 보안 문제보다는 네트워크 해킹과 관련이 있다.

10 ▶ ①
BMP는 Windows 표준 비트맵 형식으로, 일반적으로 압축을 하지 않아 용량이 크지만 고화질의 이미지를 얻을 수 있다.
② GIF는 최대 256색(8비트)만 지원한다.
③ PNG는 비손실 압축을 사용하며, 투명 배경을 지원한다.
④ JPEG는 비트맵 방식이며, 주로 손실 압축을 사용한다.

11 ▶ ①
모핑(Morphing)은 두 개의 서로 다른 이미지를 합성하여 하나의 연속된 영상처럼 보이게 하는 영상 합성 기술이다. 디더링(Dithering)은 제한된 색상을 조합하여 더 다양한 색상을 표현하는 기법이다.

12 ▶ ③
RAM(Random Access Memory)은 컴퓨터가 작동하는 동안 필요한 데이터를 임시로 저장하는 주기억장치이며, 휘발성 특징을 가진다. ①은 가상 메모리, ②는 캐시 메모리, ④ ROM은 기본적으로 읽기 전용이며 비휘발성이다.

13 ▶ ④
시스템의 현재 상태(오버플로, 인터럽트 등)를 기억하는 것은 상태 레지스터(Status Register)이며 명령 해독기는 명령 레지스터에 있는 명령어를 해석하는 역할을 한다.

14 ▶ ②
RAM의 접근 속도(Access Time)는 메모리 안의 데이터를 찾아 CPU로 전달하는 데 걸리는 시간으로 수치가 작을수록(시간이 짧을수록) 성능이 좋다. 컴퓨터 성능 단위 중 속도나 용량(Hz, MIPS, GB, Mbps 등)은 수치가 클수록 좋고, 시간(ms, μs, ns, ps 등)은 수치가 작을수록 좋다.

15 ▶ ③
POP3(Post Office Protocol version 3)는 전자우편을 수신(받을 때)하기 위한 프로토콜로 전자우편을 송신할 때는 SMTP(Simple Mail Transfer Protocol)를 사용한다.

16 ▶ ④
해밍 코드는 에러 검출 및 교정(수정)이 모두 가능한 코드로 에러 검출만 가능한 코드는 패리티 비트(Parity Bit)이다.

17 ▶ ④
SATA는 직렬(Serial) ATA의 약자로, 직렬 인터페이스 방식입니다. 병렬 인터페이스 방식은 과거에 사용되던 PATA(Parallel ATA, IDE) 방식이다.

18 ▶ ①
디스크 조각 모음은 물리적으로 헤드가 이동하는 HDD의 단편화를 제거하여 속도를 높이는 작업으로 SSD는 전기적으로 데이터에 접근하므로 조각 모음이 필요 없고, 오히려 수명을 줄일 수 있다.

19 ▶ ④
그래픽 카드를 업그레이드할 때는 사용 목적, 현재 사용하는 모니터의 해상도 및 주사율, 파워 서플라이의 용량 등을 종합적으로 고려하여 적절한 제품을 선택해야 한다.

20 ▶ ②
방화벽은 네트워크의 관문에 위치하여 미리 설정된 규칙에 따라 허용되거나 거부되는 트래픽을 제어하는 보안 시스템이다.

제2과목: 스프레드시트 일반

01 ▶ ④

날짜 데이터가 입력된 셀의 채우기 핸들을 드래그하면 기본적으로 1일 단위로 증가한다.

02 ▶ ②

AVERAGEIF(조건 범위, 조건, 평균을 구할 범위) 함수는 조건에 맞는 데이터의 평균을 계산한다.

03 ▶ ②

목표값 찾기는 수식의 결과가 원하는 값이 되도록 하나의 입력 셀 값을 조정하는 도구로 ①은 시나리오 관리자, ④는 데이터 표에 대한 설명이다.

04 ▶ ④

매크로가 포함된 통합 문서는 매크로 사용 통합 문서(.xlsm) 또는 바이너리 통합 문서(.xlsb)로 저장해야 한다. 표준 엑셀 통합 문서(.xlsx)는 매크로 코드를 포함할 수 없다.

05 ▶ ④

추세선은 데이터의 변화 추세를 예측하기 위해 사용되며 꺾은선형, 버블형, 분산차트 등 일부 차트에만 추가할 수 있다.

06 ▶ ④

확대/축소 배율 및 자동 맞춤은 [페이지] 탭의 기능이다.

07 ▶ ③

인쇄 영역을 설정했더라도, 숨겨진 행이나 열은 기본적으로 인쇄되지 않는다.

08 ▶ ②

① 중첩 IF 함수의 문법 구조에 맞지 않다.
③ CHOOSE 함수는 첫 인수로 색인 번호(숫자)를 받아야 하므로, 논리식(C2)=90) 사용이 잘못되었다.
④ 중첩 IF 함수의 조건 검사 순서가 잘못되었다.

09 ▶ ④

조건 범위는 데이터베이스 범위와 별도의 영역에 작성하는 것이 일반적으로, 필드명과 조건을 포함하여 작성해야 한다.

10 ▶ ①

찾기 및 바꾸기 대화상자의 옵션에서 찾는 위치를 메모로 설정하면 메모 안에 있는 텍스트도 찾을 수 있다.

11 ▶ ③

셀의 '잠금' 속성은 기본적으로 설정되어 있지만, 실제로 보호 기능이 작동하려면 [검토] 탭에서 [시트 보호]를 실행해야 한다. 시트 보호를 실행하기 전까지는 잠금 속성이 설정되어 있어도 자유롭게 수정할 수 있다.

12 ▶ ④

페이지 나누기 미리 보기 상태에서도 기본 보기와 마찬가지로 데이터를 입력하고 편집할 수 있다.

13 ▶ ④

동일한 범위에 여러 규칙이 적용되어 충돌할 경우, [조건부 서식 규칙 관리자] 대화상자 목록에서 위에 있는(우선순위가 높은) 규칙의 서식이 우선 적용된다.

14 ▶ ②

이중 축 차트는 보조 세로 축을 추가하여 값의 범위나 단위가 다른 두 가지 이상의 데이터 계열을 하나의 차트에 효과적으로 표시할 수 있다.

15 ▶ ②

차트 전체가 선택된 상태에서 Del 키를 누르면 차트 자체가 삭제된다. 차트 제목만 삭제하려면 차트 제목 요소를 선택한 후 Del 키를 눌러야 한다.

16 ▶ ③

위치 기준 통합은 각 범위의 셀의 위치가 같으면 레이블이 다르더라도 데이터를 합칠 수 있고, 원본 데이터에 연결 옵션은 같은 통합 문서 내 데이터만 연결이 가능하고, 다른 통합 문서의 범위는 연결이 불가하다.

17 ▶ ④

데이터 유효성 검사는 데이터를 입력한 후에도 설정할 수 있다. 이미 입력된 데이터 중 유효하지 않은 데이터를 찾으려면 [데이터 유효성 검사] - [잘못된 데이터] 기능을 사용할 수 있다.

18 ▶ ④

빈 셀은 정렬 순서(오름차순 또는 내림차순)와 관계없이 항상 데이터의 맨 마지막에 위치한다.

19 ▶ ②

① CHOOSE 함수는 숫자 인덱스로 값을 선택함으로 B2의 값이 문자이므로 동작하지 않는다.
③ =IFS(B2="A", "부장", B2="B", "과장", B2="C", "대리", B2="D", "사원", TRUE, "코드오류")
④ =IF(OR(B2="A", B2="B", B2="C", B2="D"), SWITCH(B2, "A", "부장", "B", "과장", "C", "대리", "D", "사원"), "코드오류")

20 ▶ ②

① =MONTH(A1) → 12
② =DAY(EDATE(A1, -5)) → 25
③ =TEXT(A1, "m") → 12
④ =MID("2024-12-20", 6, 2) → 12

박문각 자격증 시리즈
컴퓨터활용능력 2급 필기
기출원스톱 500제 + 무료특강

초판인쇄	2026. 1. 15
초판발행	2026. 1. 20

공 저 자	김상원, 강민승
발 행 인	박용
출판총괄	김현실
개발책임	이성준
편집개발	김태희, 김소영
마 케 팅	김치환, 최지희
일러스트	㈜유미지

저자와의
협의 하에
인지 생략

발 행 처	㈜박문각출판
출판등록	등록번호 제2019-000137호
주 소	06654 서울시 서초구 효령로 283 서경B/D 6층
전 화	(02) 6466-7202
팩 스	(02) 584-2927
홈페이지	www.pmgbooks.co.kr

ISBN	979-11-7519-373-4
정가	15,000원

이 책의 무단 전재 또는 복제 행위는 저작권법 제 136조에 의거, 5년 이하의 징역 또는 5,000만원 이하의 벌금에 처하거나 이를 병과할 수 있습니다.